Schriftenreihe

Strategisches Management

Band 104

ISSN 1617-7762

Verlag Dr. Kovač

Hannah Eder

Internationalisierung multinationaler Unternehmen aus Emerging Markets

Verlag Dr. Kovač
Hamburg 2010

VERLAG DR. KOVAČ
FACHVERLAG FÜR WISSENSCHAFTLICHE LITERATUR

Leverkusenstr. 13 · 22761 Hamburg · Tel. 040 - 39 88 80-0 · Fax 040 - 39 88 80-55

E-Mail info@verlagdrkovac.de · Internet www.verlagdrkovac.de

Bibliografische Information der Deutschen Nationalbibliothek
Die Deutsche Nationalbibliothek verzeichnet diese Publikation
in der Deutschen Nationalbibliografie;
detaillierte bibliografische Daten sind im Internet
über http://dnb.d-nb.de abrufbar.

ISSN: 1617-7762
ISBN: 978-3-8300-5178-7

Zugl.: Dissertation, Universität Eichstätt-Ingolstadt, 2010

© VERLAG DR. KOVAČ in Hamburg 2010

Printed in Germany
Alle Rechte vorbehalten. Nachdruck, fotomechanische Wiedergabe, Aufnahme in Online-
Dienste und Internet sowie Vervielfältigung auf Datenträgern wie CD-ROM etc. nur nach
schriftlicher Zustimmung des Verlages.

Gedruckt auf holz-, chlor- und säurefreiem, alterungsbeständigem Papier. Archivbeständig
nach ANSI 3948 und ISO 9706.

Vorwort

Die traditionelle Forschung im Bereich des Internationalen Managements hat sich auf amerikanische und europäische Unternehmen konzentriert und somit eine theoretische Fundierung der Internationalisierung von Unternehmen aus etablierten Ländern geschaffen. In den vergangenen Jahren rückten jedoch gehäuft multinationale Unternehmen aus den so genannten „Emerging Markets" ins Blickfeld. Die marktlichen und regulativen Rahmenbedingungen in diesen Ländern ermöglichen dort agierenden Unternehmen andere Wettbewerbsvorteile, im Unterschied zu denen, die Unternehmen aus Industrieländern üblicherweise für ihre Internationalisierungsstrategie benutzen. An dieser Stelle war mein Interesse für diese fesselnde Thematik, welche mich nun die letzten drei Jahre begleitet hat, geweckt.

Mir ist es nicht immer gelungen meine fachlichen Gedanken, Abwägungen und manchmal auch Bedenken von meinem Privatleben abzugrenzen. Nur allzu oft haben Familie und Freunde meine endlosen Monologe ertragen (müssen), dennoch haben sie mir viele Male nicht nur emotionalen Beistand, sondern durch kritische Reflexion auch wichtige Impulse für meine Arbeit gegeben.

An erster Stelle möchte ich meinem Doktorvater Michael Kutschker herzlich dafür danken, dass er mich über die letzten Jahre immer unterstützt hat und mir gleichzeitig den nötigen Freiraum gewährt hat, um mein Forschungsinteresse zu verwirklichen.

Ganz besonders möchte ich auch meinem Mann Stefan und meinen Eltern danken. Sie haben alle wichtigen Entscheidungen meines Lebens unterstützt und mir bei der Umsetzung immer den Rücken gestärkt.

Zu guter Letzt möchte ich allen meinen langjährigen Freunden danken, von denen jeder auf seine oder ihre Art und Weise Hilfe und Unterstützung geleistet hat und die mir damit die Arbeit wesentlich erleichtert haben.

Hannah Eder

Inhaltsverzeichnis

Abbildungsverzeichnis X

Tabellenverzeichnis XII

Abkürzungsverzeichnis XIV

1 Internationalisierung von MNUs aus Emerging Markets in einem globalen Betrachtungsumfeld 1

1.1 Motivation der Betrachtung von MNUs aus Emerging Markets 1

1.2 Zielsetzung der Arbeit 6

1.3 Aufbau der Arbeit 9

1.4 MNUs aus Emerging Markets 11

2 Internationalisierungsmodelle als konzeptioneller Bezugsrahmen 23

2.1 Das eklektische Paradigma von Dunning 23

    2.1.1 Grundlegende Theorien zum eklektischen Paradigma 23

    2.1.2 Grundzüge der Theorie 26

    2.1.3 Kritische Würdigung des eklektischen Paradigmas 28

    2.1.4 Entwicklungsstufen des eklektischen Paradigmas 30

2.2 Der lerntheoretische Ansatz von Johanson/Vahlne 31

    2.2.1 Grundlegende Theorien zum Uppsala-Modell 31

    2.2.2 Grundzüge der Theorie 34

    2.2.3 Kritische Würdigung und empirische Befunde 44

    2.2.4 Entwicklungsstufen des Uppsala-Modells 47

2.3 Grenzen der Internationalisierungsmodelle in Bezug auf MNUs aus Emerging Markets 49

2.4 Konzeption eines global gültigen Ansatzes nach Jones/Coviello (2005) 58

2.5 Ansatzpunkte für die weitere Untersuchung ... 62

3 Hypothesen zur Anwendbarkeit des Uppsala-Modells auf den Internationalisierungsprozess von EM-MNUs ... 65

3.1 Der Zielmarkt der ersten ausländischen Direktinvestition ... 66

    3.1.1 Zusammenhang zwischen psychischer Distanz und Wahl des Landes der ersten ausländischen Direktinvestition von EM-MNUs ... 66

    3.1.2 Zusammenhang zwischen individueller Erfahrung des Top-Managements und Wahl des Landes der ersten ausländischen Direktinvestition von EM-MNUs ... 71

    3.1.3 Zusammenhang zwischen kollektiver Erfahrung des Top-Managements und Wahl des Landes der ersten ausländischen Direktinvestition von EM-MNUs ... 79

3.2 Die Geschwindigkeit des Internationalisierungsprozesses ... 82

    3.2.1 Zusammenhang zwischen individueller Erfahrung des Top-Managements und Internationalisierungsgeschwindigkeit ... 86

    3.2.2 Zusammenhang zwischen kollektiver Erfahrung des Top-Managements und Internationalisierungsgeschwindigkeit ... 88

    3.2.3 Zusammenhang zwischen psychischer Distanz und Internationalisierungsgeschwindigkeit ... 89

3.3 Zusammenfassung und Hypothesenübersicht ... 90

4 Empirische Untersuchung ... 93

4.1 Aufbau und Ablauf der empirischen Untersuchung ... 93

    4.1.1 Methodik bei der Datenerhebung ... 93

    4.1.2 Auswahl des Samples ... 93

    4.1.3 Vorgehen bei der Datenerhebung ... 96

4.2 Variablenoperationalisierung ... 98

    4.2.1 Unabhängige Variablen ... 98

    4.2.2 Abhängige Variablen ... 106

    4.2.3 Kontrollvariablen ... 108

4.2.4 Variablenübersicht 110
4.3 Deskriptive Statistiken zum Sample 112
4.4 Hypothesentests 121
    4.4.1 Test der Hypothesen zum Zielmarkt der ersten ausländischen Direktinvestition 123
    4.4.2 Test der Hypothesen zur Geschwindigkeit der ausländischen Direktinvestition in Industrieländer 135
4.5 Zusammenfassung der Ergebnisse der Hypothesentests 142
4.6 Diskussion der Ergebnisse 144
    4.6.1 Diskussion der Ergebnisse zum Zielmarkt der ersten ausländischen Direktinvestition 144
    4.6.2 Diskussion der Ergebnisse zur Expansionsgeschwindigkeit .. 158
4.7 Grenzen der empirischen Untersuchung und weiterer Forschungsbedarf 164
    4.7.1 Inhaltlich begründete Grenzen der empirischen Untersuchung 164
    4.7.2 Methodisch begründete Grenzen der empirischen Untersuchung 167

5 Anwendbarkeit der Internationalisierungsmodelle für MNUs aus Emerging Markets 171

5.1 Modifikation der bestehenden Modelle oder Konzeption eines global gültigen Ansatzes? 171
    5.1.1 Vereinbarkeit bestehender Internationalisierungstheorien mit der Internationalisierung von EM-MNUs 171
5.2 Anregungen und Implikationen 176
    5.2.1 Anregungen für die Unternehmenspraxis 178
    5.2.2 Implikationen für die Forschung 180

Anhang 185

Literaturverzeichnis 211

Abbildungsverzeichnis

Abb. 1: Positive Wachstumsaussichten für Emerging Markets in den Jahren 2004 – 2014 7

Abb. 2: Betrachtungsebenen von EM-MNUs 12

Abb. 3: Weltweite Verteilung der OFDI und IFDI im Jahr 2006 13

Abb. 4: Vergleich der Wachstumsgeschwindigkeiten der MNUs aus Emerging Markets und Industriestaaten (2004–2005) 17

Abb. 5: Pro-Kopf-Einkommensentwicklung von 1500 bis 2001 (in 1990 international-$) 19

Abb. 6: Entscheidungsmatrix zur Bedienung ausländischer Märkte 28

Abb. 7: Die Entwicklung entlang der Establishment Chain 35

Abb. 8: Die Entwicklung entlang der Psychic Distance Chain 37

Abb. 9: Das Uppsala-Modell der Internationalisierung 42

Abb. 10: Investment Development Path 56

Abb. 11: Allgemeingültiges Modell des Entrepreneurship-gestützten Internationalisierungsprozesses 59

Abb. 12: Einfluss der psychischen Distanz auf die Marktwahlentscheidung von EM-MNUs 67

Abb. 13: Individuelle Auslandserfahrung vor Beginn des Internationalisierungsprozesses 74

Abb. 14: Hauptzielländer internationaler Studenten aus Emerging Markets (2004) 76

Abb. 15: Top 4 der asiatischen Heimatländer von US-Immigranten 78

Abb. 16: Kollektive Auslandserfahrung vor Beginn des Internationalisierungsprozesses 80

Abb. 17: Zusammenhang zwischen Evolution, Episoden und Epochen 84

Abbildungsverzeichnis

Abb. 18: Verteilung der ausländischen Niederlassungen von MNUs aus Entwicklungsländern und aufstrebenden Märkten im Jahr 2005 116

Abb. 19: Der Internationalisierungsverlauf der Reliance Group 117

Abb. 20: Der Internationalisierungsverlauf von Sabanci 118

Abb. 21: Der Internationalisierungsverlauf von Dr. Reddy's 119

Abb. 22: Der Internationalisierungsverlauf von MTS 120

Abb. 23: Der Internationalisierungsverlauf der TCL Corporation 120

Abb. 24: Der Internationalisierungsverlauf von CIMC 121

Abb. 25: Die 1. FDI im Hinblick auf die psychische Distanz und die Höhe des gewählten Marktpotentials 146

Abb. 26: Zusammenhang zwischen dem *Gewählten Marktpotential für die 1. FDI* und einem inkrementalen Internationalisierungsverlauf 154

Abb. 27: Expansionsgeschwindigkeit der EM-MNUs aus dem Sample nach Kategorie (a) 162

Abb. 28: Expansionsgeschwindigkeit der EM-MNUs aus dem Sample nach Kategorie (b) 163

Tabellenverzeichnis

Tab. 1:	Verteilung der OFDI ausgewählter Länder	15
Tab. 2:	Empirische Befunde zum Uppsala-Modell	45
Tab. 3:	Zusammenhang zwischen Marktpotential und Entwicklungsstand	53
Tab. 4:	Vergleich von Unternehmen aus Industriestaaten (1960er) und Emerging Markets (2000er)	57
Tab. 5:	Kontextabhängige Determinanten	61
Tab. 6:	Hypothesenübersicht	92
Tab. 7:	Unternehmen des Samples	95
Tab. 8:	Auszug: Gesamtindex der psychischen Distanz für den Zeitraum 2001–2006	104
Tab. 9:	Variablenübersicht	111
Tab. 10:	Eckdaten des Samples	113
Tab. 11:	Branchen der Unternehmen im Sample	114
Tab. 12:	Hauptzielländer der ausländischen Direktinvestitionen der Sampleunternehmen	115
Tab. 13:	Branchenkategorisierung	123
Tab. 14:	Korrelationen der Variablen zum *Gewählten Marktpotential für die 1. FDI* (wissens- und forschungsintensive Industrien)	125
Tab. 15:	Regression der abhängigen Variablen *Gewähltes Marktpotential für die 1. FDI* (wissens- und forschungsintensive Industrien)	128
Tab. 16:	Korrelationen der Anzahl renommierter Universitäten und der Variablen *Auslandsstudiumsquote*	130
Tab. 17:	Korrelationen der Variablen zum *Gewählten Marktpotential für die 1. FDI* (arbeits-, kapital- und rohstoffintensive Industrien)	132

Tabellenverzeichnis

Tab. 18:	Regression der abhängigen Variablen *Gewähltes Marktpotential für die 1. FDI* (arbeits-, kapital- und rohstoffintensive Industrien)	134
Tab. 19:	Korrelationen der Variablen zur *Expansionsgeschwindigkeit* (wissens- und forschungsintensive Industrien)	136
Tab. 20:	Regression der abhängigen Variablen *Expansionsgeschwindigkeit* (wissens- und forschungsintensive Industrien)	139
Tab. 21:	Korrelationen der Variablen zur *Expansionsgeschwindigkeit* (arbeits-, kapital- und rohstoffintensive Industrien)	141
Tab. 22:	Ergebnisübersicht der Hypothesen zum *Gewählten Marktpotential für die 1. FDI* (Hypothesen 1 bis 4)	142
Tab. 23:	Ergebnisübersicht der Hypothesen zur *Expansionsgeschwindigkeit* in Industrieländer (Hypothesen 5 bis 8)	144
Tab. 24:	Auszug aus der Gesamtindextabelle der psychischen Distanz für den Zeitraum 1991–1995	147

Abkürzungsverzeichnis

Abb.	Abbildung
Aufl.	Auflage
BCG	Boston Consulting Group
bfai	Bundesagentur für Außenwirtschaft
BIP	Bruttoinlandsprodukt
BRIC	Abkürzung für eine Staatengruppe bestehend aus Brasilien, Russland, Indien und China
bspw.	beispielsweise
BVI	British Virgin Islands
EFI	Economic Freedom Index
EM-MNUs	Multinationale Unternehmen aus den Emerging Markets
erg.	ergänzt
et al.	et alii
e.g.	exempli gratia
FDI	Foreign Direct Investment
FuE	Forschung und Entwicklung
GII	Gross Inward Investment Stock
GNP	Gross National Product
GOI	Gross Outward Investment Stock
HDI	Human Development Index
Herv. i. Orig.	Hervorhebung im Original
Hrsg.	Herausgeber
IDP	Investment Development Path
IFDI	Inward Foreign Direct Investment
IMF	International Monetary Fund

i.E.	im Erscheinen
i.W.	im Wesentlichen
ISIC	International Standard Industrial Classification
Jg.	Jahrgang
k.A.	keine Angabe
Koeff.	Koeffizienten
$\log_e$	Logarithmus zur Basis der eulerschen Zahl (natürlicher Logarithmus)
MNCs	Multinational Companies
MNEs	Multinational Enterprises
MNUs	Multinationale Unternehmen
MOFCOM	Ministry of Commerce of the People's Republic of China
NOI	Net Outward Investment
Nr.	Nummer
OECD	Organisation für wirtschaftliche Zusammenarbeit und Entwicklung
o.g.	oben genannt
OFDI	Outward Foreign Direct Investment
Rev.	Revision
RoW	Rest of the World
SF	Standardfehler
sog.	sogenannt
Tab.	Tabelle
TNCs	Transnational Companies
u.a.	unter anderem
UK	United Kingdom
UNCTAD	United Nations Conference on Trade and Development

VAE	Vereinigten Arabischen Emirate
Verf.	Verfasser
vgl.	vergleiche
vs bzw. vs.	versus
WIR	World Investment Report
z.B.	zum Beispiel

1 Internationalisierung von MNUs aus Emerging Markets in einem globalen Betrachtungsumfeld

1.1 Motivation der Betrachtung von MNUs aus Emerging Markets

Die Weltwirtschaft erfuhr in den letzten Jahren eine grundlegende Veränderung durch die zunehmende Globalisierung. Einen Teil dieses Transformationsprozesses bildet die wachsende Bedeutung der Emerging Markets. Was sind Emerging Markets und welche Motivation verbirgt sich hinter der Betrachtung von MNUs aus Emerging Markets? Der Ausdruck „Emerging Market" steht – vor allem im Finanz- und Börsenbereich – für einen aufstrebenden Markt. Eine eindeutige Auflistung aller dazugehörigen Länder existiert nicht.[1]

Es erscheint jedoch sinnvoll bestimmte Kriterien festzulegen, die eine Abgrenzung der Emerging Markets von der Masse der Nicht-Industrieländer und der Industrienationen ermöglichen. Dazu orientiert sich diese Arbeit an folgender häufig verwendeter Definition:

„*Emerging economies are low-income, rapid-growth countries using economic liberalization as their primary engine of growth.*"[2]

Dieser Definition folgend soll der Begriff *Emerging Markets* für Länder verwendet werden, die drei charakteristische Eigenschaften aufweisen. Emerging Markets im Allgemeinen verfügen über:[3]

- ein niedriges oder mittleres Einkommen nach der Definition der Weltbank,
- ein marktwirtschaftliches System oder implementieren ein solches und
- überdurchschnittliche wirtschaftliche Wachstumsaussichten.

In den vergangenen zwei Dekaden wurde diesen aufstrebenden Märkten in der Literatur verstärkt Aufmerksamkeit entgegengebracht (Luo/Peng 1999;

---

[1] Einen guten Anhaltspunkt bietet jedoch bspw. der Morgan Stanley Emerging Markets Index.
[2] Hoskisson et al. (2000), S. 249.
[3] Diese Abgrenzung ist i. W. übernommen von Waldhauser (2007), S. 13.

Mangold 1996; Meyer/Estrin 2001; Meyer 2000; Millar/Grant/Choi 1999; Teplensky et al. 1993; Beamish 1985, 1987). Allerdings wurden die Emerging Markets vorrangig als Outsourcing-Ziele betrachtet. Der Markteintritt in diese Länder war für multinationale Unternehmen (MNUs) aus den Industriestaaten ein strategischer Schachzug auf der Suche nach Wettbewerbsvorteilen. Die Aufmerksamkeit galt vor allem der Expansion großer MNUs aus Europa oder den USA nach Asien oder Osteuropa. Bspw. sieht der Produktlebenszyklus von Vernon (1966) in den Entwicklungsländern einen kostengünstigen Standort.[4] Effizienzsteigernde Aspekte führen dazu, dass Unternehmen zu einem bestimmten Zeitpunkt des Lebenszyklus die Produktion in Entwicklungsländer verlagern.

Die traditionelle Forschung im Bereich des Internationalen Managements hat sich auf US-amerikanische und europäische MNUs konzentriert und somit eine theoretische Fundierung der Internationalisierung von MNUs aus etablierten Ländern geschaffen. Tiefgreifende Untersuchungen bezüglich des Internationalisierungsprozesses von MNUs aus den Emerging Markets (EM-MNUs) stecken noch in den Kinderschuhen und stammen aus den letzten Jahren (Mathews 2002, 2006; Ramamurti 2004; UNCTAD 2005, 2006; Luo/Tung 2007; Dunning/Kim/Park 2008).

Die wachsende Bedeutung der Emerging Markets als Ursprung und nicht als Ziel globaler Aktivitäten zeigen die zunehmenden ausländischen Direktinvestitionen. Im Jahr 2006 tätigten die Emerging Markets Brasilien, Russland, Indien und China (auch BRIC-Staaten genannt) inklusive Taiwan und Hongkong abgehende ausländische Direktinvestitionen in Höhe von 123 Mrd. US-Dollar. 20

---

[4] Den Ausgangspunkt des Produktlebenszyklusansatzes von Vernon (1966) bildet das so genannte Leontief-Paradoxon. Leontief (1954) führte in den 50er Jahren eine Input-Output-Analyse in den USA durch und kam zu dem überraschenden Ergebnis, dass die Exporte der mit vergleichsweise reichlich Kapital ausgestatteten USA aus relativ arbeitsintensiven Produkten bestanden. Die Importe hingegen waren vergleichsweise kapitalintensiv (Kutschker/Schmid (2002), S. 377). Vernon versuchte nun das Leontief-Paradoxon mittels des Konzepts des Produktlebenszyklus zu lösen. Er beschreibt mit seinem Ansatz nicht nur den Lebenszyklus eines Produkts, sondern er betrachtet das Entstehen von Exporten und Importen im Hinblick auf das geographische Investitionsverhalten von Unternehmen. Die Produktzyklustheorie unterscheidet drei Phasen im Lebenszyklus eines Produkts: Innovations-, Reife- und Standardisierungsphase.

Jahre zuvor betrugen die abgehenden ausländischen Direktinvestitionen der genannten Emerging Markets lediglich 31 Mrd. US-Dollar.[5] Diese Entwicklung zeigt sich auch in der steigenden Anzahl transnationaler Akquisitionen, welche von Unternehmen aus den Emerging Markets getätigt wurden. Mit einem Wachstum von 14 Prozent stieg die Anzahl an Unternehmenskäufen aus den Emerging Markets im Jahr 2005 in einem rasanten Tempo. Die Käufer kamen überwiegend aus Indien, China, Malaysia, Südafrika und Russland.[6]

In den vergangenen Jahren konnten viele solcher Übernahmen beobachtet werden. Einige Beispiele sind im Folgenden aufgezeigt:

- So begann das Jahr 2006 mit einer spektakulären Übernahme des größten europäischen Stahlkonzerns *Arcelor* durch den indischen Stahlkonzern *Mittal* für über 25 Mrd. Euro. Der größte Konkurrent im Bieterkampf war der russische Stahlkonzern Severstahl – ebenso ein Konzern aus den Emerging Markets.

- Ebenfalls im Jahr 2006 übernahm das indische Unternehmen *Dr. Reddy's* den viertgrößten deutschen Generikahersteller *Betapharm* für 480 Mio. Euro.

- Im Jahr 2005 hat das bis dahin relativ unbekannte Hongkonger Unternehmen *Lenovo* die PC-Sparte von IBM (USA) für 1,75 Mrd. US-Dollar gekauft.

- Im selben Jahr erwarb der russische *Lukoil-Konzern* das kanadische Unternehmen *Nelson Resources* für 2 Mrd. US-Dollar.

- Der indische Fahrzeughersteller *Tata Motors* erwarb im Jahr 2008 für 2,3 Mrd. Dollar die beiden Luxusmarken *Jaguar* und *Land Rover* vom US-Automobilkonzern Ford. Die indische Gruppe Mahindra & Mahindra bekundete ebenfalls Interesse an den beiden Luxusmarken.

- Im Jahr 2007 übernahm der mexikanische Baustoffkonzern *Cemex* die australische *Rinker Group* für über 15 Mrd. US-Dollar und tätigte die bis dahin größte Übernahme Australiens.

---

[5] UNCTAD (2008), S. 340ff.
[6] ATKearney (2006).

Die Beispiele lassen sich fortführen. Festzustellen ist jedoch, dass ein Trend zur Übernahme von Unternehmen aus Industrieländern aus den Emerging Markets zu erkennen ist. Im Jahr 2006 übernahmen Unternehmen aus den BRIC-Staaten 585 Firmen im Ausland für fast 54 Milliarden US-Dollar. Im Vergleich zu 2004 war dies eine Verdreifachung.[7] Dennoch sind MNUs aus Emerging Markets kein neues Phänomen auf dem Weltmarkt. Viele dieser Unternehmen haben ihre internationalen Tätigkeiten bereits in den Siebzigern und Achtzigern des vergangenen Jahrhunderts aufgenommen. Diese Entwicklung wurde zwar erkannt (Kumar/McLeod 1981; Kumar/Kim 1984; Lecraw 1977; Lall 1983; Wells 1977, 1981, 1983), danach ebbte das Forschungsinteresse jedoch ab.[8] Erst die stark angestiegene Präsenz großer multinationaler Unternehmen aus den Emerging Markets hat das Interesse an diesem Phänomen neu erweckt.

Die Entwicklung von EM-MNUs wie Cemex, Lenovo oder Tata Motors wird von westlicher Seite mit erhöhter Aufmerksamkeit verfolgt. Dabei wird deutlich, dass sich die Bestimmungsgründe von Auslandsinvestitionen der Unternehmen aus den Emerging Markets in ihrer Bedeutung von den Motiven der MNUs aus Industriestaaten unterscheiden.[9] In verschiedenen Untersuchungen zu den Motiven von ausländischen Direktinvestitionen werden – in wechselnden Zusammensetzungen – eine Vielzahl genannt.[10] Eine große Schnittmenge mit den unterschiedlichen Vorschlägen zur Charakterisierung der Grundmotive weist die Typologie der UNCTAD auf, in der vier große Motivationslagen unterschieden werden:[11]

(1) Motiv der Markterschließung (market-seeking)

(2) Motiv der Effizienzsteigerung (efficiency-seeking)

(3) Motiv der Energie- und Rohstoffsicherung (resource-seeking)

(4) Motiv der strategischen Vorteilssicherung (created asset-seeking)

---

[7] UNCTAD (2006), S. 319.
[8] Lecraw (1993), S. 589.
[9] Der World Investment Report 2006 hat sich gezielt mit den Internationalisierungstreibern und -determinanten dieser Unternehmen befasst.
[10] UNCTAD (2006), S. 157ff. oder auch Meyer (1996), S. 53.
[11] UNCTAD (2006), S. 157ff.

Die Motive variieren stark von Land zu Land, aber auch von Branche zu Branche.[12] Dennoch lässt sich eine unterschiedliche Bedeutung der Motive von Unternehmen aus den Emerging Markets und den Industriestaaten erkennen. Bis zu einem gewissen Grad decken sich die Motive von Unternehmen aus einem Emerging Market und Industrieland. Dies gilt vor allem für absatzorientierte und rohstofforientierte Motive.[13] Beide Motive gelten als treibende Kräfte bei der Internationalisierungsentscheidung. Jedoch variiert die Bedeutung dieser Motive innerhalb einer Branche zwischen Emerging Market und Industrieland. Bspw. verfolgen Unternehmen der Rohstoffindustrie aus Industrieländern zunächst einmal das Motiv der Energie- und Rohstoffsicherung, da die großen Rohstoffvorkommen nicht in den Industrienationen zu finden sind. Rohstoffkonzerne aus den Emerging Markets sind tendenziell eher absatzorientiert und tätigen ausländische Direktinvestitionen um neue Absatzmärkte zu erschließen oder zu sichern, da der Zugang zu den Rohstoffen bereits vorhanden ist.[14]

Das Motiv der Effizienzsteigerung beinhaltet kostenorientierte Investitionsentscheidungen wie der Zugang zu billigen Arbeitskräften. Für Unternehmen aus den Emerging Markets steht dieser Beweggrund zunächst nicht an vorderster Stelle, da viele dieser Märkte (noch) über niedrige Lohnkosten verfügen. Produktionsintensive Unternehmen aus den Industrieländern hingegen verfolgen durch die Verlagerung der Produktion in Niedriglohnländer häufig effizienzorientierte Motive. Aufgrund der steigenden Lohnkosten in einigen Emerging Markets wie Hongkong, Taiwan oder Singapur nehmen kostenorientierte Beweggründe der Internationalisierung jedoch auch für Unternehmen aus diesen Emerging Markets an Bedeutung zu.[15] Emerging Markets mit hohen Lohnkosten sind allerdings vornehmlich sehr kleine Märkte, die zudem zu den Ländern zählen, die je nach Kategorisierung teilweise bereits als Industrienationen bezeichnet werden.[16]

---

[12] Anwar (1999), S. 8.
[13] Dunning/Kim/Park (2008), S. 176.
[14] UNCTAD (2006), S. 158.
[15] UNCTAD (2006), S. 160.
[16] Nach der Kategorisierung des International Monetary Fund (IMF) zählen sowohl Hongkong, Taiwan als auch Singapur bereits heute zu den Industriestaaten. Hingegen zählt die UNCTAD alle drei Länder noch zu „Transition Economies".

Das Motiv der strategischen Vorteilssicherung spielt nach einer Umfrage der UNCTAD eine tendenziell untergeordnete Rolle für Unternehmen aus den Emerging Markets. Lediglich in Kombination mit dem Motiv der Markterschließung gewinnt es an Bedeutung. Zunächst aber scheint die Motivation Zugang zu neuen Technologien oder zu anderen strategischen Assets von anderen Beweggründen überlagert zu sein. Die Ursache kann darin begründet liegen, dass Unternehmen aus den Emerging Markets erst Kapazitäten entwickeln müssen neue Fähigkeiten und Technologien umzusetzen.[17] Der Wandel der oftmals sehr produktionsintensiven zu forschungsintensiven Unternehmen aus Emerging Markets trägt kontinuierlich dazu bei, dass das „created asset-seeking"-Motiv für Unternehmen aus den Emerging Markets in den Vordergrund treten wird.

Die Betrachtung der Motivlagen von Unternehmen aus Emerging Markets bzw. aus Industrienationen unterstreicht die Vermutung, dass sich die Internationalisierungsverläufe von MNUs aus Emerging Markets und MNUs der großen Industriestaaten unterscheiden. Unternehmen aus aufstrebenden Märkten sind mit anderen makroökonomischen Bedingungen und einer anderen institutionellen Umwelt konfrontiert. Diese veränderten Rahmenbedingungen lassen vermuten, dass der Internationalisierungspfad von MNUs aus Emerging Markets dem "klassischen" Internationalisierungspfad nicht entspricht. Aus diesen Überlegungen lässt sich die Motivation erklären, welche sich hinter der Betrachtung von MNUs aus Emerging Markets verbirgt. Mit welcher Logik wählen MNUs aus Emerging Markets ihre „Schlachtfelder" und inwieweit unterscheiden sich diese von MNUs aus etablierten Ländern?

1.2 Zielsetzung der Arbeit

Zunächst erscheint es von Bedeutung die Unterschiede der Unternehmen aus Emerging Markets zu den westlichen MNUs hervorzuheben, um daraus mögliche Ansatzpunkte für die weitere Untersuchung zu erlangen.

Zum einen sind ihre Heimatmärkte derzeit zwar noch wenig entwickelt, wachsen aber im Gegensatz zu den gesättigten Märkten der Industriestaaten extrem schnell. Abb. 1 zeigt die Wachstumsaussichten der Emerging Markets in

---

[17] UNCTAD (2006), S. 162.

den Jahren 2004 bis 2014. Während für die Volkswirtschaften der Industrienationen mittelfristig ein Wirtschaftswachstum von weniger als 3 Prozent prognostiziert wird, belaufen sich die geschätzten Zuwachsraten für Emerging Markets auf beinahe 5 Prozent. Insbesondere die asiatischen Märkte beeindrucken mit Wachstumsaussichten von über 6 Prozent.[18]

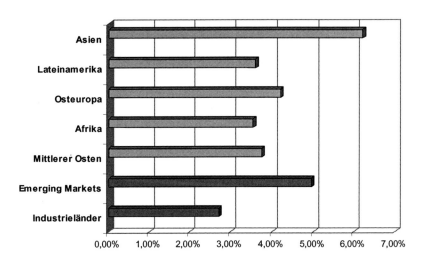

Abb. 1: Positive Wachstumsaussichten für Emerging Markets in den Jahren 2004–2014
Quelle: Waldhauser (2007), S. 12.

Niedrigere Kosten, steigende Innovationskraft sowie eine immer bessere Ausbildung des Personals erzeugen unter anderem ein großes unternehmerisches Potential, welches sich in den positiven Wachstumsaussichten widerspiegelt. Im Vergleich zu den MNUs aus Industriestaaten sind EM-MNUs Nachzügler im Globalisierungsprozess, die in den vergangenen Jahren eine beeindruckende Aufholjagd auf die großen MNUs aus Industriestaaten begonnen haben.[19] Mathews (2002) beschreibt diesen Prozess folgendermaßen:

---

[18] Waldhauser (2007), S. 12.
[19] Mathews (2002), S. 30.

"These are firms that start from behind, and overcome their deficiencies to emerge as industry leaders, in sometimes astonishingly short periods of time, without any of the advantages of the incumbent industry leaders." [20]

Diese aufsteigenden MNUs aus den Emerging Markets stammen vor allem aus Russland, Indien, China, Brasilien oder auch Mexiko. MNUs aus diesen Regionen unterscheiden sich im direkten Vergleich zu MNUs aus den Industriestaaten vor allem bezüglich ihrer Startressourcen. Wettbewerbsrelevante Faktoren, wie die Nähe zu großen Absatzmärkten oder FuE-Ressourcen, fehlen den EM-MNUs oftmals.

Die meisten empirischen Studien bezüglich des Internationalisierungsverhaltens – wie bspw. das „Uppsala-Modell" von Johanson/Vahlne (1977) – beziehen sich auf MNUs aus Industrieländern.[21] Die Internationalisierungsmuster von Unternehmen aus den Emerging Markets sind noch weitestgehend unerforscht. Untersuchungen diesbezüglich müssen demnach auch klären, ob es spezieller Theorien für die Internationalisierung von MNUs aus Emerging Markets bedarf oder ob eine Modifizierung der bereits bestehenden Theorien ausreichend ist.[22]

In dieser Arbeit soll die Anwendbarkeit der Internationalisierungsmodelle für MNUs aus Emerging Markets überprüft werden. In der Literatur lassen sich hierzu zwei Grundrichtungen erkennen. Zum einen herrscht die Meinung vor, dass lediglich eine Modifikation der bestehenden Theorien ausreichend ist.[23] Zum anderen werden gegenläufige Stimmen laut, die eine Entwicklung spezieller Theorien für MNUs aus Emerging Markets fordern.[24]

Ziel der Arbeit ist den Internationalisierungsprozess von MNUs aus den Emerging Markets genauestens zu untersuchen und diesen mit den theoretischen Ansätzen des Internationalen Managements abzugleichen. Für die empirische Aufarbeitung der Thematik soll eine repräsentative Anzahl von Unternehmen aus den Emerging Markets mittels induktivem Verfahren herausgearbeitet

---

[20] Mathews (2006), S. 6.
[21] UNCTAD (2006), S. 173.
[22] UNCTAD (2006), S. 146.
[23] Vgl. Lecraw (1977), Wells (1977, 1983), Lall (1983).
[24] Vgl. Mathews (2002, 2006) oder auch Moon/Roehl (2001).

werden, anhand derer der Internationalisierungspfad analysiert werden kann. Damit soll diese Arbeit einen Beitrag zur Erforschung der Internationalisierungsprozesse von Unternehmen aus den Emerging Markets leisten. Der Untersuchungsfokus konzentriert sich darauf herauszufinden, welchen Erklärungsgehalt die existenten Internationalisierungsansätze für MNUs aus Emerging Markets besitzen, ob sie für diese Unternehmen anwendbar sind, und welche Modifikationen vorgenommen werden müssen, um ihren Beschreibungs- und Erklärungsgehalt unter anderen Rahmenbedingungen zu erhöhen.

1.3 Aufbau der Arbeit

In **Kapitel 1** wurde bereits aufgezeigt, dass MNUs aus den Emerging Markets und ihre wachsende Rolle in der Weltwirtschaft in den vergangenen zwei Jahrzehnten ein unübersehbares strukturelles Phänomen darstellen.[25] Im Anschluss daran wurde die Zielsetzung der Arbeit dargelegt.

Im Folgenden thematisiert Kapitel 1 die Internationalisierung von MNUs aus Emerging Markets und zeigt die aktuelle Relevanz, diesen Aspekt als wissenschaftlichen Untersuchungsgegenstand in die Diskussion der internationalen Managementforschung zu integrieren.

Zunächst wird eine genaue Begriffsbestimmung der MNUs aus den Emerging Markets vorgenommen. Daran anknüpfend werden Emerging Markets und die ausländischen Direktinvestitionsflüsse aus diesen Märkten in einem globalen Umfeld aufgezeigt und diskutiert. Im Mittelpunkt stehen die makroökonomischen Kontraste zwischen Emerging Markets und den großen Industrienationen. Aktuelle Entwicklungen der letzten Jahre sowie künftige Potentiale sind dabei Gegenstand des Kapitelabschnittes.

Darauffolgend wird der Fokus wieder auf eine mikroökonomische Betrachtungsebene gelenkt, indem die Unterschiede von MNUs aus Emerging Markets und von MNUs aus Industriestaaten historisch beleuchtet werden. Aus diesem historisch gewachsenen Prozess werden abschließend Stärken und Potentiale von MNUs aus den Emerging Markets abgeleitet.

Der weitere Aufbau der Arbeit ist wie folgt gestaltet:

---

[25] UNCTAD (2006), S. 31.

Kapitel 2 liefert einen theoretischen Bezugsrahmen anhand dessen die Internationalisierung von Unternehmen aus den Emerging Markets untersucht werden soll. Dabei werden zwei – in der Literatur zum internationalen Management häufig zitierte – Ansätze zur Konzeptualisierung eines theoretischen Argumentationsrahmens herangezogen. Zum einen das eklektische Paradigma von John H. Dunning (1977), zum anderen das Uppsala-Modell von Johanson/Vahlne (1977). Dazu werden zunächst die Grundlagen der Theorien besprochen.

Anschließend zeigt eine kritische Würdigung die Anwendungsbeschränkungen der Theorien. Beide Theorien wurden in den vergangenen Jahren weiterentwickelt. Die wichtigsten Entwicklungsstufen werden im Anschluss an die kritische Würdigung aufgezeigt.

Abschließend werden die Ansätze unter dem Blickwinkel der Emerging Markets betrachtet. Dazu werden die Grenzen des Beschreibungs- und Erklärungsgehaltes beider Theorien aufgezeigt. Dabei zeigen sich Ansatzpunkte anhand derer eine Übertragbarkeit der Ansätze auf MNUs aus Emerging Markets analysiert werden kann. Dadurch wird der weitere Forschungsbedarf hinsichtlich einer theoretischen Fundierung der Internationalisierung von MNUs aus Emerging Markets deutlich.

In **Kapitel 3** werden auf der Grundlage des im vorangegangenen Kapitel konzipierten Bezugsrahmens Hypothesen entwickelt, die dazu beitragen den Erklärungsgehalt der ausgesuchten Internationalisierungsansätze für MNUs aus den Emerging Markets auszumachen. Dabei stehen zwei Aspekte im Vordergrund: Zunächst wird der Aspekt behandelt, bei dem es um die Wahl des Zielmarktes geht, also um die Frage „Wohin" MNUs aus den Emerging Markets internationalisieren. Hierbei geht es um die Analyse von Kriterien, welche die Wahl des Investitionslandes beeinflussen. Der zweite Aspekt thematisiert die Abfolgegeschwindigkeit einzelner Internationalisierungsschritte, also das „Wie schnell". Dabei werden Faktoren, welche die Geschwindigkeit des Internationalisierungsprozesses beeinflussen, abgeleitet.

Die empirische Untersuchung der in Kapitel 3 aufgestellten Hypothesen erfolgt in **Kapitel 4**. Nach einer kurzen Beschreibung des Aufbaus und des Ablaufs der empirischen Untersuchung, erfolgt die Beschreibung der Operationalisierung der Variablen für die Überprüfung der Hypothesen. Nach einem Überblick über die deskriptive Statistik werden die Ergebnisse der Hypothesentests aufgezeigt und anschließend diskutiert. Abschließend werden die Grenzen der empirischen Untersuchung und der weitere Forschungsbedarf aufgezeigt.

Die Schlussbetrachtung erfolgt in **Kapitel 5** mit einer Zusammenfassung der Ergebnisse der Untersuchung bevor die Anwendbarkeit der klassischen Internationalisierungstheorien auf die Internationalisierung von Unternehmen aus den Emerging Markets eruiert wird. Beendet wird die Arbeit durch einen Ausblick mit Implikationen für die Wissenschaft sowie für die Unternehmenspraxis.

1.4 MNUs aus Emerging Markets

Bevor MNUs aus Emerging Markets unter einer globalen Perspektive betrachtet werden, soll an dieser Stelle eine genaue Begriffsbestimmung von MNUs aus Emerging Markets (EM-MNUs) erfolgen.

EM-MNUs sind *internationale* Unternehmen aus den *Emerging Markets* mit *ausländischen Direktinvestitionen* in einem oder mehreren Auslandsmärkten. Das Unternehmen kontrolliert die ausländischen Direktinvestitionen und übt im Gastland wertschöpfungsorientierte Aktivitäten aus. Diese Begriffsbestimmung orientiert sich an der Definition von Luo/Tung (2007):

"We define EM MNEs as international companies that originated from emerging markets and are engaged in outward FDI, where they exercise effective control and undertake value-adding activities in one or more foreign countries." [26]

Diese Definition schließt ausdrücklich reine Export- und Importunternehmen aus, da in diesem Fall keine Direktinvestitionen vorgenommen werden. Durch die Einschränkungen „Kontrolle" und „Wertschöpfungsorientierung" werden Minderheitsbeteiligungen sowie reine Finanzinvestitionen z. B. auf den Kaimaninseln oder den Britischen Jungferninseln ausgeschlossen.

Diese rein begriffliche Erklärung von multinationalen Unternehmen aus den Emerging Markets zeigt aber weder die globale Stellung der EM-MNUs auf dem Weltmarkt noch werden die Entwicklungspotentiale, die diese Unternehmen aufweisen, deutlich. Es erscheint daher sinnvoll die aktuelle Situation der

---

[26] Luo/Tung (2007), S. 482.

Emerging Markets aus verschiedenen Perspektiven zu beleuchten. Dies erfolgt anhand von vier Betrachtungsebenen (vgl. Abb. 2).

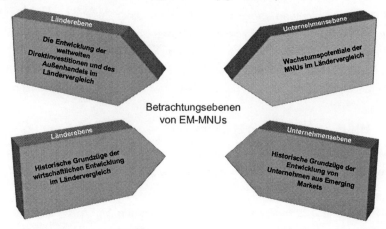

Abb. 2: Betrachtungsebenen von EM-MNUs
Quelle: Eigene Darstellung.

Zum einen werden auf makroökonomischer Ebene die *Entwicklung der weltweiten Direktinvestitionen und des Außenhandels* sowie ein *historischer Abriss der wirtschaftlichen Entwicklung* aufgezeigt. Zum anderen werden auf mikroökonomischer Ebene die *Wachstumspotentiale der multinationalen Unternehmen* aus Emerging Markets und Industriestaaten sowie ein *historischer Abriss der Entwicklung von Unternehmen aus den Emerging Markets* betrachtet.

Die Entwicklung der weltweiten Direktinvestitionen und des Außenhandels im Ländervergleich

In den vergangenen Jahren haben die Unternehmen aus Industriestaaten auf dem Weltmarkt eine herausragende Stellung eingenommen und sie haben diese auch trotz der steigenden Bedeutung der Geschäftstätigkeit der Unternehmen in Asien oder Lateinamerika heute noch inne. So kommen 85 der 100 weltweit größten MNUs nach dem Ranking des World Investment Reports (WIR) 2006 der UNCTAD aus den USA, Europa oder Japan. Insofern ist es nicht verwunderlich, dass die USA, Europa oder Japan für den Hauptteil der Direktinvestitionen verantwortlich sind. Abb. 3 zeigt die Verteilung der Inward und Outward FDI (IFDI und OFDI) im Jahr 2006. Im Jahr 2006 stammten

1.022.904 Mio. US-Dollar von insgesamt 1.215.789 Mio. US-Dollar – fast über 84 Prozent der abgehenden ausländischen Direktinvestitionen – aus den Industriestaaten. Allein 77 Prozent wurden von Unternehmen aus den USA oder Europa getätigt. Die Zielländer der Direktinvestitionen sind vorwiegend die Industriestaaten. Der größte Teil des investierten Kapitals mit 874.083 Mio. US-Dollar von insgesamt 1.305.852 Mio. US-Dollar – fast 67 Prozent der weltweiten Direktinvestitionen – fließt in diese Länder.[27]

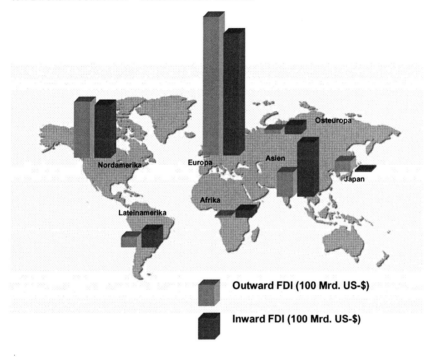

Abb. 3:   Weltweite Verteilung der OFDI und IFDI im Jahr 2006
Quelle: Eigene Darstellung in Anlehnung an UNCTAD (2008).

Im Jahr 1990 betrugen die Outward Investitionsflüsse der Industrienationen mit 217.684 Mio. US-Dollar allerdings noch fast 95 Prozent und die Inward In-

---

[27] UNCTAD (2008), S. 340ff.

vestitionsflüsse mit 165.641 Mio. US-Dollar über 82 Prozent.[28] Die Entwicklung zeigt, dass der Anteil der Unternehmen aus den Industriestaaten an den ausländischen Direktinvestitionen zwar gesunken, aber dennoch nach wie vor sehr hoch ist. Demnach sind diese Länder zum jetzigen Zeitpunkt immer noch sowohl Hauptquelle als auch Hauptziel der Investitionen. Allerdings ist die Dominanz in den vergangenen Jahren langsam aber stetig gesunken.

Vor allem in Asien und Lateinamerika stieg der Anteil der getätigten bzw. erhaltenen ausländischen Direktinvestitionen von 1990 bis zum Jahr 2006. Der Anteil an den weltweit getätigten OFDI der asiatischen Länder verdoppelte sich. Lateinamerika konnte einen Zuwachs am Anteil an den weltweiten Direktinvestitionen von 0,1 Prozent auf 4 Prozent verzeichnen. Der IFDI-Weltanteil von Asien stieg von 11 Prozent im Jahr 1990 auf 20 Prozent im Jahr 2006. Lateinamerika verzeichnete hingegen mit knapp 5 Prozent auf 6,4 Prozent einen relativ geringen Zuwachs am Weltanteil der IFDI. Der Anstieg der Direktinvestitionen der Nicht-Industriestaaten ist besonders auf die Emerging Markets zurückzuführen. Tab. 1 zeigt exemplarisch einige ausgewählte aufstrebende Märkte, die einen stetigen Anstieg der abfließenden ausländischen Direktinvestitionen aufweisen. Die abfließenden ausländischen Direktinvestitionen aus den Industriestaaten sind volumenmäßig um das Vielfache höher als aus den Emerging Markets. Dennoch sind die OFDI bspw. aus Brasilien von 1990 bis 2006 um das 45-fache angestiegen. Auch die anderen exemplarisch aufgelisteten aufstrebenden Märkte weisen einen derartigen Anstieg der abfließenden Direktinvestitionen auf. Tab. 1 zeigt, dass die internationale Expansion der Unternehmen aus diesen Märkten begonnen hat und stetig voranschreitet.

Ein ähnliches Bild zeigt sich bei der Betrachtung der geographischen Verteilung des Außenhandels. Die Exporte aus den Industriestaaten beliefen sich im Jahr 2006 mit 7.132.590 Mio. US-Dollar auf fast 60 Prozent der weltweiten Gesamtexporte. Allerdings verlieren die Industrienationen auch hier stetig Anteile. Im Jahr 1990 exportierten diese Länder noch über 72 Prozent der weltweiten Güter. Auch hier zeigt sich die zunehmende Bedeutung der Emerging Markets. China exportierte im Jahr 1990 weniger als 2 Prozent der weltweit ausgeführten Güter. Im Jahr 2006 verbuchte China einen weltweiten Exportan-

---

[28] UNCTAD (2008), S. 340ff.

teil von 8 Prozent und liegt nur noch knapp hinter den USA (8,6 Prozent) und dem Exportweltmarktführer Deutschland (9,2 Prozent).[29]

	1990	2006
Verteilung der OFDI-Flüsse in Mio. US-Dollar		
Gesamt	229.597	1.215.789
Industrienationen:		
Europa	129.891	668.891
USA	30.982	216.614
...		
Emerging Markets:		
Mexiko	223	5759
Brasilien	624	28.203
China	830	161
Hongkong	2.448	43.459
Indien	6	9.676
Russland	k.A.	17.979
...		
Verteilung OFDI in %		
Gesamt	100.0	100.0
Industrienationen:		
Europa	56,6	55,0
USA	13,5	17,8
...		
Emerging Markets:		
Mexiko	0,1	0,5
Brasilien	0,3	2,3
China	0,4	1,3
Hongkong	1,1	3,6
Indien	0,0	0,8
Russland	k.A.	1,5
...		

Tab. 1: Verteilung der OFDI ausgewählter Länder
Quelle: UNCTAD (2008).

Die Industrienationen sind mit steigenden Zuwachsraten der Emerging Markets sowohl bei den Direktinvestitionen als auch beim Export konfrontiert.

---

[29] UNCTAD (2008), S. 2ff.

Wachstumspotentiale der multinationalen Unternehmen im Ländervergleich

Die gerade angeführte Betrachtung der weltweiten Direktinvestitionen und des Außenhandels hat eine Übersicht über die Stellung der Emerging Markets im Vergleich zu den Industrienationen aufgezeigt. Die starke Position der Industrieländer am Weltmarkt – sowohl hinsichtlich des Außenhandels als auch hinsichtlich der Direktinvestitionstätigkeit – zeigt sich auch bei der Betrachtung von multinationalen Unternehmen. 85 der 100 weltweit größten MNUs nach dem Ranking des World Investment Report (WIR) 2006 der UNCTAD stammen aus den USA, Europa oder Japan.[30] Trotz der überlegenen Präsenz großer MNUs aus den USA, Europa und Japan rücken vermehrt MNUs aus den Emerging Markets ins Blickfeld des globalen Wettbewerbs. EM-MNUs besitzen im Vergleich zu den MNUs der Industrienationen ein äußerst dynamisches Wachstum. Der Vergleich der Wachstumsraten der 100 größten Unternehmen weltweit mit den 100 größten Unternehmen aus sich entwickelnden Ländern (vgl. Abb. 4) zeigt das Wachstumspotential der EM-MNUs. Bei der Betrachtung des Umsatzwachstums ist zu erkennen, dass der Umsatz der 100 größten EM-MNUs im Jahr 2005 im Vergleich zum Vorjahr um fast 50 Prozent gestiegen ist.

Im Gegensatz dazu betrug die Umsatzsteigerung der 100 größten MNUs weltweit lediglich 8,5 Prozent. Ein ähnliches Bild zeigt sich bei der Betrachtung des Auslandsvermögens der Unternehmen. Erzielten die 100 größten EM-MNUs eine Steigerung des Auslandsvermögens um knapp 40 Prozent so ist deutlich zu erkennen, dass die 100 größten MNUs mit einer Erhöhung des Auslandsvermögens um gerade einmal 0,1 Prozent keine expansive Unternehmensstrategie (mehr) verfolgen.

---

[30] UNCTAD (2006), S. 280ff.

1 Internationalisierung von MNUs aus Emerging Markets 17

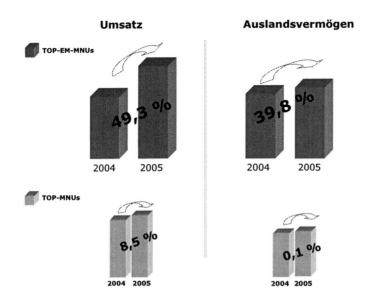

Abb. 4: Vergleich der Wachstumsgeschwindigkeiten der MNUs aus Emerging Markets und Industriestaaten (2004–2005)[31]
Quelle: Eigene Darstellung in Anlehnung an UNCTAD (2007), S. 25.

Bei der Betrachtung der absoluten Zahlen lässt sich die Kluft zwischen den Industrielandunternehmen und den Emerging Market - Unternehmen allerdings noch deutlich erkennen. Der Umsatz im Jahr 2005 lag bei den größten 100 Unternehmen weltweit bei 6.623 Milliarden US-Dollar, die 100 größten EM-MNUs erzielten im selben Jahr durchschnittlich 1.102 Milliarden US-Dollar Umsatz. Das Auslandsvermögen der größten Unternehmen weltweit betrug im Jahr 2005 durchschnittlich 4.732 Milliarden US-Dollar, bei den Unternehmen

---

[31] Bei den 100 größten MNUs im WIR 2006 wird keine Unterteilung anhand des Entwicklungsstandes des Heimatlandes der Unternehmung vorgenommen. Das Ranking erfolgt nach dem ausländischen Vermögen. Allerdings sind unter den 100 größten Unternehmen der Welt lediglich 7 aus sich entwickelnden Ländern vertreten. Die im WIR unter „The top 100 non-financial TNCs from developing countries" gelisteten Unternehmen stammen fast ausschließlich aus Ländern, die als „Emerging Markets" bezeichnet werden können. Aus diesem Grund wurde diese Bezeichnung in der Grafik bevorzugt.

aus den Emerging Markets beliefen sich die ausländischen Vermögenswerte auf lediglich 471 Milliarden US-Dollar.[32] Dennoch zeigt Abb. 4 deutlich die dynamische Wirtschaftsentwicklung und das Potential, welches Unternehmen aus den Emerging Markets aufweisen. Ohne Zweifel haben die meisten EM-MNUs im Vergleich zu den größten Unternehmen der Welt noch geringe Umsatzergebnisse und Vermögenswerte vorzuweisen. Die Wachstumsraten, die innerhalb eines Jahres erzielt werden konnten, zeigen dennoch deutlich die verstärkte Globalisierung von multinationalen Unternehmen aus den Emerging Markets.

Historische Grundzüge der wirtschaftlichen Entwicklung im Ländervergleich

Die oben angeführten gegenwärtigen Entwicklungen der Emerging Markets werden durch Betrachtung der historischen Gegebenheiten sehr gut widergespiegelt. Abb. 5 zeigt die Einkommensentwicklung der großen Industrienationen USA und Westeuropa sowie die der BRIC-Staaten. Die Einkommensentwicklung Westeuropas, der heutigen USA und der vier Emerging Markets verliefen vom Jahre 1500 bis zum Jahr 1820 relativ deckungsgleich. Anfang des 19. Jahrhunderts beginnt die Entwicklung Europas und insbesondere die Nordamerikas sich von den anderen Regionen abzuheben.[33]

Ab Mitte des 20. Jahrhunderts schießt das Einkommen der Industriestaaten steil nach oben, während die Emerging Markets eine deutlich schwächere Entwicklung aufzeigen. Diese Einkommensentwicklung ist im Zusammenhang mit der einsetzenden Industrialisierung und den Liberalisierungsbestrebungen in Europa und Nordamerika ab der Hälfte des 19. Jahrhunderts zu sehen.[34] Erst ab Mitte bzw. gegen Ende des 20. Jahrhunderts ist ein Anstieg des Einkommens in den Emerging Markets zu erkennen. Gleichzeitig mit dem Anstieg des Pro-Kopf-Einkommens sind auch die abgehenden ausländischen Direktinvestitionen aus den Emerging Markets angestiegen. Bis in die Sechziger Jahre des 20. Jahrhunderts ist jedoch der Anteil der ausländischen Direktinvestitionen aus diesen Ländern vernachlässigbar.

---

[32] UNCTAD (2007), S. 24ff.
[33] Maddison (2006), S. 46 und S.195ff.
[34] Maddison (2006), S. 100.

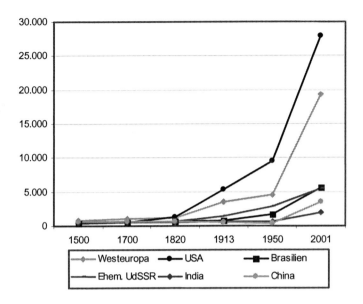

Abb. 5: Pro-Kopf-Einkommensentwicklung von 1500 bis 2001 (in 1990 international-$)
Quelle: Eigene Darstellung in Anlehnung an Maddison (2003, 2006).

Historischer Abriss der Entwicklung von Unternehmen aus Emerging Markets

Zu Beginn der Achtziger Jahre wurde der erste Aufschwung der EM-MNUs auf Kosteneffizienzvorteile zurückgeführt. Zudem waren die Märkte durch staatlichen Protektionismus vor dem Wettbewerb der übrigen Welt abgeschirmt. Auch die Dominanz großer staatlicher Unternehmen ist auf die politischen Rahmenbedingungen der damaligen Zeit zurückzuführen.[35]

Die Stärken der Untenehmen lagen vor allem in der Imitation von Gütern aus dem „Westen", speziell in den Standardtechnologie-Branchen, nicht aber in der Innovation. Aufgrund der niedrigen Produktionskosten konnten Güter in

---

[35] Cuervo-Cazurra (2008), S. 148f.

den Emerging Markets häufig weitaus günstiger als in den Industriestaaten hergestellt werden, wodurch vor allem der Außenhandel profitierte. Hauptexportziele der EM-MNUs waren Länder auf derselben Entwicklungsstufe oder gar noch ärmere Länder.[36] In Ländern auf einem ähnlichen Entwicklungsniveau konnten EM-MNUs den Vorteil der besseren Marktkenntnis ausnutzen, da die wirtschaftlichen, politischen, geographischen aber auch kulturellen Hemmnisse in diesen Ländern im Vergleich zu den Industrieländern relativ gering waren. Der Wandel trat vor allem mit dem Bruch des staatlichen Protektionismus und mit dem Übergang zu einem marktwirtschaftlichen System ein – oder zumindest mit der Implementierung marktwirtschaftlicher Bestandteile in die Wirtschaftsordnung.[37] Die Öffnung der Märkte konfrontierte EM-MNUs mit ausländischen Konkurrenten, die im Zuge der Globalisierung die Emerging Markets auf der Suche nach Wettbewerbsvorteilen entdeckten. Der Öffnung der Märkte folgte ein „Catch-up"-Prozess, der bis heute nicht abgeschlossen ist, aber bereits viele Stärken und Potentiale der EM-MNUs erkennen lässt:[38]

(1) Die Löhne sind bis heute sehr gering, neue moderne Produktionsanlagen sowie häufig noch staatliche Unterstützung führen zu **niedrigen Produktionskosten.**

(2) Zu der günstigen Produktionsmöglichkeit kommt das gestiegene Qualitätsbewusstsein der EM-MNUs hinzu. Die **steigende Qualität** der Produkte aus den Emerging Markets entwickelt sich zu einer zunehmenden Konkurrenz für Unternehmen aus den Industriestaaten. Galten Produkte aus China in den vergangenen Jahren häufig noch als qualitativ minderwertig, so können die Güter aus den Emerging Markets mit denen aus den Industriesaaten heute häufig ohne weiteres mithalten. So haben sich bspw. Hightech-Produkte aus China zu einer echten Konkurrenz für Unternehmen aus den Industriestaaten entwickelt. Die chinesische Lenovo Group belegte Anfang 2007 den vierten Platz im weltweiten PC-Ranking.[39] Insgesamt hat China im ersten Halbjahr 2007 Technologiegüter im Wert von mehr als 150 Milliarden US-Dollar exportiert. Dies entspricht etwa 28 Prozent des Gesamtexportvolumens aus China.

---

[36] Kumar/Kim (1984), S. 49.
[37] Cuervo-Cazurra (2008), S. 148f oder auch UNCTAD (2006), S. 201ff.
[38] EMFIS (2006).
[39] Hoffbauer (2007b), S. 229.

Die größten Exportmärkte für Hightech-Produkte „Made in China" waren im ersten Halbjahr 2007 Hongkong (mit rund 25%), dann die USA und die Europäische Union (je mit rund 20%).[40]

(3) Die technologische Lücke von EM-MNUs verringert sich durch Investitionen in die **Forschung und Entwicklung**. So investieren Großkonzerne und Staat vermehrt in Hochschulen und forcieren eine intensivere Zusammenarbeit zwischen Forschung und Unternehmen. Dadurch lässt sich erkennbar die Qualität der Hochschulen verbessern. Die Volksrepublik China bspw. war im Jahr 2003 im Ranking der renommiertesten Hochschulen weltweit lediglich mit 9 Hochschulen vertreten. Im Jahr 2008, also nur 5 Jahre später zählen bereits 17 Hochschulen aus der Volksrepublik China zu den bedeutendsten weltweit.[41]

(4) Auch profitieren EM-MNUs von der **Auslandserfahrung** des Managements. Viele Mitglieder des Managements von EM-MNUs absolvierten ihr Studium im Ausland oder konnten Erfahrungen durch Auslandstätigkeiten sammeln. Daher verfügt ein Großteil des Managements über Netzwerkbeziehungen und Marktwissen im In- und Ausland, mit welchen die internationale Expansion leichter zu bewältigen ist.

(5) Viele **Infrastrukturprojekte** beschleunigen die Wachstumspotentiale von EM-MNUs und ermöglichen ihnen somit intensive Expansionsstrategien zu verfolgen. Im Januar 2008 wurde bspw. bekannt, dass China den Bau von 97 neuen Flughäfen bis 2020 plant. Die Regierung hat hierfür umgerechnet mehr als 42 Mrd. Euro freigegeben.[42]

(6) Die meisten Emerging Markets verfügen über ein **hohes Rohstoffvorkommen**. Die wachsende Rohstoffnachfrage der vergangenen Jahre und die damit zusammenhängenden gestiegenen Rohstoffpreise fördern den Aufschwung der EM-MNUs aus rohstoffintensiven Branchen.

Dieser Abschnitt hat einen Überblick über die Kräfteverteilung der Industriestaaten und der Emerging Markets dargelegt. Die Praxis hat gezeigt, dass sich

---

[40] Ministry of Commerce of the People's Republic of China (MOFCOM).
[41] Academic Ranking of World Universities (http://www.arwu.org).
[42] bfai-Onlinedatenbank.

zunehmend MNUs aus den Emerging Markets auf dem Weltmarkt etablieren und dass diese Entwicklung sich in den kommenden Jahren verstärken wird. Vor allem die politische und wirtschaftliche Öffnung dieser aufstrebenden Märkte erlaubt es den Unternehmen sich am weltweiten Wettbewerb zu beteiligen. Die Zahlen und Fakten in diesem Kapitel zeigen die makroökonomische Entwicklung der Regionen und die Veränderung der politischen und wirtschaftlichen Rahmenbedingungen. Die Ausführungen können aber nicht erklären, welche Faktoren die Wahl und die Form der ausländischen Marktbearbeitung beeinflussen. Die folgenden Kapitel sollen die Beobachtungen aus der Praxis unter theoretischen Aspekten betrachten.

2 Internationalisierungsmodelle als konzeptioneller Bezugsrahmen

Diese Arbeit soll einen Beitrag zur Erforschung der Internationalisierungsprozesse von EM-MNUS leisten. Um diesem Forschungsziel gerecht zu werden, bedarf es der Konzeption eines theoriebasierten Grundgerüsts anhand dessen der Internationalisierungsprozess von Unternehmen aus den Emerging Markets analysiert werden kann. Demgemäß erfolgt in diesem Kapitel die Entwicklung eines theoretischen Bezugsrahmens anhand dessen der Untersuchungsgegenstand dieser Arbeit festgelegt werden kann.

Zwei – in der Literatur zum internationalen Management häufig zitierte – Ansätze sollen in dieser Arbeit zur Konzeptualisierung eines theoretischen Argumentationsrahmens herangezogen werden. Zum einen das eklektische Paradigma von John H. Dunning (1977), zum anderen das Uppsala-Modell von Johanson/Vahlne (1977).

Beide Ansätze erklären die internationale Expansion, jedoch beruhen sie auf ganz unterschiedlichen Ausgangsüberlegungen. Das Uppsala-Modell konzentriert sich auf die Hindernisse und Risiken, mit welchen die Unternehmen bei einer Expansion ins Ausland konfrontiert sind. Das eklektische Paradigma betont die Bedeutung der Wettbewerbsvorteile bei der Internationalisierungsentscheidung. Da beide Ansätze eine wichtige Stellung in der Internationalisierungsforschung besitzen, erscheinen diese als theoretische Ausgangslage für diese Arbeit durchaus geeignet, um den Internationalisierungsprozess von Unternehmen aus Emerging Markets zu untersuchen.

2.1 Das eklektische Paradigma von Dunning

2.1.1 Grundlegende Theorien zum eklektischen Paradigma

Die „eklektische" Theorie der Direktinvestitionen, die John H. Dunning (vgl. u.a. 1977, 1979, 1980, 1988b) in seinen Arbeiten ab Ende der siebziger Jahre formulierte, stellt einen der umfassendsten theoretischen Erklärungsansätze von Direktinvestitionen dar. Der Grundgedanke des Ansatzes von Dunning beruht auf der Erkenntnis, dass die Bestimmungsgründe der Internationalisierung von Unternehmen vielfältiger Natur sind.[43] Dunning wurde von dem Anspruch getrieben einen umfassenden Erklärungsansatz der Internationalisierung zu entwickeln. Dies wird erkennbar durch eine Vielzahl von Veröffentlichungen in den vergangenen Jahrzehnten, in denen Dunning bemüht ist, seinen Ansatz an veränderte Umweltbedingungen anzupassen (vgl. u.a. Dunning 1995, 1999, 2000; Dunning et al. 2008).

Dunning liefert mit seiner eklektischen Theorie[44] einen allgemein integrierenden Erklärungsrahmen für die Direktinvestitionstätigkeit von Unternehmen.[45] Der Begriff „eklektisch" soll verdeutlichen, dass es sich um

„[...] ein ‚Sammelsurium' von Ansätzen handelt, die zu einem Paradigma verschmolzen werden."[46]

Neben der Theorie des monopolistischen Vorteils und dem transaktionskostenorientierten Ansatz berücksichtigt Dunning auch Aspekte der Standorttheorie. Die einzelnen lediglich partialanalytisch ausgeprägten Theorien zur Internationalisierung werden in Dunnings Ansatz integriert und zu einer eklektischen Theorie verknüpft. Im Folgenden werden die drei Erklärungsansätze in aller Kürze rekapituliert:

(1) Theorie des monopolistischen Vorteils – Warum setzen sich MNUs in fremden Märkten durch?

Die erste Säule des Paradigmas knüpft an die Theorie des monopolistischen Vorteils von Hymer (1976) an.[47] Demnach kommt es zu ausländischen Direktinvestitionen, wenn ein Unternehmen seine Auslandsaktivitäten kontrollieren will (Kontrollmotiv), und wenn das Unternehmen gegenüber seinen einheimischen Konkurrenten in Auslandsmärkten über einen spezifischen, absoluten Vorteil verfügt (Motiv des monopolistischen Vorteils). Monopolistische Vorteile können unterschiedlichster Art sein und resultieren aufgrund von Marktunvollkommenheiten. Beispiele sind Patente oder auch geheimes firmenspezifisches Know-how. Oftmals handelt es sich

---

[43] Dunning (2000), S. 164 f.
[44] Aufgrund der kritischen Reaktionen spricht Dunning (1988a; 1988b) erst ab 1988 von einem eklektischen Paradigma und nicht weiter von einer Theorie (vgl. Kapitel 2.1.4 Entwicklungsstufen des eklektischen Paradigmas).
[45] Dunning (1979), S. 276.
[46] Kutschker/Schmid (2002), S. 444.
[47] Siehe auch Kindleberger (1969) oder auch Caves (1974).

bei einem monopolistischen Vorteil um wissensbasierte Vorteile, er kann aber auch lediglich aufgrund einer überlegenen Kapitalausstattung bestehen.

(2) Transaktionskostentheorie/Internalisierungstheorie – Welche institutionelle Regelung eröffnet dem Unternehmen unter bestimmten Bedingungen im Ausland einen spezifischen Vorteil (Hierarchie versus Markt)?

Die zweite Säule des Paradigmas knüpft an die Internalisierungsansätze (vgl. u.a. Buckley/Casson 1976; Rugman 1981; Teece 1981, 1986) an. Eine Direktinvestition erfolgt demnach, wenn Internalisierungsvorteile für das Unternehmen vorhanden sind. Dies ist immer dann der Fall, wenn Transaktionen unternehmensintern günstiger oder aufgrund der Unvollkommenheit der Märkte firmenspezifische Wettbewerbsvorteile bzw. komparative Kostenvorteile nicht oder nur unzureichend über (externe) Märkte erlangt werden können.[48] Letztlich muss es für die Unternehmen rentabler sein, die Aktivitäten selbst durchzuführen (Internalisierung) statt sie über den Markt abzuwickeln. Internalisierungsvorteile bestehen aus der Vermeidung von Transaktions- und Verhandlungskosten sowie von Kosten der Durchsetzung von Verfügungsrechten, aus der Umgehung der Käuferunsicherheit über die Eigenschaften und den Wert der zu verkaufenden Güter oder auch aufgrund von Qualitätssicherstellungsaspekten.[49]

(3) Standorttheorie – Warum operieren MNUs in bestimmten Märkten und in anderen nicht?

Der dritte Grundbaustein des Modells basiert auf den Annahmen der Standorttheorie.[50] Diese geht davon aus, dass die Entscheidung für eine Direktinvestition in einem bestimmten Markt vor allem durch das Vorhandensein standortspezifischer Wettbewerbsvorteile beeinflusst wird. Dem Standortvorteil liegt demnach eine ungleichmäßige Verteilung der Ressourcen und Fähigkeiten zugrunde. Zu den wichtigsten standortspezifischen Wettbewerbsvorteilen zählen staatliche Investitionsanreize des Gastlandes (z. B. Steuervergünstigungen oder Subventionen), marktliche Rahmenbedingungen (z. B. Marktpotential,

---

[48] Buckley/Casson (1976), S. 30ff.
[49] Dunning (1980), S. 11.
[50] Dunning bezieht sich hier u.a. auf das Produktlebenszykluskonzept von Vernon (1966).

Marktgröße oder auch Handelshemmnisse in Form von Importkontrollen), ökonomische Faktoren (z.b. Faktorkosten oder Transportkosten) sowie das politische Klima (Investitionsklima, Stabilität).[51]

2.1.2 Grundzüge der Theorie

Dunning zielt darauf ab, in Abhängigkeit von drei unternehmensspezifischen Vorteilskategorien zu erklären, welche Form des Markeintritts bzw. der Marktbearbeitung von den Unternehmen in Auslandsmärkten gewählt werden. Bei den Marktanpassungsformen unterscheidet er zwischen Direktinvestitionen, Exporten und vertraglichen Ressourcentransfers. Die Vorteilskategorien des „OLI-Paradigmas"[52] leitet Dunning anhand der gerade erläuterten Erklärungsansätze ab. Diese werden in Eigentumsvorteile (**O**wnership advantages), Standortvorteile (**L**ocation advantages) und Internalisierungsvorteile (**I**nternalisation advantages) unterteilt.[53]

Im Folgenden werden die drei Vorteilskategorien der eklektischen Theorie detaillierter beschrieben, bevor der von Dunning postulierte Zusammenhang geklärt wird.[54]

O – Eigentumsvorteile:

Die Eigentumsvorteile leiten sich aus der Theorie des monopolistischen Vorteils ab und bilden die Grundvoraussetzung für jegliche Form der Internationalisierung eines Unternehmens. Dunning teilt die Eigentumsvorteile in drei Kategorien ein:

- Allgemeine Eigentumsvorteile (Patente, Produktinnovation, überlegene Managementressourcen, staatlicher Schutz, u.a.).

- Eigentumsvorteile, die aus der Existenz einer etablierten Unternehmung gegenüber neuen Marktteilnehmern resultieren (Größenvorteile, Synergieeffekte, Spezialisierungsvorteile, u.a.).

---

[51] Dunning (1980), S. 9.
[52] Die heute gängige Bezeichnung „OLI-Paradigma" resultiert aus den Anfangsbuchstaben der drei Vorteilskategorien.
[53] Das OLI-Konzept ist eine Erweiterung (vgl. Dunning 1988b, S. 12) der ursprünglichen Fassung der eklektischen Theorie von 1980.
[54] Dunning (1979), S. 276; Welge/Holtbrügge (2003a), S. 72, Kutschker/Schmid (2002), S. 445.

- Eigentumsvorteile, die aus der Internationalität des Unternehmens resultieren (Zugang zu Ressourcen, wie Rohstoffe, Kapital und Know-how, Risikodiversifikation bspw. durch Währungsmanagement, u.a.).

I – Internalisierungsvorteile:

Internalisierungsvorteile sind Vorteile, die sich aus der Internalisierung von Aktivitäten ergeben. Sie werden von Dunning aus den Internalisierungstheorien abgeleitet. Als Beispiele führt Dunning (1980) die Vermeidung von Transaktions-, Verhandlungs- und Kontrollkosten sowie Vorteile der unternehmensinternen Produktion an.[55]

L – Standortvorteile:

Dunning stellt auf der Grundlage standorttheoretischer Ansätze eine Reihe von Kriterien auf, welche die relative Qualität eines Investitionsstandortes beschreiben, wie bspw. Faktorkosten, Transportkosten, Kosten der Infrastruktur sowie die psychische Distanz.

Dunning geht davon aus, dass ein Unternehmen drei verschiedene Möglichkeiten besitzt, auch auf anderen Märkten als seinem Heimatmarkt aktiv zu werden. Es kann seine Produkte erstens exportieren, es kann zweitens Lizenzen an ausländische Unternehmen vergeben oder drittens ausländische Direktinvestitionen tätigen. Für die Durchführung einer Direktinvestition muss nach Dunning die gleichzeitige Erfüllung der drei Vorteilskategorien gegeben sein. Direktinvestitionen werden dann vorgenommen, wenn das Unternehmen über firmenspezifische Wettbewerbsvorteile verfügt, Internalisierungsvorteile erzielen kann und Standortvorteile gegenüber dem Inland vorliegen (vgl. Abb. 6).

---

[55] Dunning (1980), S. 11.

Vorteilskategorien

Form des Markteintritts & der Marktbearbeitung		Eigentumsvorteile	Internalisierungsvorteile	Standortvorteile
	Vertragliche Ressourcenübertragung	✓	✗	✗
	Export	✓	✓	✗
	Direktinvestition	✓	✓	✓

Abb. 6: Entscheidungsmatrix zur Bedienung ausländischer Märkte
Quelle: In Anlehnung an Dunning (1981), S. 32.

Liegen nur Eigentums- und Internalisierungsvorteile vor, kommt es zur Exporttätigkeit. Verfügt das Unternehmen lediglich über unternehmensspezifische Vorteile werden nach Dunning vertragliche Ressourcenübertragungen gewählt.

Das sogenannte OLI-Paradigma von Dunning verdeutlicht, dass ausländische Direktinvestitionen sich nicht monokausal begründen lassen und, der Einfluss der jeweiligen Vorteile in verschiedenen Ländern, Sektoren und Unternehmen unterschiedlich ist.

2.1.3 Kritische Würdigung des eklektischen Paradigmas

Zunächst ist festzuhalten, dass die Variablen der Vorteilskategorien des eklektischen Paradigmas nicht neu sind und der Grundgedanke – speziell im Bezug auf die Eigentumsvorteile – bereits bei Hymer (1976) aufgeführt wird.

Der Aussagegehalt des eklektischen Paradigmas wird durch die Interdependenzen und Überschneidungen der Vorteilskategorien eingeschränkt. Itaki (1991) kritisiert, dass Eigentumsvorteile aus Internalisierungsvorteilen resultieren und somit Direktinvestitionen ausschließlich mit Hilfe der Internalisierungstheorie und der Standorttheorie erklärt werden können. Dunning selber deutet diesen Aspekt an, gleichwohl sieht er aber keinen Bedarf sein Paradigma auf zwei Vorteilskategorien zu reduzieren.[56]

Die strikte Abgrenzung der drei von Dunning vorgegebenen Marktbearbeitungsformen (Exporte, Lizenzen und Direktinvestitionen) kann in der Realität nicht aufrecht erhalten werden. Das parallele Auftreten verschiedener Marktbearbeitungsformen kann der Ansatz nicht begründen.

Zudem kann als Kritikpunkt angeführt werden, dass die Theorie reziproke Direktinvestitionen nicht erklären kann. Nach Dunning verfügt immer nur ein Land gegenüber allen anderen Ländern über Standortvorteile und demnach können Direktinvestitionen nur in eine Richtung fließen.[57]

Des Weiteren ist kritisch zu bemängeln, dass dem eklektischen Paradigma ein „homo oeconomicus" unterstellt wird, womit der Ansatz den verhaltenswissenschaftlichen Aspekt eindeutig vernachlässigt.[58]

Eine Direktinvestitionsentscheidung erfolgt auf Basis einer bestimmten Konstellation der OLI-Faktoren zu einem bestimmten Zeitpunkt. Damit ist das OLI-Paradigma lediglich statisch. Zwar erkennt Dunning, dass sich Vorteilskategorien im Zeitablauf verändern können und damit andere Direktinvestitionsströme hervorgerufen werden, doch stellt dies nur eine Reaktion auf die Änderung exogener Größen in einem komparativ-statischen Modell dar. Insofern besitzt das eklektische Paradigma keinen dynamischen, erfahrungsbasierten Prozesscharakter.[59]

Trotz der Kritik muss festgehalten werden, dass Dunning mit seinem Ansatz einen Brückenschlag zwischen den einzelnen Internationalisierungstheorien vollzieht. Das eklektische Paradigma stellt einen Versuch dar, rein partialanalytische Ansätze durch Integration zu einem Ansatz zu verschmelzen.

---

[56] Dunning (1988b), S. 2ff.
[57] Stehn (1992), S. 63.
[58] Bereits Aharoni (1966) hat gezeigt, dass die Annahme eines „homo oeconomicus" für die Internationalisierung nicht aufrecht zu erhalten ist.
[59] Dunning (1993), S. 277ff.

2.1.4 Entwicklungsstufen des eklektischen Paradigmas

Das eklektische Paradigma durchlief wie bereits im vorangegangen Abschnitt erwähnt in den vergangenen Jahren mehrere Entwicklungsstufen, in denen Dunning (vgl. u.a. 1988b, 1993, 1995, 1999, 2000; Dunning et al. 1998; Dunning/Kim/Park 2008) bemüht ist, seinem Anspruch an einen umfassenden Erklärungsansatz der Internationalisierung gerecht zu werden. Im Wesentlichen zeichnen sich neben der „Ursprungstheorie" drei Entwicklungsstufen ab. Ursprünglich erarbeitete Dunning (1977) eine „eklektische Theorie" zur Erklärung von Direktinvestitionen – erst ab 1988 spricht Dunning (1988a; 1988b) von einem eklektischen Paradigma. Im Folgenden sind die Ergänzungen von Dunning in den vergangenen Jahren in zeitlicher Reihenfolge skizziert:

Erweiterung der Faktorausstattung der Länder um Zwischenprodukte (1988):

Die erste Fassung der eklektischen Theorie von Dunning wurde nach heftiger Kritik 1988 zum Faktorausstattung/Marktversagen-Paradigma (OLI-Konzept) erweitert.[60] Demnach können Eigentumsvorteile auch aufgrund der Internalisierung von Zwischenproduktmärkten erzeugt werden. Eine Internalisierung kann somit auch zu Eigentumsvorteilen führen. Ursprünglich führten nach Dunning lediglich Eigentumsvorteile zu Direktinvestitionen. Zudem differenziert Dunning die Vorteilskategorien. So unterscheidet Dunning (1988b) etwa drei Arten von Eigentumsvorteilen: Vorteile, die aus dem Besitz bzw. Zugang zu einzigartigen Ressourcen resultieren, Vorteile, die aus der langjährigen Existenz eines Unternehmens resultieren und die Vorteile, die aus der Internationalität selbst stammen. Ferner wurde die eklektische Theorie als interdisziplinärer Ansatz zum eklektischen Paradigma konzipiert (vergleiche 2.1.2: Hier wurden diese Modifikationen bereits berücksichtigt).

Integration einer dynamischen Komponente und nichtökonomischen Variablen (1993):

Vor dem Hintergrund der kritischen Anmerkungen bezüglich der statischen Ausrichtung des eklektischen Paradigmas war Dunning bemüht, mithilfe von firmenspezifischen strategischen Variablen eine zeitliche Dimension in den Ansatz zu integrieren. Er weist daraufhin, dass sich die Vorteilskategorien im

---

[60] Dunning (1988a).

Zeitablauf verändern können.[61] Zudem erweitert er sein Paradigma um nichtökonomische Variablen zur Erklärung von Direktinvestitionen. Nicht ökonomische Variablen sind einerseits Aspekte der inter-organisationalen Umwelt (Politik, Kultur, Ideologie, Recht) sowie der intra-organisationalen Erfolgspotentiale (Management, Marketing, Finanzen).[62]

Integration des Netzwerkgedanken (1997):

Dunning (1995) erkannte die Notwendigkeit den Ansatz im Hinblick auf eine Integration des Netzwerkgedankens zu modifizieren.

> *„It also needs to be more explicitly acknowledged that firms may engage in FDI and in cross-border alliances in order to acquire or learn about foreign technology and markets [...]."* [63]

Dunning erkennt, dass Wettbewerbsvorteile auch durch grenzüberschreitende Allianzen und Netzwerke generiert werden können. Damit weicht er von einem reinen Hierarchiedenken ab und integriert den Allianzgedanken in das Paradigma. Zudem betont er im Zusammenhang mit dem Netzwerkgedanken die Bedeutung von Erfahrung und Lernen bei der Generierung von Eigentumsvorteilen.[64]

2.2 Der lerntheoretische Ansatz von Johanson/Vahlne

2.2.1 Grundlegende Theorien zum Uppsala-Modell

Der lerntheoretische Ansatz von Johanson/Vahlne (1977) ist einer der prominentesten Internationalisierungsansätze und wurde im Wesentlichen in den 70er Jahren entwickelt. Seitdem prägt er, neben dem eklektischen Paradigma, die wissenschaftliche Anschauung hinsichtlich der Internationalisierungstheorien von Unternehmen.

Der lerntheoretische Ansatz von Johanson/Vahlne beruht im Grunde auf den verhaltensorientierten Theorien des Unternehmenswachstums von Penrose (1959), der behavioristischen Theorie der Unternehmung von Cyert/March

---

[61] Dunning (1993), S. 277ff.
[62] Dunning (1993), S. 389ff.
[63] Dunning (1995), S. 481.
[64] Dunning (1995), S. 481.

(1963) sowie der Verhaltenstheorie von Aharoni (1966). Zudem spielte der Grundgedanke des Produktlebenszykluskonzeptes von Vernon (1966) eine bedeutende Rolle bei der Konzeption des Uppsala-Modells.[65] Diese verschiedenen Theorien sollen im Folgenden kurz erläutert werden, um ein übergreifendes Internationalisierungsverständnis zu ermöglichen.

(1) Theorie des Unternehmenswachstums von Penrose

Penrose erläuterte bereits 1959 in „The theory of the growth of the firm" die Existenz verschiedener Formen von Wissen. Dabei unterschied sie in objektives Wissen, welches übertragbar und erlernbar ist sowie in Erfahrungswissen, das sich nur durch persönliche Erfahrungen aneignen lässt. Die entscheidenden Faktoren für das Wachstum einer Unternehmung sind nach Penrose die Erfahrung und das Marktwissen.[66] Johanson/Vahlne übernehmen im Uppsala-Modell die verschiedenen Formen von Wissen nach Penrose sowie deren Bedeutung.[67]

Die Problematik der Umsetzbarkeit von generiertem Wissen innerhalb der Organisation des Unternehmens wurde von Cyert/March (1963) in ihrer behavioristischen Theorie der Unternehmung und in Aharonis (1966) Verhaltenstheorie behandelt.

(2) Die behavioristische Theorie der Unternehmung von Cyert/March

Cyert/March (1963) stellen die Ansicht der als "homo oeconomicus" agierenden Person in Frage. Vielmehr argumentieren sie, dass Organisationen mit ihrem Entscheidungsprozess rational auf Umweltveränderungen reagieren. Diese Veränderungen können zu Konflikten führen, die nach Cyert/March (1963) mittels sogenannten Rückkoppelungsschleifen zwischen Organisation und Umfeld aufgelöst werden können. Das Uppsala-Modell greift diesen Rückkopplungsprozess als „loosely coupled system"[68] in der Entscheidungsphase der Internationalisierung auf.

---

[65] Johanson/Vahlne (1977), S. 26ff.
[66] Penrose (1959), S. 56 und 85.
[67] Johanson/Vahlne (1977), S. 28.
[68] Johanson/Vahlne (1990), S. 12.

(3) Die Verhaltenstheorie von Aharoni

Die Verhaltenstheorie von Aharoni (1966) basiert auf der Theorie von Entscheidungsprozessen und analysiert die internationale Unternehmungstätigkeit auf verhaltenswissenschaftlicher Ebene. Die Internationalisierungsentscheidungen beruhen demzufolge auf eingeschränkter Rationalität, unvollständigen Informationen sowie beschränkter Informationsaufnahme- und Informationsverarbeitungskapazität.[69] Zudem werden Entscheidungen unter dem Prinzip der Befriedigung getroffen und nicht unter der Maxime des Optimierens. Nach Aharoni ändern Unternehmen ihre Verhaltensmuster nicht, solange noch befriedigende Ergebnisse erzielt werden können. Johanson/Vahlne nehmen in ihrem Modell insofern darauf Bezug, als dass die Internationalisierungsentscheidung nicht unter der Prämisse der optimalen Ressourcenallokation getroffen wird. Im Uppsala-Modell wird Internationalisierung in Anlehnung an Aharoni (1966) eher verstanden als

„[...] *the consequence of a process of incremental adjustments to changing conditions of the firm and its environment".* [70]

(4) Produktlebenszyklustheorie von Vernon

Die Produktlebenszyklustheorie von Vernon (1966) ist einer der ersten Ansätze, welcher dynamische Aspekte in die bisher statischen Theorien integriert. Der Ansatz unterscheidet drei Hauptstadien, die ein Produkt während seines Lebenszyklus durchläuft: Innovations-, Reife- und Standardisierungsphase.[71] Die Internationalisierung wird dabei als inkrementeller bzw. gradueller Prozess der vom Unternehmen gewählten Produktionsstandorte und der bearbeiteten Absatzmärkte betrachtet. Das Uppsala-Modell knüpft an diese Prozessbetrachtung an, weicht allerdings von der Produktbetrachtung ab und adaptiert den Internationalisierungsprozess auf das Unternehmen im Allgemeinen.[72]

---

[69] Aharoni (1966), S. 49ff.
[70] Johanson/Vahlne (1977), S. 26.
[71] Vernon (1966), S. 196f.
[72] Johanson/Wiedersheim-Paul (1975), S. 306.

2.2.2 Grundzüge der Theorie

Der lerntheoretische Ansatz von Johanson/Vahlne (1977) zeichnet sich durch zwei wesentliche Besonderheiten aus. Zum einen wird die Internationalisierung nicht primär auf ökonomische Bedingungen zurück geführt, sondern auf verhaltensorientierte Aspekte, wie Wissen, Lernen und Erfahrung. Zum anderen ist das Uppsala-Modell nicht auf eine einmalige Internationalisierungsentscheidung beschränkt. Vielmehr wird eine dynamische Sichtweise zugrunde gelegt, indem die Internationalisierung von Unternehmen als Prozess betrachtet wird. Ansatzpunkt des 1977 erschienen lerntheoretischen Ansatzes von Johanson/Vahlne ist eine im Jahr 1975 von Johanson und Wiedersheim-Paul durchgeführte empirische Analyse des Internationalisierungsverhaltens von vier schwedischen Unternehmen.[73] Das 1977 entwickelte Modell wurde durch komplexere und vielfältigere Modellannahmen im Laufe der Zeit ergänzt (vgl. u.a. Johanson/Vahlne 1977, 1990, 1993, 2003a, 2003b, 2006; Clark/Pugh/Mallory 1997; Bäurle 1996; Forsgren 2002).

Die Grundzüge der Theorie lassen sich in die folgenden zentralen Bestandteile aufgliedern:

(1) In die Internationalisierungsmuster (patterns of internationalization) und

(2) in das Internationalisierungsmodell (model of internationaliszation).[74]

Ersteres basiert auf den bereits angesprochenen empirischen Untersuchungen von Johanson/Wiedersheim-Paul (1975), während das Internationalisierungsmodell eine theoretische Fundierung der empirischen Ergebnisse vornimmt.[75]

(1) Das Internationalisierungsmuster

Das Internationalisierungsmuster bezeichnet einen Prozess, bei dem Unternehmen ihre Auslandsaktivitäten inkremental – und nicht sprunghaft – verändern. Gestützt auf die Untersuchung von Johanson/Wiedersheim-Paul (1975)

---

[73] Johanson/Wiedersheim-Paul (1975).
[74] Johanson/Vahlne (1990), S.13ff.
[75] Johanson/Vahlne (1977), S. 24.

werden zwei Arten von Internationalisierungsmustern unterschieden, der (a) „Establishment Chain" und (b) der „Psychic Distance Chain".

(a) Internationalisierungsmuster bei der Bearbeitung bestehender Auslandsmärkte entlang der „Establishment Chain".

Johanson/Wiedersheim-Paul (1975) identifizierten ein Muster von inkrementalen Internationalisierungsprozessen in der Reihenfolge der gewählten Markteintritts- bzw. Marktbearbeitungsformen. Demnach werden mit zunehmenden Kenntnissen und Erfahrungen über Chancen und Risiken in Auslandsmärkten die Internationalisierungsaktivitäten – und damit der Ressourceneinsatz – entlang der so genannten Establishment Chain verstärkt. Das Engagement einer Unternehmung innerhalb eines ausländischen Marktes verstärkt sich idealtypisch nach den Vertretern der Uppsala-Schule schrittweise in vier Stufen (vgl. Abb. 7):

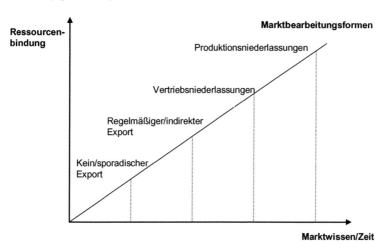

Abb. 7: Die Entwicklung entlang der Establishment Chain
Quelle: In Anlehnung an Johanson/Wiedersheim-Paul (1975), S. 307.

In der ersten Stufe sind nahezu keine Internationalisierungsaktivitäten auszumachen. Exporte erfolgen unregelmäßig und lediglich sporadisch. In der zweiten Stufe werden Exportaktivitäten intensiviert. Der Export wird nach der Uppsala-Schule meist mittels unabhängiger Agenten abgewickelt. Erst in der dritten Stufe kommt es zu Vertriebsgesellschaften im Ausland. Die Verlagerung der Produktion ins Ausland erfolgt nach dem lerntheoretischen Ansatz in der vierten und letzten Stufe. Durch diese Intensivierung der Marktbearbeitung entlang der beschriebenen vier Stufen erhöht sich der Ressourceneinsatz in dem bearbeiteten Auslandsmarkt.[76] Dieser inkrementale Prozess gilt als universell anwendbar für jeden Zielmarkt, in dem das internationale Unternehmen tätig ist.

(b) Internationalisierungsmuster bei der Auswahl neuer Auslandsmärkte entlang der „Psychic Distance Chain".

Das zweite von Johanson/Wiedersheim-Paul (1975) identifizierte Muster von inkrementalen Internationalisierungsprozessen beschreibt die Reihenfolge der Ländermarktbearbeitung. Ausschlaggebend für die Bearbeitung neuer Auslandsmärkte ist demnach die „psychische Distanz". Johanson/Vahlne (1977) definieren die psychische Distanz folgendermaßen:

„The psychic distance is defined as the sum of factors preventing the flow of information from and to the market. Examples are differences in language, education, business practices, culture, and industrial development." [77]

Die psychische Distanz zwischen zwei Ländern kann somit potentielle Kommunikationsdefizite und Informationsflussprobleme hervorrufen, welche wiederum den Internationalisierungserfolg gefährden oder stören können. Liegt eine hohe psychische Distanz zwischen zwei Ländermärkten vor, so wird demnach das Investitionsrisiko höher. Im Hinblick auf die Reihenfolge der bearbeiteten Märkte wird nach den Vertretern der Uppsala-Schule ein Unternehmen zunächst in bekannte, psychisch nahe Unternehmen expandieren und erst im Laufe der Zeit psychisch weiter entfernte Länder erschließen. Johanson/Vahlne (1977) begründen dies damit, dass Informationen über psychisch nahe Märkte leichter gewonnen werden können, wodurch die Marktunsicherheit verringert werden kann. Im Laufe der Zeit und damit mit wachsender Er-

---

[76] Johanson/Wiedersheim-Paul (1975), S. 307.
[77] Johanson/Vahlne (1977), S. 24.

fahrung und wachsendem Wissen werden Unternehmen ihr Auslandsengagement vergrößern und in Märkte mit größerer psychischer Distanz eintreten (vgl. Abb. 8).[78]

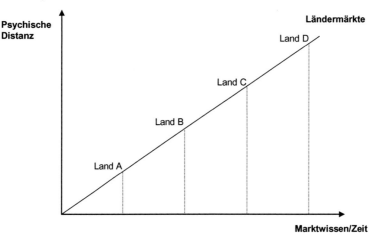

Abb. 8: Die Entwicklung entlang der Psychic Distance Chain
Quelle: Holtbrügge (2005), S. 5.

(2) Das Internationalisierungsmodell

Neben dem Internationalisierungsmuster bildet das **Internationalisierungsmodell** den zweiten wichtigen Grundpfeiler der Theorie. Johanson/Vahlne (1977) sehen die Internationalisierung als die Konsequenz eines Prozesses der inkrementalen Anpassung an veränderte Umweltbedingungen. Sie gehen in ihrer Studie nicht davon aus, dass eine Internationalisierung das Ergebnis einer Strategie zur optimalen Ressourcenallokation ist.[79] Die Autoren sind der Auffassung, dass „Wissen" eine ausschlaggebende Rolle bei Internationalisierungsprozessen spielt. Wissen soll hier verstanden werden als internationale Erfahrung oder auch Kenntnis über fremde Ländermärkte.[80] Besitzt ein Unternehmen das benötigte Marktwissen nicht und kann dieses nicht einkaufen,

---

[78] Johanson/Vahlne (1990), S.13.
[79] Johanson/Vahlne (1977), S. 26.
[80] Bäurle (1996), S. 68f.

muss ein langwieriger Lernprozess initiiert werden, bis genügend Erfahrung im Unternehmen angesammelt ist. Mit wachsender Erfahrung intensiviert das Unternehmen seine Internationalisierung sowohl entlang der Establishment Chain als auch entlang der Psychic Distance Chain.

In dem Uppsala-Modell der Internationalisierung wird von Johanson/Vahlne (1977) versucht, die Wechselwirkung unterschiedlicher Einflussgrößen für den Internationalisierungsprozess aufzuzeigen. Es handelt sich um ein dynamisches Modell, da die Weiterentwicklung einer Einflussgröße den Input für die nächste Einflussgröße bildet.[81]

Die Grundstruktur des dynamischen Modells ist durch die Unterscheidung in Zustandsgrößen (State Aspects) und Entwicklungsgrößen (Change Aspects) gegeben. Die Zustandsgrößen wiederum können unterteilt werden in die statischen Elemente „Marktverbundenheit" (Market Commitment) und „Marktwissen" (Market Knowledge), die Entwicklungsgrößen in die dynamischen Elemente „Marktbearbeitungsentscheidungen" (Commitment Decisions) sowie in „laufende Geschäftsaktivitäten" (Current Activities). Die statischen und dynamischen Aspekte beeinflussen sich in einem interdependenten und zirkulären Wirkungszusammenhang.[82]

Marktverbundenheit

Der erste der beiden statischen Aspekte des Internationalisierungsmodells ist die Marktverbundenheit (Market Commitment). Unternehmen sind nach Johanson/Vahlne (1977) an jeden Markt in dem sie tätig sind gebunden. Diese Verbundenheit entsteht aufgrund von zwei Faktoren: Zum einen aufgrund der Summe der gebundenen Ressourcen und zum anderen durch den Grad der Bindung der Ressourcen. Unternehmen transferieren nach dem Uppsala-Modell ihre Ressourcen entlang der Establishment Chain (aber auch entlang der Psychic Distance Chain) in einen Zielmarkt. Je mehr Ressourcen, wie etwa Kapital, Personal aber auch Wissen in einen Auslandsmarkt geflossen sind, desto schwieriger ist es diese wieder abzuziehen. Ein Unternehmen ist

---

[81] Bäurle (1996), S. 69.
[82] Johanson/Vahlne (1990), S. 12 sowie Kutschker/Schmid (2002), S. 450ff.

weit mehr an einen Markt gebunden, wenn bereits Produktionsstätten errichtet worden sind, als wenn der Markt lediglich mittels Agenten bearbeitet wird.[83]

Marktwissen

Der zweite statische Aspekt, dem Johanson/Vahlne (1977) eine außerordentliche Bedeutung beimessen, ist das Marktwissen (Market Knowledge). Die Autoren verstehen unter marktspezifischem Wissen Folgendes:

"[...] its business climate, cultural patterns, structure of the market system, and, most importantly, characteristics of the individual customer firms and their personnel." [84]

Wissen wird im Uppsala-Modell in objektives Wissen und Erfahrungswissen in Anlehnung an Penrose (1959) unterteilt. Objektives Wissen kann gelehrt und gelernt werden. Erfahrungswissen hingegen ist Wissen, das durch erkenntnisgenerierende Erfahrung ("learning-by-doing") entsteht. Unter Erfahrungswissen fallen etwa kulturelle Gegebenheiten, das Geschäftsklima oder auch landesspezifische Geschäftspraktiken. Der lerntheoretische Ansatz der Uppsala-Schule vertritt die Ansicht, dass Unternehmen bestimmtes Wissen über einen Zielmarkt besitzen und in ihrer Entwicklung entlang der Psychic Chain (aber auch entlang der Establishment Chain) sich weiteres Wissen – sei es über Erfahrung oder über reine Datensammlung – aneignen können. Jedoch wird das Erfahrungswissen als kritische Komponente angesehen, da die Gewinnung von Erfahrungswissen wesentlich schwieriger und zeitintensiver ist, als die reine Akquisition von objektivem Wissen. Dennoch werden beide Formen von Wissen in fremden Märkten benötigt.

Die Beziehung von Marktwissen und Marktverbundenheit besteht nach Johanson/Vahlne (1977) darin, dass Marktwissen als Ressource angesehen wird. Mit steigendem spezifischem Wissen über einen Auslandsmarkt steigt auch die Marktverbundenheit des Unternehmens. Denn je größer der Ressourceneinsatz, desto größer ist die Verbundenheit mit dem bearbeiteten Markt. Die spezifische Ressource Marktwissen kann nur schwer oder überhaupt nicht auf andere Ländermärkte transferiert werden und wäre im Falle eines Marktaustritts größtenteils verloren.

---

[83] Johanson/Vahlne (1977), S. 27.
[84] Johanson/Vahlne (1977), S. 28.

Laufende (Geschäfts-)Aktivitäten

Zu den dynamischen Aspekten zählen die laufenden Geschäftsaktivitäten (Current Activities). Die Konsequenzen der laufenden Geschäftsaktivitäten stellen sich erst bei einer kontinuierlichen Wiederholung ein. Als Beispiel hierfür führen die Autoren Marketingmaßnahmen (= laufende Aktivität) an, die erst dann zu gesteigerten Absatzzahlen (= Konsequenz) führen, wenn eine kontinuierliche Wiederkehr der Maßnahme erfolgt. Dieser Ablauf spiegelt den Prozesscharakter wider, den das Modell aufzeigen soll. Insofern spielt der Faktor Zeit eine wesentliche Rolle. Um bestimmte Resultate aus den laufenden Aktivitäten zu erzielen, benötigt ein Unternehmen Zeit.

"Thus, the best way to quickly obtain and use market experience is to hire a sales manager or a salesman of a representative or to buy the whole or a part of the firm. In many cases this kind of experience is not for sale, at the time of entry to a market the experience may not even exist. **It has to be acquired through a long learning process in connection with current activities** *[Hervorhebung d. Verf.]. This factor is an important reason why the internationalization process often proceeds slowly."* [85]

Der Prozess lässt sich in seltenen Fällen beschleunigen, wenn Markterfahrung durch Personaleinkauf oder durch Akquisition gewonnen werden kann.[86]

Marktbearbeitungsentscheidungen

Den dynamischen Aspekten des Internationalisierungsmodells sind zudem die Marktbearbeitungsentscheidungen (Commitment Decisions) zuzuordnen. Hier handelt es sich um Entscheidungen, die den weiteren Verlauf der Internationalisierung des Unternehmens betreffen. Die Entscheidungsfindung wird beeinflusst von den Erfahrungen der Entscheidungsträger. Erfahrungen ermöglichen es die Chancen und Risiken der Bearbeitung eines bestimmten Marktes wahrzunehmen. Johanson/Vahlne (1977) sehen vor allem in der individuellen Erfahrung einen wichtigen Faktor, um die Gefahren und Möglichkeiten eines Marktes wahrzunehmen. Speziell die individuelle Erfahrung von Mitarbeitern,

---

[85] Johanson/Vahlne (1977), S. 29.
[86] Johanson/Vahlne (1977), S. 28f.

die in dem Zielmarkt agieren, wird von den Autoren hervorgehoben.[87] Mit jeder neuen Marktbearbeitungsentscheidung treten zwei Effekte – ökonomische Effekte und Unsicherheitseffekte – auf. Diese wiederum führen zu einer Ausweitung der Geschäftsaktivitäten und damit auch zu einem Anstieg der Marktbindung.

Der ökonomische Effekt besagt, dass ein Unternehmen seine Geschäftsaktivitäten im Ausland solange verstärkt, wie das vorhandene Marktrisiko kleiner ist als das vom Unternehmen festgelegte maximal tolerierbare Marktrisiko. Solange bis die vom Unternehmen festgelegte Risikotoleranzgrenze erreicht ist wird das Unternehmen seine laufenden Geschäftsaktivitäten erhöhen. Dies führt zu einer steigenden Marktverbundenheit. Es existieren verschiedene marktunsicherheitsreduzierende Faktoren, welche die individuelle Risikotoleranz erhöhen können. So etwa steigt mit zunehmend stabileren Marktbedingungen oder mit steigendem Ressourcenbestand die Risikotoleranz des Unternehmens.[88]

Der Unsicherheitseffekt hingegen legt dar, dass Entscheidungen zur Reduzierung der Marktunsicherheit dann getroffen werden, wenn das Marktrisiko des zu bearbeitenden Marktes größer ist, als das vom Unternehmen festgelegte maximal tolerierbare Marktrisiko. Solange dieses Ungleichgewicht besteht werden Unternehmen ihre Aktivitäten auf eine verbesserte Integration und Interaktion mit der Marktumwelt ausrichten.[89] Insofern führt auch hier die Entscheidung der Unsicherheitsreduzierung zu laufenden Aktivitäten und damit zu einer verstärkten Marktbindung.

Das Zusammenspiel der vier beschrieben Faktoren Marktwissen, Marktbindung, Marktbearbeitungsentscheidungen und laufende Aktivitäten soll in Abb. 9 noch einmal verdeutlicht werden. So bestimmen Zustandsgrößen die laufenden Geschäftsaktivitäten, da diese auf der Basis des aktuellen Marktwissens und Marktengagements ablaufen. Die laufenden Geschäftsaktivitäten wiederum sind eine Quelle für neue Erfahrungen und Informationen. Das Unternehmen „lernt" durch die laufenden geschäftlichen Aktivitäten dazu, wodurch sich Marktwissen und Marktverbundenheit erhöhen.

---

[87] Johanson/Vahlne (1977), S. 29.
[88] Johanson/Vahlne (1977), S. 30.
[89] Johanson/Vahlne (1977), S. 30.

Dieselbe Interdependenz besteht zwischen den Zustandsgrößen und den Marktbearbeitungsentscheidungen. Entscheidungen über die weitere Internationalisierung sind abhängig von dem aktuellen Wissensstand und dem Marktengagement.[90]

Somit ist ein Zyklus erkennbar. Die Zustandsgrößen beeinflussen die Entwicklungsgrößen. Diese verändern sich und wirken wiederum auf die Zustandsgrößen ein.

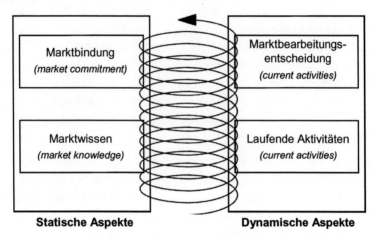

Abb. 9: Das Uppsala-Modell der Internationalisierung[91]
Quelle: Bäurle (1996), S. 69 in Anlehnung an Johanson/Vahlne (1977), S. 26.

Das Unternehmen verfügt bei der nächsten Internationalisierungsentscheidung über ein höheres Marktwissen und ein höheres Commitment. Das Untenehmen entwickelt sich entlang der Establishment Chain und auch der Psychic Distance Chain weiter. Der nächste neue Zyklus beginnt auf einem höheren Internationalisierungsniveau. Johanson/Vahlne (1990) sprechen auch von ei-

---

[90] Bäurle (1996), S. 70.
[91] Bäurle (1996) verdeutlicht den Prozess der kausalen Zyklen durch das Einfügen einer Spirale in die ursprüngliche Abbildung von Johanson/Vahlne (1977).

nem Prozess der kausalen Zyklen.[92] Die Spirale in der Abb. 8 soll den Internationalisierungsprozess beschreiben,

„[...] der aus vielen, sich langsam höher entwickelnden Zyklen aus wechselseitiger Beeinflussung von kumuliertem Wissen über Auslandsmärkte und zunehmendem Ressourcencommitment in den Märkten besteht."[93]

Der Internationalisierungsprozess entwickelt eine Art Eigendynamik, da sich der Prozess, wenn er einmal begonnen hat, unabhängig von strategischen Entscheidungen automatisch weiterentwickelt.[94]

Johanson/Vahlne (1977) nehmen an, dass der Internationalisierungsprozess überwiegend in kleinen Schritten abläuft. Allerdings schränken die Autoren den Geltungsbereich des Uppsala-Modells a priori ein. Bei folgenden Situationen verläuft der Internationalisierungsprozess nicht nach dem proklamierten Muster:[95]

(1) Verfügt ein Unternehmen über eine sehr große Ressourcenausstattung, so kann das Unternehmen größere Schritte im Internationalisierungsprozess vollziehen. Ein höherer Ressourcenbestand ermöglicht es externe Wissensträger anzuwerben. Zusätzlich besteht bei einer hohen Ressourcenausstattung häufig eine größere Risikobereitschaft, welche die Unternehmen veranlasst, abweichend von der „step by step"-Internationalisierung, sich mit größeren Internationalisierungsschritten vorzuwagen.

(2) Ist ein Unternehmen mit einem sehr homogenen und stabilen Markt konfrontiert, so muss das Marktwissen nicht durch zeitintensives Erfahren erworben werden. Eine solche Marktsituation ermöglicht es dem Unternehmen Wissen über den Markt zu erhalten, was wiederum zu einer Beschleunigung des Internationalisierungsprozesses führt.

(3) Konnte das Unternehmen bereits generalisierbares Wissen von anderen Märkten mit ähnlichen Bedingungen ansammeln, so kann dieses Wis-

---

[92] Johanson/Vahlne (1990), S. 11.
[93] Bäurle (1996), S.70.
[94] Johanson/Vahlne (1990), S.12.
[95] Johanson/Vahlne (1990), S.12 oder auch Johanson/Vahlne (1977), S. 30f.

sen auf den Zielmarkt übertragen werden. Auch in diesem Fall kommt es zu einer Akzeleration des Internationalisierungsprozesses.[96]

2.2.3 Kritische Würdigung und empirische Befunde

Zunächst ist festzuhalten, dass das Uppsala-Modell lediglich auf Untersuchungen schwedischer Unternehmen basierte. Allerdings wurde das Uppsala-Modell in späteren Studien auch für Unternehmen aus anderen Ländern bestätigt.[97] In der Realität haben viele Unternehmen bei der Internationalisierung einen sukzessiven Markteintrittsprozess durchgeführt, um das Risiko zu vermindern bzw. benötigte Erfahrungen im Zielland zu sammeln.

„Previous studies have shown that international expansion processes of MNCs entail taking the small steps first, thereby gaining knowledge useful for more remote ventures." [98]

Viele Autoren haben den inkrementalen Internationalisierungsprozess der Uppsala-Schule in mehreren Ländern weiter untersucht. Einige Studien konnten den evolutionären Verlauf unterstützen. Das Modell fand jedoch nicht ausschließlich Bestätigung und wurde häufig kritisiert. Tab. 2 zeigt eine Auflistung einiger Studien, die eine empirische Analyse des Uppsala-Modells liefern:

Das Uppsala-Modell wurde, wie bereits erwähnt, heftiger Kritik unterworfen. Im Folgenden sollen die wichtigsten der zahlreichen Kritikpunkte aufgeführt werden.

Zunächst lässt sich der Modelldeterminismus anführen. Sowohl in Hinblick auf die Establishment Chain als auch auf die Psychic Distance Chain postuliert das Uppsala-Modell einen vorgegeben Verlauf unabhängig von anderen Einflüssen.

"The internationalization process, once it has started, will tend to proceed regardless of whether strategic decisions in that direction are made or not." [99]

---

[96] Johanson/Vahlne (1977), S. 30f.
[97] Bäurle (1996), S. 71
[98] Li (1995), S. 337.
[99] Johanson/Vahlne (1990), S. 12.

Bestätigend	Gegensätzlich
• Anderson/Gatignon (1986)	• Knight/Cavusgil (1996)
• Davidson (1980, 1982)	• Buckley (1982)
• Johansson/Nonaka (1983)	• Turnbull (1987)
• Engelhard/Eckert (1993)	• Engwall/Wallenstal (1988)
• Malnight (1995)	• Sullivan/Bauerschmidt (1990)
• Hook/Czinkota (1988)	• Davidson/McFetridge (1985)
• Juul/Walters (1987)	
• Welch/Luostarinen (1988)	

Tab. 2: Empirische Befunde zum Uppsala-Modell

Quelle: In Anlehnung an Simon (2006), S. 117.

Es wird lediglich eine sehr eingeschränkte Bandbreite von Markteintritts- und Marktbearbeitungsformen im Uppsala-Modell berücksichtigt. Der deterministische Charakter lässt keine unternehmerische Wahlmöglichkeit im Hinblick auf Markteintritts- und Marktbearbeitungsformen zu. Damit werden Entscheidungen des Managements über die Gestaltung der Internationalisierung hinfällig.[100] Oftmals ist in der Praxis zudem zu beobachten, dass entlang der Psychic Distance Chain Länder in der Bearbeitungsreihenfolge übergangen werden. Ebenso werden Stufen der Establishment Chain übersprungen oder es werden neuere nicht berücksichtigte Formen der Internationalisierung wie etwa Lizenzen, strategische Allianzen oder Akquisitionen gewählt.[101]

Des Weiteren spielt der Faktor Zeit und das damit verbundene Lernen und Erfahren im Uppsala-Modell eine wesentliche Rolle. Es zeigt sich in jüngerer Vergangenheit jedoch, dass Unternehmen auch sehr schnell und erfolgreich auf dem internationalen Parkett erscheinen können. Hierzu zählen speziell die Born Globals. Born Globals sind Unternehmen, die schon vor ihrer Gründung oder kurz danach auf den internationalen Markt abzielen und schnell in neue

---

[100] Bäurle (1996), S. 72.
[101] Turnbull (1987), S. 36f.

Ländermärkte eintreten.[102] Der Internationalisierungsprozess dieser Unternehmen wird im Uppsala-Modell nicht berücksichtigt.[103]

Überdies wird kritisiert, dass keinerlei Aussagen hinsichtlich der Zeitspanne, also wann genau welche Internationalisierungsschritte getätigt werden, getroffen werden. Damit ist der Ansatz lediglich erklärend, aber er kann nur sehr schwer als Entscheidungshilfe herangezogen werden.

Zudem wird häufig angemerkt, dass der lerntheoretische Ansatz lediglich für Unternehmen aus kleinen Ursprungsländern, die am Anfang der Internationalisierung stehen, Gültigkeit besitzt. International bereits erfahrene Unternehmen aus größeren Heimatländern weisen einen vom Uppsala-Modell abweichenden Verlauf auf, indem diese etwa einzelne Schritte der Establishment Chain überspringen (sog. „leapfrogging") oder direkt in psychisch weiter entfernte Märkte expandieren.

Daneben zeigen empirische Untersuchungen, dass Unternehmen häufig keinen inkrementalen Prozessverlauf aufweisen. Gegen die Annahme einer schrittweisen Expansion spricht vor allem der GAINS-Ansatz der Internationalisierung (Macharzina/Engelhard 1991). Dieser Ansatz besagt, dass die Internationalisierung einer Unternehmung sowohl aus Phasen der Veränderung als auch aus Phasen der Ruhe besteht. Die Internationalisierung von Unternehmungen ist demnach kein gradueller Prozess, sondern erfolgt sprunghaft bzw. revolutionär. Vor diesem Hintergrund ist auch das „Drei-E"-Konzept nach Kutschker (vgl. Kutschker 1996; Kutschker/Bäurle/Schmid 1997) zu betrachten. Kutschker widmet sich explizit der teils widersprüchlichen Prozessauffassungen im Uppsala-Ansatz und im GAINS-Ansatz (evolutionär bzw. revolutionär). Mittels seiner Prozesstrilogie, bestehend aus internationaler Evolution, Internationalisierungsepisode und internationaler Epoche wird ein Brückenschlag zwischen der Annahme des Inkrementalismus und der Annahme der revolutionären Sprünge vollzogen.

„Die aufgezeigten unterschiedlichen Prozeßmodelle sind kein Grund für eine Entweder-Oder-Entscheidung zugunsten der einen

---

[102] McDougall/Shane/Oviatt (1994), S. 469.
[103] Oviatt/McDougall (1994), S. 50f.

oder der anderen Prozeßtheorie, sondern Anlaß, von unterschiedlichen Arten von Internationalisierungsprozessen auszugehen." [104]

Auch wird der partialanalytische Charakter des Uppsala-Modells kritisiert, da das Modell als einzige Erklärungsvariable die internationale Erfahrung eines Unternehmens heranzieht und Umweltfaktoren sowie firmenspezifische Charakteristika außer Acht gelassen werden.[105]

2.2.4 Entwicklungsstufen des Uppsala-Modells

Das ursprüngliche Modell von Johanson/Vahlne aus dem Jahr 1977 ist, wie gerade beschrieben wurde, häufig kritisiert worden. Der ursprüngliche Ansatz wurde – auch im Hinblick auf die häufige Kritik – durch eine Reihe von Ergänzungen in den vergangenen Jahren sowohl von Johanson und Vahlne als auch von anderen Wissenschaftlern ergänzt und weiterentwickelt:[106]

Einbindung des Netzwerkgedankens

Eine Modifikation des Modells wurde durch die Einbindung des Netzwerkgedankens (Johanson/Mattsson 1988; Johanson/Vahlne 1990, 2003b) vorgenommen. Ansatzpunkt ist die Annahme, dass Unternehmen von Ressourcen abhängig sind, die von anderen kontrolliert werden.

Die Integration in einem ausländischen Netzwerk ermöglicht einem Unternehmen somit Zugang zu externen Ressourcen und zu weiteren Geschäftspartnern. Marktwissen wird sowohl durch eigene Auslandsaktivität als auch durch die von Johanson/Mattsson (1988) ergänzte Interaktion im Netzwerk entwickelt. Die Internationalisierung eines Unternehmens hängt stark von der Position ab, die dieses im Netzwerk besitzt. Veränderungen der Position im Netzwerk können nach Johanson/Vahlne (1990) auf drei Ebenen stattfinden:

(1) through the establishment of relationships in country networks that are new to the firm, i.e. international extension; (2) through the development of relationships in those networks, i.e. penetration;

---

[104] Kuschker (1997), S. 55.
[105] Bäurle (1996), S. 73.
[106] Hierzu bieten sich die Zusammenfassungen von Bäurle (1996), S. 74–90 oder auch Simon (2006), S. 70–72 an.

and (3) through connecting networks in different countries, i.e. international integration. [107]

Diese Positionsbewegung des Unternehmens im Netzwerk – der Positionsaufbau, der Positionsausbau oder die verstärkte Koordinierung der Position – führen zu einer Expansion der ausländischen Tätigkeiten.

Die Autoren weisen mit dieser Ergänzung zu ihrem ursprünglichen Ansatz darauf hin, dass die Internationalisierung nicht allein ein intra-organisationaler Prozess für das Unternehmen ist. Inter-organisationale Beziehungen spielen im Internationalisierungsprozess durchaus eine wichtige Rolle.

"That is, the process is also inter-organisational and not just intra-organisational." [108]

In diesem Zusammenhang wird die Bedeutung der im Netzwerk agierenden Personen hervorgehoben, denn nur durch persönliche Interaktion ist die Mitgliedschaft eines Unternehmens möglich.[109]

Einschränkung des Gültigkeitsbereichs:

Johanson/Mattsson (1986, 1988) zeigen die Grenzen der Gültigkeit des ursprünglichen Ansatzes anhand einer Vierfeldermatrix. Die Matrix wird durch die Achsen „Internationalisierungsgrad des Unternehmens" und „Internationalisierungsgrad des Marktes" – jeweils mit den Ausprägungen hoch und niedrig – aufgespannt.[110] Den Gültigkeitsbereich des Uppsala-Modells sehen die Autoren lediglich für die Ausprägung „niedrig/niedrig" gegeben.

Erweiterung der Establishment Chain:

Eine weitere Neuheit bieten die Autoren Johanson/Mattsson (1986, 1988) bzw. auch Johanson/Vahlne (1990) mit der erstmaligen Berücksichtigung der Marktbearbeitungsformen Akquisition, Joint Venture und Fusion. Dies wird auch in weiteren Artikeln übernommen, so dass die Establishment Chain nicht mehr lediglich auf einen starren Vier-Stufen Prozess reduziert ist.

---

[107] Johanson/Vahlne (1990), S. 20.
[108] Johanson/Vahlne (1990), S. 19.
[109] Johanson/Vahlne (1990), S. 20.
[110] Simon (2006), S. 71.

"This internationalisation process is manifested in a number of different ways. It can be seen in the establishment of foreign subsidiaries, in international joint ventures, in licensing agreements, in international advertising campaigns, in international trade, exhibitions and a multitude of other events and actions." [111]

Ganz explizit bemühen sich Andersson/Johanson/Vahlne (1997) später um die Aufnahme von Akquisitionen als Zwischenstufe auf der Establishment Chain.

Ergänzungen zur psychischen Distanz nach Vahlne/Nordström (1992):

Nordström (1991) bzw. Vahlne/Nordström (1992) entwickelten ein Konzept zur Verbesserung der Messbarkeit der psychischen Distanz. Mit dem Hinweis, dass die psychische Distanz mit sozio-ökonomischen Indikatoren nicht valide gemessen werden kann, wurde die ursprüngliche Definition (*"The psychic distance is defined as the sum of factors preventing the flow of information from and to the market."* [112]) ausgeweitet. Unter psychischer Distanz verstehen sie nun:

"[...] factors preventing or disturbing firms' learning about and understanding of a foreign environment." [113]

Dabei zählen Vahlne/Nordström (1992) etwa auch die kulturelle Distanz, das Niveau der wirtschaftlichen Entwicklung im Importland oder etwa das Ausbildungsniveau im Importland zu den Indikatoren der psychischen Distanz.[114]

2.3 Grenzen der Internationalisierungsmodelle in Bezug auf MNUs aus Emerging Markets

Sowohl das Uppsala-Modell als auch das eklektische Paradigma sind für Unternehmen aus entwickelten Ländern konzipiert worden. Beide Ansätze liefern Erklärungen für Markteintritts- bzw. Marktbearbeitungsformen, jedoch basieren beide auf unterschiedlichen theoretischen Annahmen. Der lerntheoretische, inkrementale Ansatz begründet die Wahl ausländischer Märkte mittels der psychischen Distanz. Das eklektische Paradigma wiederum postuliert eine

---

[111] Johanson/Vahlne (1990), S. 11.
[112] Johanson/Vahlne (1977), S. 24.
[113] [im Originaltext unterstrichen]: Vahlne/Nordström (1992), S. 3.
[114] Vahlne/Nordström (1992), S. 5.

Expansion in Länder, in denen die Wettbewerbsvorteile (Vorteilskategorien) bestmöglich geschaffen bzw. genutzt werden können. Beide Ansätze wurden häufig kritisiert aber in verschiedenen Studien dennoch bestätigt. Insofern kann festgehalten werden, dass beide Ansätze wichtige Erkenntnisse im Bereich des Internationalen Managements liefern – allerdings kann diese Annahme nur für Unternehmen aus etablierten Ländern getroffen werden, da eine genauere empirische Bestätigung für Unternehmen aus Emerging Markets noch aussteht.

Bei dem Versuch beide Ansätze auf MNUs aus Emerging Markets zu übertragen wird deutlich, dass die logische Konsistenz aufgrund der spezifischen Ländereigenschaften oftmals nicht mehr gegeben ist.

So sieht man sich bei der gedanklichen Übertragung des Uppsala-Modells auf EM-MNUs folgender Situation ausgesetzt: Ausländische Märkte mit einer geringen psychischen Distanz zu dem Heimatland eines EM-MNUs bieten diesen Unternehmen ein vertrautes Umfeld und damit ein geringeres wahrgenommenes Risiko einer Fehlinvestition. „Psychisch-nahe" Länder sind häufig Länder, die sich auf der gleichen Entwicklungsstufe oder einem niedrigeren Entwicklungsniveau befinden, wie die Heimatmärkte der EM-MNUs. Diesen Unternehmen wird jedoch gleichzeitig eine „Catch-up-Strategie" unterstellt, was wiederum einen beschleunigten Internationalisierungsprozess beinhaltet und einem inkrementellen sukzessiven Internationalisierungsverlauf entgegensteht.[115] An diesem Punkt wird die Problematik der Übertragbarkeit deutlich.

In diesem Zusammenhang stellt sich die Frage, ob die bestehenden Internationalisierungsansätze überhaupt übertragbar auf die Emerging Markets sind.

„Is there a case for a special theory for TNCs from developing and transition economies?" [116]

Dieser Frage haben sich in den vergangenen Jahren zunehmend mehr Autoren angenommen. Viele sind darum bemüht vor allem die Unterschiede der EM-MNUs zu den MNUs aus Industriestaaten herauszuarbeiten, um die bestehenden Theorien zu modifizieren.[117] Dennoch wurden auch Stimmen laut,

---

[115] Dunning/Kim/Park (2008), S. 176 oder auch EMFIS (2006).
[116] UNCTAD (2006), S. 146.
[117] Unter anderen: Lecraw (1977), Wells (1977, 1983), Lall (1983), UNCTAD (1993, 1997), Mathews (2002, 2006), Buckley (2004); siehe dazu auch UNCTAD (2006), S. 165.

die einen alternativen Erklärungsansatz fordern. So stellt Mathews (2006) fest, dass die verstärkte globale Präsenz von EM-MNUs nicht durch konventionelle Theorien erklärt werden kann:

„*Their sudden appearance cannot be explained by conventional multinational strategies; these served the present incumbents, but could not work in the face of incumbent opposition.*" [118]

Im Folgenden werden Gründe diskutiert, die gegen eine Übertragbarkeit der beiden Ansätze auf multinationale Unternehmen aus den Emerging Markets sprechen:

Einwände gegen eine Übertragbarkeit des Uppsala-Modells

Mathews (2002) führt in seiner Argumentation, dass die bereits bestehenden Ansätze nicht für Unternehmen aus Emerging Markets herangezogen werden können, zunächst einmal die Thematik der Born Globals in Bezug auf das Uppsala-Modell an.[119] Nach seiner Aussage sind die Unternehmen aus Schwellenländern größtenteils Born Global und passen somit nicht in die Muster des Uppsala-Modells. Damit wird den EM-MNUs unterstellt, dass diese überwiegend ab der Gründung international ausgerichtet sind.[120] Ob dem so ist muss noch näher untersucht werden. Allerdings ist dies eher zu bezweifeln, da bspw. das indische Tata Steel bereits 1907 oder auch der mexikanische Cemex-Konzern im Jahr 1906 gegründet wurde und beide erst viele Jahre später international expandierten. Jedoch ist dies ein interessanter Aspekt, der in der später folgenden Untersuchung noch detaillierter aufgegriffen wird.

Der Erklärungsmangel des Uppsala-Modells in Bezug auf Born Globals scheint aber somit kein Entscheidungskriterium für eine Übertragbarkeit auf Unternehmen aus Emerging Markets zu sein, da Born Globals gleichermaßen in Industriestaaten existieren.

Auch Mathews Einwand des typischen Partnerschafts- und Netzwerk-Charakters von EM-MNUs ist kein „neuer" Kritikpunkt. Dieser wurde auch für

---

[118] Mathews (2006), S. 8.
[119] Mathews (2002), S. 100.
[120] Mathews (2002), S. 100 und auch UNCTAD (2006), S. 146.

Unternehmen aus den Industriestaaten so formuliert und wurde von Johanson/Vahlne (1990) bereits aufgegriffen.[121]

Ein weiterer interessanter Aspekt ist die Überlegung, dass für Unternehmen aus den Emerging Markets die psychische Distanz in den Hintergrund rückt und durch das Streben hin zu einem großen Markt verdrängt wird.[122] Die großen Akquisitionen der EM-MNUs in Industriestaaten[123] zeigt, dass dieser Einwand durchaus berechtigt ist. Aus diesem Grund erscheint es von Bedeutung die Marktgröße näher zu betrachten. Da diese Arbeit vornehmlich Direktinvestitionen behandeln wird, erscheint das Marktpotential als adäquater Indikator für die Marktgröße.[124] Die Verknüpfung des Marktpotentials mit Industriesaaten zeigt, dass diese Überlegung durchaus berechtigt ist. Die Tab. 3 zeigt den Zusammenhang zwischen Marktpotential und Entwicklungsstand eines Landes. Um das Markpotential quantitativ zu erfassen wurde der Inward FDI Potential Index herangezogen. Der Inward FDI Potential Index identifiziert das Potential eines Landes, Direktinvestitionen anzuziehen.[125] Zusätzlich wurde der Entwicklungsstand der aufgeführten Länder farblich gekennzeichnet.

---

[121] Johanson/Vahlne (1990), S. 19ff.
[122] Mathews (2002), S. 100.
[123] Vgl. auch S. 3f.
[124] Der Inward FDI Potential Index wurde gewählt, da dieser Index das Potential für ausländische Direktinvestitionen beinhaltet. Oftmals wird als Indikator für die Marktgröße das BIP oder BIP pro Kopf herangezogen. Diese Indikatoren spiegeln jedoch lediglich aktuelle wirtschaftliche Verhältnisse wider. In dieser Arbeit werden ausschließlich Direktinvestitionen untersucht. Die Direktinvestitionen zu tätigen ist eine langfristige und daher eine kapitalbindende Entscheidung, die weitaus komplexere Entscheidungskriterien beinhaltet. Das Länderrisiko – eine Variable des Inward FDI Potential Index – ist bspw. für den Export wesentlich unbedeutender als bei Direktinvestitionen. Im Falle einer Exportentscheidung kann das BIP oder das BIP pro Kopf als Indikator für die Marktgröße ausreichend sein, im Falle von Direktinvestitionen erscheint der Inward FDI Potential Index besser geeignet. Kritisch muss dennoch gesehen werden, dass kleine Märkte wie Singapur oder Luxemburg sehr weit oben in der Rangfolge stehen. China hingegen ist erst auf Rang 32 platziert. Das Ranking eines Jahres zeigt jedoch nicht die Veränderung der Potentiale auf. China hat sein Potential seit 1990 verdoppelt. Dennoch sollte das Marktpotential auch die Marktgröße widerspiegeln. Aus diesem Grund wurde der Zusammenhang des Länderranking des Inward FDI Potential Index und dem Länderranking nach dem nach dem BIP untersucht. Der Korrelationskoeffizient r = 0,71 zeigt, dass beide Indikatoren korrelieren. Im Falle des BIP pro Kopf ergibt sich ein Korrelationswert von r = 0,91. Diese extrem hohe Korrelation ist jedoch darauf zurückzuführen, dass die Variable BIP pro Kopf im Inward FDI Potential Index berücksichtigt ist.
[125] Eine detaillierte Abhandlung des Inward FDI Potential Index erfolgt in Kapitel 4.2.2.1.

2 Internationalisierungsmodelle als konzeptioneller Bezugsrahmen 53

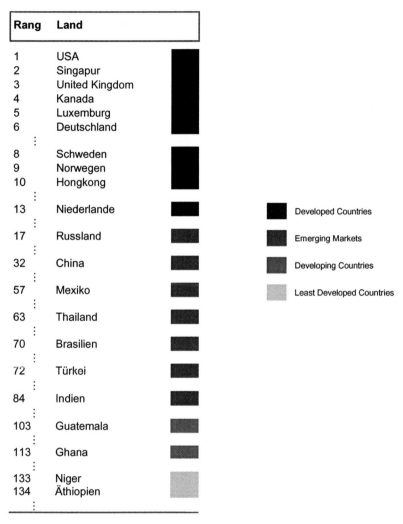

Rang	Land
1	USA
2	Singapur
3	United Kingdom
4	Kanada
5	Luxemburg
6	Deutschland
⋮	
8	Schweden
9	Norwegen
10	Hongkong
⋮	
13	Niederlande
⋮	
17	Russland
⋮	
32	China
⋮	
57	Mexiko
⋮	
63	Thailand
⋮	
70	Brasilien
⋮	
72	Türkei
⋮	
84	Indien
⋮	
103	Guatemala
⋮	
113	Ghana
⋮	
133	Niger
134	Äthiopien
⋮	

Legend: Developed Countries, Emerging Markets, Developing Countries, Least Developed Countries

Tab. 3: Zusammenhang zwischen Marktpotential und Entwicklungsstand
Quelle: Eigene Darstellung in Anlehnung an den Inward FDI Potential Index 2004–2006.[126]

---

[126] Die Klassifikation nach dem Entwicklungsstand lehnt sich an die Kategorisierung des Internationalen Währungsfonds und der Vereinten Nationen an.

Dadurch ist deutlich zu erkennen, dass Industrieländer und ein hohes Marktpotential in einem engen Zusammenhang zu sehen sind. Mathews (2002) argumentiert, dass EM-MNUs in Länder mit einem hohen Marktpotential eintreten. Die Tab. 3 zeigt, dass es sich hierbei vornehmlich um Industrieländer handelt. Da die psychische Distanz der EM-MNUs zu diesen Ländern mutmaßlich sehr hoch ausfällt, kann die Logik des Uppsala-Modells nicht auf Unternehmen aus den Emerging Markets übertragen werden.

Dieser von Mathews angeführte Aspekt stützt die Zweifel an der Übertragbarkeit der Theorien auf Emerging Markets und soll in der empirischen Analyse dieser Arbeit aufgegriffen und detailliert untersucht werden.

Auch wird ein beschleunigter Internationalisierungsprozess von EM-MNUs im Vergleich zu MNUs aus Industriestaaten als Beweis von Mathews (2002, 2006) angeführt, dass die inkrementale Lernprozesstheorie kein adäquater Ansatz für die Erklärung der Internationalisierung von EM-MNUs ist.[127] Aber selbst Johanson/Vahlne nehmen an, dass der Internationalisierungsprozess nur überwiegend in kleinen Schritten abläuft. Unter bestimmten Umständen (siehe auch Abschnitt 2.2.3) kann der Internationalisierungsprozess beschleunigt werden.[128]

Einwände gegen eine Übertragbarkeit des eklektischen Paradigmas

Die stärksten Entgegnungen bezüglich der Anwendbarkeit des eklektischen Paradigmas auf EM-MNUs betreffen die Wettbewerbsvorteile, die eine Expansion begründen. Nach Dunning (1988) forcieren Unternehmen ihre Expansion, um ihre Wettbewerbsvorteile, speziell die Eigentumsvorteile, in einem ausländischen Markt auszunutzen. EM-MNUs besitzen nach Mathews (2006) jedoch nicht die von Dunning (1988) aufgezeigten Eigentumsvorteile wie ihre Konkurrenten aus den Industrieländern. So argumentiert Mathews weiter, dass EM-MNUs deshalb keine Ausnutzung bestehender Eigentumsvorteile in einem ausländischen Zielmarkt beabsichtigen. Vielmehr bezwecken EM-MNUs mit einer Auslandstätigkeit den Zugang zu oder den Ausbau von Eigentumsvorteilen.

---

[127] Mathews (2002), S. 101.
[128] Johanson/Vahlne (1990), S.12 oder auch Johanson/Vahlne (1977), S. 30f.

"Through the internalization principle, it rules out of consideration cases where a firm can derive advantages by expanding abroad in order to access a resource that is otherwise not available." [129]

Allerdings hat auch Dunning sich dieser Problemstellung explizit angenommen und das OLI-Paradigma auf die von Dunning bezeichneten „Third World MNUs" angewandt.[130] Demnach können diese Unternehmen in höher entwickelte Länder investieren, um Zugang zu Eigentumsvorteilen zu erhalten. In einer aktuellen Veröffentlichung thematisieren Dunning et al. (2008) nun nicht mehr die „Third World MNUs", sondern sprechen erstmals explizit von den „Emerging Markets" MNUs[131]. In dieser Publikation werden die Unterschiede und Gemeinsamkeiten zwischen EM-MNUs und MNUs aus entwickelten Ländern aufgezeigt. Für bestimmte Kategorien von ausländischen Direktinvestitionen – wie ressourcen- oder marktorientierte Direktinvestitionen – geht er davon aus, dass

"[t]o some extent, today's FDI from emerging markets resembles yesterday's FDI from developed countries." [132]

Dennoch bestehen vor allem bei den Motiven ausländischer Direktinvestitionen Unterschiede zwischen den EM-MNUs, die heute internationalisieren und den MNUs aus Industrieländern, die vor mehreren Jahrzehnten mit ihrer Internationalisierung begonnen haben. Aus makroökonomischer Sicht starten EM-MNUs ihre internationale Expansion weitaus früher als MNUs aus den Industriestaaten. So argumentieren Dunning et al. (2008) mit der von ihnen entworfenen Theorie der Investitionsentwicklungspfade.[133] Dieser „Investment Development Path" (IDP) beschreibt den Zusammenhang zwischen den ausländischen Direktinvestitionen mit dem relativen wirtschaftlichen Entwicklungsstand eines Landes im globalen Kontext.[134] Unternehmen aus den Emerging Markets tätigen entgegen dem prognostizierten Verlauf des Investitionsentwicklungs-

---

[129] Mathews (2006), S. 18.
[130] Dunning/Narula/van Hoesel (1998), S. 255ff.
[131] Dunning/Kim/Park (2008) spricht von "Emerging Markets TNCs". Um eine einheitliche Terminologie zu verwenden wird sich in dieser Arbeit an den Begriff MNUs gehalten.
[132] Dunning/Kim/Park (2008), S. 176.
[133] Dunning/Narula (1996), S. 1.
[134] Dunning/Narula (1996) beschreiben 5 Stufen der Investitionsentwicklung, die Staaten im Zuge ihrer ökonomischen Entwicklung durchlaufen.

pfades ihre ausländischen Direktinvestitionen wesentlich früher (vgl. Abb.10).[135]

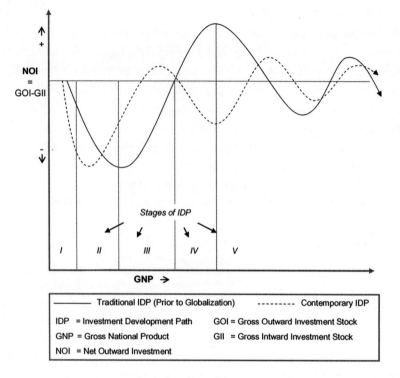

Abb. 10: Investment Development Path
Quelle: Dunning/Kim/Park (2008), S. 164.

Außerdem haben Dunning et al. (2008) weitere Unterschiede zwischen EM-MNUs von heute und MNUs aus Industriestaaten aus den sechziger Jahren des vergangenen Jahrhunderts ausmachen können. Unterschiede wurden bspw. in den Motiven der ausländischen Direktinvestition erkannt. So verfolgten die MNUs aus den Industriestaaten (1960er) mit ausländischen Investitionen vor allem eine „Asset-Exploiting"-Strategie, EM-MNUs investieren im Ausland verstärkt auf Grund von „Asset-Augmenting"-Strategien. Zudem identifi-

---

[135] Dunning/Kim/Park (2008), S. 176f.

zierten die Autoren einen beschleunigten Internationalisierungsprozess von EM-MNUs im Gegensatz zu einem graduell verlaufenden Internationalisierungsprozess von MNUs aus Industrieländern. Tab. 4 listet die von Dunning et al. (2008) aufgeführten Unterschiede von Unternehmen aus Industriestaaten (1960er) und Emerging Markets (2000er) auf:

Kriterium	MNUs aus Industrienationen (1960er)	MNUs aus Emerging Markets (2000er)
1. Motive	FDI um Eigentumsvorteile auszuschöpfen	FDI um Eigentumsvorteile zu vergrößern
2. Ressourcen	Unternehmensspezifischer Eigentumsvorteil	Landesspezifischer Eigentumsvorteil
3. Führungsansatz	ethnozentrisch/polyzentrisch	Geozentrisch/regiozentrisch
4. Theoretischer Ansatz	Neoklassiche Perspektive	Evolutionäre/institutionalistische Perspektive
5. Markteintrittsform	Überwiegend Greenfield	Zunehmend strategische Allianzen und Netzwerke
6. Typ der FDI	Zunächst ressourcen- und marktorientierte Strategien dann „Asset-Augmenting"-Strategien	Simultan alle Arten von FDI
7. Zeitlicher Rahmen	Graduelle Internationalisierung	Akzelerierte Internationalisierung
8. Ziel der FDI	Innerhalb der Industrienationen	Größtenteils „regional"
9. Rolle der heimischen Regierung	Moderat	„Catch-up-Strategie"

Tab. 4: Vergleich von Unternehmen aus Industriestaaten (1960er) und Emerging Markets (2000er)
Quelle: Dunning/Kim/Park (2008), S. 176.

Die Auseinandersetzung mit den MNUs aus Emerging Markets zeigt, dass auch Dunning die Problematik der Übertragbarkeit des eklektischen Paradigmas erkannt hat und versucht die veränderten Rahmenbedingungen von EM-MNUs in seinen Ansatz zu integrieren.

Die aufgezeigten Probleme einer Übertragbarkeit der Ansätze auf MNUs aus Emerging Markets werfen die Frage auf, ob es sinnvoll ist eine Theorie anhaltend zu modifizieren. Das eklektische Paradigma und das Uppsala-Modell wurden im Wesentlichen in den 70er Jahren für MNUs aus den Industriestaaten entwickelt. In den letzten Jahren liegen vermehrt Studien vor, die einen holistischen Ansatz zur Vereinigung beider Konzepte in einer Theoriefamilie anstreben.[136]

2.4 Konzeption eines global gültigen Ansatzes nach Jones/Coviello (2005)

Jones/Coviello (2005) haben ein Internationalisierungsmodell konzipiert, welches speziell Elemente aus der internationalen Entrepreneurship Forschung berücksichtigt. Sie schlagen ein Modell vor, welches für jedes Unternehmen, in jeder Branche und unter allen Umständen kontextfrei Gültigkeit besitzen soll.[137] Anhand dieses Grundmodells kann ein situationsspezifischer Transfer auf bestimmte Teilbereiche des Internationalisierungsprozesses vollzogen werden. Dadurch können die Emerging-Markets-spezifischen Einflussvariablen des Internationalisierungsprozesses explizit integriert werden.

Im Rahmen der Überlegung, inwieweit eine Anwendbarkeit der „klassischen" Theorien sinnvoll ist, soll deshalb das von Jones/Coviello im Jahr 2005 konzipierte „Allgemeingültige Modell des Entrepreneurship gestützten Internationalisierungsprozesses" vorgestellt werden.

Die Ausgangsüberlegung basiert darauf, dass eine große Zahl von Theorien existiert, welche die Aspekte der Internationalisierung beschreiben und erklären. Das Modell von Jones/Coviello basiert auf den Ideen der bestehenden Theorien und betont die Bedeutung, die Internationalisierung als Prozess zu betrachten. Die Autoren erkennen die Notwendigkeit, dem Entscheidungsträger im Internationalisierungsprozess verstärkt Aufmerksamkeit zu schenken. Aus diesem Grund heben sie in ihrem Modell die Rolle des Entrepreneurs hervor.[138]

---

[136] Coviello/McAuley (1999), Coviello/Martin (1999) oder auch O'Farrel/Wood/Zheng (1996).
[137] Jones/Coviello (2005), S. 292.
[138] Jones/Coviello (2005), S. 284.

2 Internationalisierungsmodelle als konzeptioneller Bezugsrahmen

Die Abb. 11 zeigt das allgemeingültige Modell des Entrepreneurship gestützten Internationalisierungsprozesses. Das Modell positioniert verschiedene Variablen, welche die Internationalisierung beeinflussen.

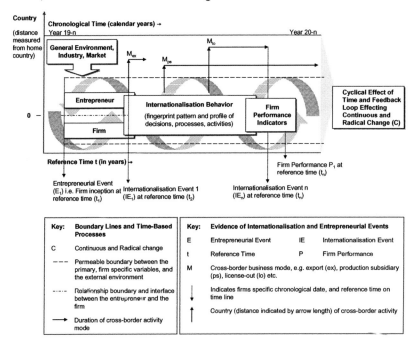

Abb. 11: Allgemeingültiges Modell des Entrepreneurship-gestützten Internationalisierungsprozesses
Quelle: Jones/Coviello (2005), S. 293.

Das Modell zeigt zwei Zeitdimensionen: Zum einen die *chronologische Zeit* (chronological time) und zum anderen die *Referenzzeit* (reference time). Die chronologische Zeit beschreibt eine eindimensionale Abfolge der Zeit, bspw. in Jahren. Unter Referenzzeit wird die Zeit verstanden, welche verschiedene Ereignisse während des Internationalisierungsprozesses einzelner Unternehmen zeitlich einordnet. Der Abstand zwischen zwei Zeitpunkten misst die Zeitdauer der Aktivität oder des Prozesses. Das Unternehmen wird zu einem bestimmten Referenzzeitpunkt gegründet (Entrepreneurial Event E_1). Der Zeitpunkt der Unternehmensgründung kann (muss aber nicht) mit dem Internationalisierungsbeginn übereinstimmen. Mit dem Internationalisierungsbeginn wird das Internationalisierungsverhalten abgebildet. Durch die Betrachtung von Ereignissen in einem Prozess werden sowohl statische Ansätze (bspw. das eklektische Paradigma) als auch dynamische Ansätze (bspw. das Uppsala-Modell) berücksichtigt.[139]

Des Weiteren setzt sich das Modell aus den Determinanten Unternehmen, Entrepreneurship und Indikatoren der Unternehmensperformance zusammen. Alle drei Determinanten sowie das Internationalisierungsverhalten agieren in einer externen Umwelt und werden durch zyklische Zeit- und Rückkopplungseffekte beeinflusst.

Jede neue Form der Marktbearbeitung ist Bestandteil des Internationalisierungsverhaltens. Die Marktbearbeitungsformen (M) können von Export (M_{ex}) über Lizenzierung (M_{lo}) bis zur Produktionsstätte (M_{ps}) variieren. Sie werden auf der Referenzzeitlinie abgebildet und sind von unterschiedlicher Dauer, welche wiederum durch die Pfeillänge dargestellt wird. Des Weiteren wird das Gastland der Expansion auf dem vertikalen Achsenabschnitt mittels der Distanz zum Heimatland abgebildet.

Das Internationalisierungsverhalten wird in Anlehnung an Kutschker/Bäurle/Schmid (1997) durch ein statisches „fingerprint pattern" und einem dynamischen Internationalisierungsprofil beschrieben. Das „fingerprint pattern" oder auch der individuelle Fingerabdruck eines Unternehmens zeigt ein Abbild des Unternehmens zu einem bestimmten Zeitpunkt in Bezug auf die Art und den Umfang der Wertschöpfungstiefe oder auch die Anzahl und Distanz der bearbeitenden Länder. Das Internationalisierungsprofil hingegen zeigt die Internationalisierung im Zeitablauf.

Die Interaktion von Unternehmen, Entrepreneur und externer Umwelt beeinflusst das Internationalisierungsverhalten. Die Indikatoren der Unternehmensperformance zeigen die Auswirkungen, die das Internationalisierungsverhalten mit sich bringt.

Tab. 5 zeigt für die vier Determinanten Entrepreneur, Unternehmen, externe Umwelt und Performance kontextspezifische Faktoren, durch welche die einzelnen Determinanten bestimmt werden.

---

[139] Jones/Coviello (2005), S. 292f.

Variable	Meaning	Source examples
The entrepreneur		
Philosophic view	The value placed by the entrepreneur on internationalisation. Also, their perceptions and attitudes regarding internationalisation risk, cost, profit, potential and complexity.	Cavusgil (1984); Covin/Slevin (1991); Calof/Beamish (1995); Leonidou et al. (1998); Preece et al. (1998)
Social capital	The entrepreneur's proprietary network relationship such as communication/social networks, informal contracts.	Birley (1985); Jarillo (1989); Coviello/Munro (1995, 1997); Ellis (2000); Yli-Renko et al. (2002)
Human capital	The entrepreneur's innovativeness, tolerance for ambiguity/flexibility, commitment, need for achievement. Also, their general perception of risk and risk tolerance, entrepreneurial and management competence, international experience, education and language proficiency.	Johanson/ Vahlne (1977, 1990); Chandler/Hanks (1994); Cooper et al. (1994); McDougall et al. (1994); Bloodgood et al. (1996); Lumpkin/Dess (1996); Reuber/Fischer (1997); Leonidou et al. (1998); Westhead et al. (2001); Kuemmerle (2002)
The firm		
Structure	The firm's level of formalisation, centralisation and process coordination; organic vs mechanistic.	Covin/Slevin (1991); Jolly et al. (1992); McDougall et al. (1994); Lumpkin/Dess (1996); Oviatt/McDougall (1997);
Resources	The firm's financial, physical and technology resources (tangible), as well as human and organisational/relational/network resources (intangible).	Chandler/Hanks (1994); Calof/Beamish (1995); Coviello/Munro (1995, 1997); Greene/Brown (1997); Eisenhardt/Martin (2000); Yli-Renko et al. (2001); Kuemmerle (2002)
Product offer	The product's degree of inseparability (e.g. goods vs hard services vs soft services).	Erramilli (1989); Ekeledo/Sivakumar (1998)
Entrepreneurial orientation	The firm's strategic posture in terms of innovativeness, risk-taking and being proactive, as well as competitive aggressiveness and autonomy.	Miller (1983); Covin/Slevin (1989); Yeoh/Jeong (1995); Lumpkin/Dess (1996); Kuemmerle (2002); Ibeh (2003); Knight/Cavusgil (2004)
The environment		
Market characteristics	The market's size, potential and degree of internationalisation (both domestic and foreign).	Johanson/Mattsson (1988); Calof/Beamish (1995); Madsen/Servais (1997); Oviatt/McDougall (1997); Ekeledo/Sivakumar (1998)
Industry characteristics	The industry's degree of internationalisation, knowledge intensity and technological intensity.	Johanson/Mattsson (1988); Aaby/Slater (1989); Oviatt/McDougall (1994, 1997); Coviello/Munro (1995, 1997); Reuber/Fischer (1997); Madsen/Servais (1997); Zahra et al. (2000); Bell et al. (2003)
Environmental characteristics	The competitive environment's dynamism, hostility and intensity.	McDougall (1989); Covin/Slevin (1991); Chandler/Hanks (1994); Becherer/Maurer (1997); Zahra et al. (1997); Ekeledo/Sivakumar (1998)
Performance		
Financial measures	Growth and profitability (absolute levels, relative to competition and/or relative to expectations).	Covin/Slevin (1990); Brush/Vanderwerf (1992); Bloodgood et al. (1996); Wiklund (1999); Zahra et al. (2000)
Non-financial measures	Learning, experiential knowledge creation.	Johanson/ Vahlne (1977); Covin/Slevin (1989, 1990); Zahra et al. (1999); Autio et al. (2000)

Tab. 5: Kontextabhängige Determinanten
Quelle: Jones/Coviello (2005), S. 296.

Jones/Coviello (2005) stellen somit ein integratives Modell bereit, das die Entwicklung und Überprüfung von konkret vorliegenden Kontextproblemen ermöglicht. Das Modell ist auf einer allgemeinen, kontextfreien Ebene entwickelt worden und dient daher als Grundmodell. Dieses Grundmodell erlaubt einen situativen Transfer auf bestimmte Teilbereiche des Internationalisierungsprozesses. Je nach Auswahl der zur Verfügung gestellten Variablen lassen sich einzelne Ausschnitte des Prozesses untersuchen. Jones/Coviello (2005) haben ein Internationalisierungsmodell als (pfadabhängigen) Prozess von unternehmerischem Verhalten entwickelt.

In Anlehnung an das aufgezeigte Grundkonzept kann somit ein Modell für die Internationalisierung von MNUs aus den Emerging Markets konzipiert werden. Dadurch wird die Integration der multitheoretischen Problemstellung in einem Ansatz ermöglicht, ohne die Rahmenbedingungen des Grundmodells verändern zu müssen.

Es ist jedoch zu bezweifeln, ob der Ansatz von Jones/Coviello (2005) die bestehenden Theorien adäquat ersetzen kann. Der Ansatz mag als „Werkzeug" für die Formulierung konkreter Forschungsfragen hilfreich sein. Anhand des Modells können reale Sachverhalte untersucht werden.[140] Eine Strategieplanung anhand des allgemeingültigen Modells des Entrepreneurship-gestützten Internationalisierungsprozesses ist für Unternehmen vorab nicht möglich. Das Modell erlaubt lediglich eine post hoc Analyse des Internationalisierungsverhaltens. Dennoch ermöglicht das Modell durch die Betrachtung der einzelnen kontextabhängigen Determinanten des Internationalisierungsprozesses ein besseres Verständnis für die Ansatzpunkte bei der Hypothesengenerierung für die empirische Untersuchung dieser Arbeit zu erhalten.

2.5 Ansatzpunkte für die weitere Untersuchung

Die Grenzen hinsichtlich der Übertragbarkeit auf EM-MNUs der beiden theoretischen Ansätze – das eklektische Paradigma und das Uppsala-Modell – haben Ansatzpunkte aufgezeigt an denen die folgende Arbeit anknüpfen kann.

EM-MNUs befinden sich in einem Aufholprozess zu MNUs aus den Industriestaaten, welche bereits einen hohen Internationalisierungsgrad aufweisen. Um

---

[140] Jones/Coviello (2005), S. 299f.

auf dem Weltmarkt konkurrenzfähig zu werden, müssen bzw. mussten EM-MNUs schnell in attraktiven Märkten Präsenz zeigen und somit eine hohe Risikobereitschaft vorweisen. Die lukrativen Märkte sind heute noch immer die großen Industrienationen zu denen EM-MNUs erwartungsgemäß eine große psychische Distanz aufweisen. Der Eintritt in diese Märkte scheint somit mit einem hohen Risiko einer Fehlinvestition verbunden zu sein.

Aus den Ausführungen von Kapitel 2.3, in dem die Grenzen der Internationalisierungsmodelle in Bezug auf MNUs aus Emerging Markets aufgezeigt wurden, kristallisieren sich vor allem zwei Aspekte heraus:

Zum einen erscheint es in Bezug auf den Internationalisierungsprozess von EM-MNUs interessant zu untersuchen, inwieweit das Konzept der psychischen Distanz Gültigkeit besitzt. In diesem Zusammenhang steht vor allem die Marktwahlentscheidung im Vordergrund.

Zum anderen scheint der Faktor Zeit ein Unterscheidungsmerkmal zu den MNUs aus Industrienationen zu sein. Insofern könnten sich durch eine Analyse der Expansionsgeschwindigkeit von EM-MNUs wertvolle Erkenntnisse bezüglich der Anwendbarkeit des Uppsala-Modells ergeben, welches einen sukzessiven und inkrementellen Internationalisierungsverlauf beschreibt.

Beide Aspekte beinhalten vor allem lerntheoretische Prozessgedanken, da die Reihenfolge der Länderwahl sowie die Geschwindigkeit der Markteintritte im Fokus der Analyse stehen. Die Ursache dafür liegt darin, dass der Internationalisierungsprozess untersucht werden soll und das eklektische Paradigma einen statischen Ansatz darstellt, bei dem zu einem bestimmten Zeitpunkt eine bestimmte Marktbearbeitungsform anhand der Vorteilskategorien festgemacht werden kann. Insofern sind in dieser Arbeit die Untersuchung des Internationalisierungsprozesses und damit das Uppsala-Modell vorrangig. Dennoch kann das eklektische Paradigma bei der Analyse einzelner Direktinvestitionsentscheidungen Anhaltspunkte liefern, inwieweit sich die Vorteilskategorien von EM-MNUs und MNUs aus Industrienationen unterscheiden.

3 Hypothesen zur Anwendbarkeit des Uppsala-Modells auf den Internationalisierungsprozess von EM-MNUs

Die vorangegangen Ausführungen zeigen den Bedarf an einer näheren Untersuchung des Internationalisierungsprozesses von MNUs aus Emerging Markets. Einige Faktoren sprechen dafür, dass der Internationalisierungsprozess von EM-MNUs anderen Gesetzmäßigkeiten unterliegt. A priori erscheint es zweckmäßig zu untersuchen, ob der angeführte lerntheoretische Ansatz auf den Internationalisierungsprozess von EM-MNUs anwendbar ist. Zudem soll ergründet werden, ob und welche Gründe für eine Akzeleration des gesamten Prozesses sprechen.

Basierend auf den Ausführungen des 2. Kapitels sollen im Folgenden Hypothesen formuliert werden, die dazu beitragen den Erklärungsgehalt der vorliegenden Internationalisierungsansätze für EM-MNUs herauszuarbeiten. Indem der Internationalisierungsprozess von EM-MNUs dargelegt und auf seine Einflussgrößen hin untersucht wird, sollen die Anwendbarkeit und der Modifikationsbedarf der Internationalisierungsansätze geprüft werden.

Zuvor soll allerdings noch angemerkt werden, dass sich diese Arbeit auf die Analyse von Direktinvestitionen konzentriert. Auf die unterschiedlichen anderen transnationalen Expansionsmöglichkeiten, wie bspw. den Export, wird im Rahmen dieser Arbeit nicht näher eingegangen. Aus diesem Grund steht im Zusammenhang mit dem Uppsala-Modell im Besonderen die Reihenfolge der Länderauswahl und nicht die Establishment Chain im Vordergrund.

Auf der Grundlage des beschriebenen Bezugsrahmens sollen die Internationalisierungspfade von MNUs aus Emerging Markets in diesem Kapitel identifiziert werden. Zwei Aspekte stehen dabei im Vordergrund. Zum einen das „Wohin" der ersten ausländischen Direktinvestition zum anderen das „Wie schnell". Der erste Aspekt beinhaltet die Analyse von Kriterien, welche die Wahl des Investitionslandes beeinflussen. Der zweite Aspekt soll Faktoren, welche die Geschwindigkeit des Internationalisierungsprozesses beeinflussen, beleuchten.

3.1 Der Zielmarkt der ersten ausländischen Direktinvestition

Die erste ausländische Direktinvestition ist für jedes Unternehmen ein einschneidender Zeitpunkt. Ab diesem Moment steigt die Ressourcenbindung des Unternehmens im Ausland sprunghaft an. Das Risiko des Scheiterns und die damit einhergehenden irreversiblen Investitionsverluste sind bei weitem höher, als bei internationalen Tätigkeiten ohne oder nur mit geringem Ressourceneinsatz, wie etwa dem Export.

Nach dem Uppsala-Modell wird die Marktbearbeitungsentscheidung mittels der psychischen Distanz getroffen – also anhand der im Unternehmen wahrgenommen Fremdartigkeit eines Landes. Die erste ausländische Direktinvestition müsste dieser Logik nach in einem Land erfolgen, welches über eine sehr geringe psychische Distanz zum Heimatmarkt verfügt.

Die Untersuchung der ersten ausländischen Direktinvestition kann demnach aufschlussreiche Erkenntnisse für das Verständnis des Internationalisierungsprozesses von EM-MNUs liefern. Des Weiteren kann dadurch das „Zusammen- oder Gegenspiel" von Faktoren, welche die Marktwahlentscheidung beeinflussen, aufgezeigt werden. Aus diesem Grund sollen an dieser Stelle die Faktoren, welche die Marktwahl beeinflussen, näher betrachtet werden, wobei das Uppsala-Modell dabei im Vordergrund steht. Dies ist vor allem darin begründet, dass das eklektische Paradigma keine Aussagen über die Wahl eines bestimmten Marktes tätigt. Dunning gibt mit seinen Vorteilskategorien lediglich Entscheidungshilfen über die Marktbearbeitungsform.

3.1.1 Zusammenhang zwischen psychischer Distanz und Wahl des Landes der ersten ausländischen Direktinvestition von EM-MNUs

Nach der Lerntheorie von Johanson/Vahlne müsste der erste Markteintritt von EM-MNUs zunächst in einem psychisch nahen Markt erfolgen. Die Unternehmen handeln risikoavers, da Informationen über einen psychisch nahen Markt leichter gewonnen werden können, wodurch die Marktunsicherheit reduziert werden kann.[141] Das Investitionsrisiko wird dadurch verringert. Die psychische Distanz spiegelt demnach eine gewisse Risikobereitschaft eines Unternehmens wider.

---

[141] Johanson/Vahlne (1990), S.13.

Abb. 12 zeigt die Möglichkeiten der Marktwahl von EM-MNUs für ihre erste ausländische Direktinvestition auf. Nach dem Uppsala-Modell treffen EM-MNUs in Abhängigkeit von der psychischen Distanz die Entscheidung in welchen Zielmarkt die Unternehmen tätig werden. Diese Zielmarktentscheidung wird durch das „**gewählte Marktpotential für die 1. FDI**" repräsentiert. Das „gewählte Marktpotential für die 1. FDI" zeigt das Marktpotential des Landes, welches für die erste ausländische Direktinvestition gewählt wurde. Bei der Überlegung, inwieweit die psychische Distanz die Marktwahl von EM-MNUs beeinflusst, kann folgende Erwartung – veranschaulicht in Abb. 12 – formuliert werden.

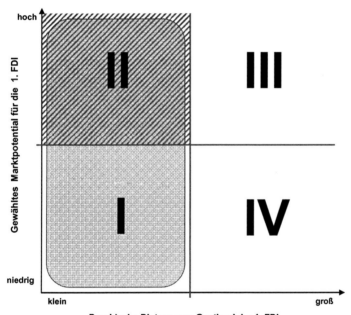

Abb. 12: Einfluss der psychischen Distanz auf die Marktwahlentscheidung von EM-MNUs

Quelle: Eigene Abbildung.

Wenn Unternehmen aus den Emerging Markets zunächst in Märkte mit einer kleinen psychischen Distanz eintreten – also **risikoavers** handeln – sind theoretisch zwei Konstellationen denkbar:

(1) Quadrant I: Risikoaverse Unternehmen wählen für ihre erste ausländische Direktinvestition ein Land mit einem geringen Marktpotential.

(2) Quadrant II: Risikoaverse Unternehmen wählen für ihre erste ausländische Direktinvestition ein Land mit einem hohen Marktpotential.

Gemäß dem Uppsala-Modell wären die ersten ausländischen Direktinvestitionen in den Quadranten I und II zu erwarten. In beiden Quadranten besitzen die EM-MNUs eine kleine psychische Distanz zu dem Land der ersten ausländischen Direktinvestition. Betrachtet man jedoch die Länder, welche durch ein hohes Marktpotential ausgezeichnet werden wird deutlich, dass es sich vornehmlich um Industrieländer handelt (vgl. Tab. 3 in Kapitel 2.4). Industrieländer weisen zwar ein hohes Marktpotential auf, gleichzeitig kann allerdings erwartet werden, dass die Unterschiede in Sprache, Bildung, Kultur oder auch der industriellen Entwicklung zwischen den Emerging Markets und den Industrieländern eher hoch ausfallen. Wenn EM-MNUs risikoavers handeln, können sie nicht ein Land mit einem hohen Marktpotential wählen, da es derzeit (noch) keine Märkte aus Sicht der EM-MNUs gibt, die neben einem hohen Marktpotential gleichzeitig auch eine kleine psychische Distanz aufweisen. Die Situation in Quadrant II existiert schlichtweg in der Realität nicht für EM-MNUs. Demnach müssten risikoaverse Unternehmen für ihre erste ausländische Direktinvestition ein Land mit einem geringen Marktpotential wählen.

Wenn hingegen Unternehmen aus den Emerging Markets zunächst in Märkte mit einer großen psychischen Distanz eintreten – also **risikofreudig** handeln – ergeben sich theoretisch wiederum zwei Konstellationen:

(1) Quadrant III: Risikofreudige Unternehmen wählen für ihre erste ausländische Direktinvestition ein Land mit einem hohen Marktpotential.

(2) Quadrant IV: Risikofreudige Unternehmen wählen für ihre erste ausländische Direktinvestition ein Land mit einem geringen Marktpotential.

Quadrant III und IV repräsentieren Markteintritte in psychisch weit entfernte Märkte, so dass die Unternehmen bei ihrer ersten ausländischen Direktinvestition ein hohes Risiko eingehen zu scheitern, da sie mit z.B. mit kulturellen, rechtlichen oder auch sprachlichen Hindernissen konfrontiert sind. Wenn EM-MNUs dieses Risiko eingehen, dann wahrscheinlich nur, wenn sie eine angemessene Kompensation für ihre Risikobereitschaft erwarten. Diese Kompensationsmöglichkeit ist vor allem in Ländern mit einem hohen Marktpotential gegeben. Diese Situation ist in der Abb. 12 in Quadrant III dargestellt.

Wenn diese Überlegung zutrifft, dann sollte der Quadrant IV nicht belegt sein, da hier aufgrund der großen psychischen Distanz ein hohes Risiko besteht, aber zugleich ein Land mit einem geringen Marktpotential gewählt werden würde, so dass die Kosten der psychischen Distanz nicht kompensiert werden könnten.

Nach den bisherigen Überlegungen fallen also die Quadranten II und IV als sinnvolle Konstellation für Direktinvestitionen aus. Es stehen im Wesentlichen die Quadranten I und III zur Wahl.

Bei Unternehmen, die in Quadrant I anzusiedeln sind, handelt es sich vornehmlich um risikoscheue Unternehmen. Bei Unternehmen aus Quadrant III scheint die Risikobereitschaft für große psychische Distanzen sehr stark ausgeprägt zu sein.

Bei einer großen psychischen Distanz muss ein Land über ein hohes Marktpotential verfügen, damit ein Unternehmen sich für die Bearbeitung mittels Direktinvestition entscheidet. Die Ertragsaussicht muss höher sein als die Probleme und Gefahren, die sich aus einer größeren psychischen Distanz ergeben können. Um zu untersuchen, ob der vermutete Zusammenhang besteht wird folgende Hypothese für Unternehmen aus den Emerging Markets aufgestellt:

H 1:   Je größer die psychische Distanz eines EM-MNUs zu einem Auslandsmarkt ausfällt, desto höher ist das gewählte Marktpotential für ihre erste ausländische Direktinvestition.

Dabei zeigt das „gewählte Marktpotential für die 1. FDI" das Marktpotential des Landes, welches für die erste ausländische Direktinvestition gewählt wurde.

Sind die EM-MNUs vorrangig in Quadrant III angesiedelt, so würde die Übertragbarkeit des Uppsala-Modells auf die Internationalisierung von EM-MNUs in Frage gestellt sein. Allerdings verlangen die veränderten Rahmenbedingungen der Emerging Markets weitere Überlegungen bezüglich der Einflussvariablen der psychischen Distanz.

Die psychische Distanz ist keine feststehende Größe und kann von Unternehmen zu Unternehmen unterschiedlich ausfallen. Die psychische Distanz wird von Johanson/Wiedersheim-Paul (1975) bzw. Johanson/Vahlne (1977) als unabhängige Variable in das Uppsala-Modell eingeführt. Sie gehen davon aus, dass die Ursache von psychischer Distanz in einem Mangel an Wissen über einen Auslandsmarkt liegt. Das Entstehen einer psychischen Distanz wird damit begründet, dass es den Entscheidungsträgern im Unternehmen an Wissen und Informationen über die Beschaffenheit des ausländischen Marktes fehlt.

Oftmals wird die psychische Distanz von Autoren auch als vom Unternehmen wahrgenommene Fremdartigkeit gegenüber einem ausländischen Markt beschrieben. Auch wenn dies nur eine sprachliche Ungenauigkeit darstellt, so ist doch zu beachten, dass die psychische Distanz auf der Individualebene „empfunden" wird.[142] Diese individuell empfundene Distanz ist ausschlaggebend für die Internationalisierungshandlungen der Entscheidungsträger im Unternehmen. Diese Überlegung impliziert, dass die Perzeption der Entscheidungsträger im Unternehmen einen Einfluss auf die Wahl der ersten ausländischen Direktinvestition haben kann, in dem sie die psychische Distanz zu einem Auslandsmarkt beeinflusst. Somit liegt nahe, dass die Perzeptionsebene durch bestimmte Faktoren beeinflussbar ist.

Johanson/Vahlne (1977) betonen in ihrem Prozessmodell explizit das Marktwissen (Market Knowledge) der Entscheidungsträger, welches wiederum in objektives Wissen und Erfahrungswissen unterteilt wird (vgl. Abschnitt 2.2.3). Dem Erfahrungswissen kommt jedoch nach den Vertretern der Uppsala-Schule eine bedeutsamere Rolle zu, da dieses als kritische Komponente angesehen wird. Die Gewinnung von Erfahrungswissen ist zeitintensiv und kann nicht ohne weiteres gelernt oder gelehrt werden.

Die große Bedeutung von Erfahrung für die psychische Distanz lässt die Überlegung zu, ob sich hier Unterschiede zwischen den Führungskräften von EM-MNUs und Führungskräften von MNUs aus Industriestaaten aufzeigen lassen und ob diese einen Einfluss auf den Internationalisierungsprozess besitzen.

---

[142] Kornmeier (2002), S. 39.

3.1.2 Zusammenhang zwischen individueller Erfahrung des Top-Managements und Wahl des Landes der ersten ausländischen Direktinvestition von EM-MNUs

Erfahrungswissen spielt für die Prozesstheorie der Uppsala-Schule eine ausschlaggebende Rolle.[143] Die weiterführende Frage lautet nun, welches spezielle Erfahrungswissen die Entscheidung eines Unternehmens beeinflusst, in einen fremden, unbekannten Markt einzutreten. Erfahrungswissen – im Gegensatz zum objektiven Wissen – ist eine Form von Wissen, das „erfahren" werden muss, um aufgebaut werden zu können.

„One type, objective knowledge, can be taught, the other, experience or experiential knowledge, can only be learned through personal experience." [144]

Die persönliche Erfahrung ist eine wichtige Einflussvariable auf den Entscheidungsprozess der Manager eines Unternehmens. Im Hinblick auf die zunehmenden internationalen Wirtschaftsverflechtungen hat die internationale Personalforschung zunehmend an Bedeutung gewonnen und fand in zahlreichen Veröffentlichungen intensive Beachtung.[145] Vor allem zu Beginn der Internationalisierung sind die internationalen Managementkapazitäten begrenzt. Das Management besteht zu diesem Zeitpunkt vornehmlich aus Führungskräften aus dem Stammland.[146] Düfler (2001) betont die Bedeutung der im Heimatland des Unternehmens tätigen international agierenden Führungskräfte und das damit verbundene Anforderungsprofil.[147] So benötigt das Top-Management in internationalen Aktionsfeldern zusätzliche Qualifikationen, die einem fremden und komplexen Umfeld gerecht werden müssen.[148]

Insofern stellen die Entscheidungsträger im Rahmen der Internationalisierung einen Schlüsselfaktor dar, da durch sie die Internationalisierungsstrategie festgelegt wird. Die Entscheidungsträger eines Unternehmens bestimmen wann,

---

[143] Johanson/Vahlne (1977), S. 29.
[144] Penrose (1966), S. 53, zitiert nach Johanson/Vahlne (1977), S. 28.
[145] Alexander/Myers (2000); Reuber/Fisher (1997); Bartlett/Goshal (1990); Shackleton/Newell (1997).
[146] Wirtl (2006), S. 110f.
[147] Düfler (2001), S. 437ff.
[148] Wirtl (2006), S. 110.

wo und wie ein Expansionsschritt vollzogen wird.[149] Die Internationalisierungsaktivität wird durch persönliche Merkmale und Einstellungen der Entscheidungsträger beeinflusst. Es konnte nachgewiesen werden, dass das Internationalisierungsverhalten der Manager mit individuell erlangter Erfahrung und Know-how im Zusammenhang steht.[150]

Die Internationalisierungsentscheidungen eines Unternehmens sind abhängig von der Risikoeinstellung der Entscheidungsträger. Diese individuelle Risikoeinstellung wird unter anderem beeinflusst von dem Marktwissen, also dem Wissen über den ausländischen Markt und im Besonderen von der Erfahrungskomponente. Erfahrungswissen kann die Perzeptionsebene der Führungskräfte dahingegen verändern, dass die wahrgenommene Fremdartigkeit eines Landes verringert wird. Dadurch kann dieser Markt für das Unternehmen einen Standortvorteil gegenüber anderen Märkten mitbringen. Verschiedene Studien haben den Einfluss des Managements in Bezug auf die Marktwahl bestätigt (Athanassiou/Nigh 2000; Angelmar/Pras 1984; Brooks/Rosson 1982; Ganier 1982; Mayer/Flynn 1973; Simmonds/Smith 1968; De Clercq et al. 2005). In den Studien konnten verschiede Eigenschaften der Führungskräfte als Einflussvariable für das Internationalisierungsverhalten identifiziert werden. Indikatoren für eine internationale Ausrichtung sind dabei bspw. Fremdsprachenkenntnis, Auslandserfahrung und internationale Beziehungen der Führungsebene. Vor allem die Erfahrungen der Manager „vor Ort", also in einem ausländischen Markt, etwa durch ein Auslandsstudium oder einer Tätigkeit im Ausland, wurden als bedeutende Einflussvariable hervorgehoben.[151]

Johanson/Vahlne (1977) betonen die Bedeutung von marktspezifischem Wissen und merken auch den mit dem Erwerb verbundenem Zeitaufwand an. Verschiedene Studien beschäftigen sich mit dem Erwerb von Auslandserfahrung **während** des Internationalisierungsprozesses. Sie vernachlässigen aber oftmals die Möglichkeit, dass eine Führungskraft diese Erfahrung bereits **vor** dem Internationalisierungsprozess besitzen kann und diese nicht erst im Zuge der Expansion erlangen muss. Dieser Aspekt scheint im Zusammenhang mit den Emerging Markets durchaus von Belang. Wenn man bedenkt, dass be-

---

[149] Miesenböck (1988), S. 42; Salomon/Shaver (2005), S. 858.
[150] Alexander/Myers (2000) oder auch Reuber/Fisher (1997).
[151] Reid (1981), S. 105 oder auch Agarwal/Ramaswami (1992), S. 3.

reits gesammelte Auslandserfahrung Berührungsängste verringern kann („*But experiential knowledge is also assumed to be the primary way of reducing market uncertainty.*"[152]), so ist auch vorstellbar, dass dadurch der langsame Prozess des Sammelns von Marktwissen und Markterfahrung erheblich verkürzt werden kann.

Bislang mag dies in der traditionellen Lerntheorie für die Untersuchungen von MNUs aus etablierten Ländern eine eher geringe Rolle gespielt haben. Dies soll nicht bedeuten, dass Auslandserfahrung der Führungskräfte von MNUs aus Industriestaaten keine Bedeutung für die Internationalisierung hat. Dennoch hatten die Manager aus Industriestaaten in den vergangenen Jahrzehnten Zeit sich diese Erfahrung anzueignen, da sie sich häufig „step-by-step" in psychisch weiter entfernte Märkte vorgewagt haben. Die Emerging Markets wurden von MNUs aus Industriestaaten erst zu einem späten Zeitpunkt des Internationalisierungsprozesses als Zielmärkte entdeckt. Auch hier mussten die Unternehmen oftmals erst Lehrgeld zahlen, bevor eine erfolgreiche Marktbearbeitung erreicht werden konnte. Für Unternehmen aus Emerging Markets steht aber die Vermutung im Raum, dass das Marktpotential ein treibender Faktor bei der Auswahl des ersten Zielmarktes ist. Wenn Marktwissen mit eine Rolle bei der Auswahl des **ersten** Ländermarktes spielen sollte, so kann eine inkrementale Akkumulation von Erfahrung nicht *im Zuge* sondern nur *vor Beginn* des Internationalisierungsprozesses stattfinden (vgl. Abb. 13).

---

[152] Johanson/Vahlne (1990), S. 12.

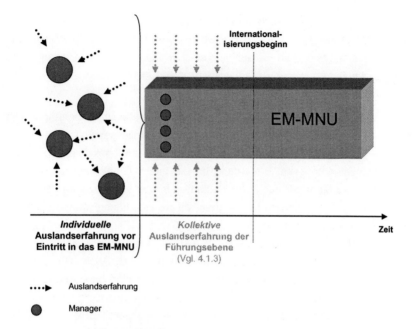

Abb. 13: Individuelle Auslandserfahrung vor Beginn des Internationalisierungsprozesses
Quelle: Eigene Darstellung.

In dieser Arbeit werden zwei Möglichkeiten der Gewinnung von Auslandserfahrung näher untersucht. Auslandserfahrung kann durch ein Studium oder durch eine Tätigkeit in einem Unternehmen im Ausland gesammelt werden. Eine große Zahl der Hochschulabsolventen aus den Emerging Markets zieht es während ihres Studiums vor allem in die USA oder nach Europa. Im Jahr 2006 stammten 139.355 der internationalen Studenten in den USA aus China und Indien. Dies entspricht fast 25 Prozent der gesamten internationalen Studenten in den USA. Im Vergleich dazu waren im Jahr 2006 nur 10.945 Studenten aus den USA in chinesischen oder indischen Hochschulen eingeschrieben.[153] Bei der Betrachtung der Zielländer für ein Auslandsstudium für Studenten aus den Emerging Markets ist deutlich zu erkennen, dass diese vor allem in den großen Industriestaaten ihre Ausbildung absolvieren. Alle in der folgen-

---

[153] www.opendoors.iienetwork.org.

den Abb. 14 aufgeführten Emerging Markets listen in ihren Top 5 der Auslandszielländer der Studenten vor allem großen die Industrienationen wie USA, Großbritannien, Deutschland, Japan oder auch Australien.[154] Die gesammelte Auslandserfahrung trägt dazu bei, dass sich die Perzeptionsebene der Hochschulabsolventen erweitert.

Ein Studium oder Auslandsaufenthalt von Studenten aus den Industrienationen in einem sich entwickelnden Land für einen längeren Zeitraum war bisher selten anzutreffen.[155] Eine Studie von Hartmann (2000) bezüglich der Internationalität des Top-Managements der 100 größten Unternehmen aus Frankreich, Deutschland, Großbritannien und den USA hat aufgezeigt, dass das Management auf keinen breiten internationalen Erfahrungsschatz zurückgreifen kann. Weniger als 7 Prozent der Führungskräfte in US-Konzernen und nur 21 Prozent der französischen Führungskräfte haben sich während ihres Studiums oder später im Beruf länger als 6 Monate im Ausland aufgehalten.[156]

---

[154] www.atlas.iienetwork.org.
[155] Kutschker/Schmid (2002), S. 244.
[156] Hastings (ehemaliger Chief Executive Officer von Lincoln Electric aus den USA) beschreibt die geringe internationale Erfahrung seines Managements folgendermaßen:
"[...] our corporate management lacked sufficient international expertise and had little experience running a complex, dispersed organization. Our managers didn't know how to run foreign operations; nor did they understand foreign cultures." (Hastings (1999), S. 5)
Weiter berichtet er:
"[...] I left for Europe. I had no choice, even though I lacked extensive international experience. None of the other senior managers had any either. The CFO, Ellis Smolik, who joined me on the trip, didn't even have a passport; we had to scramble to get him one at the last minute." (Hastings (1999), S. 7)

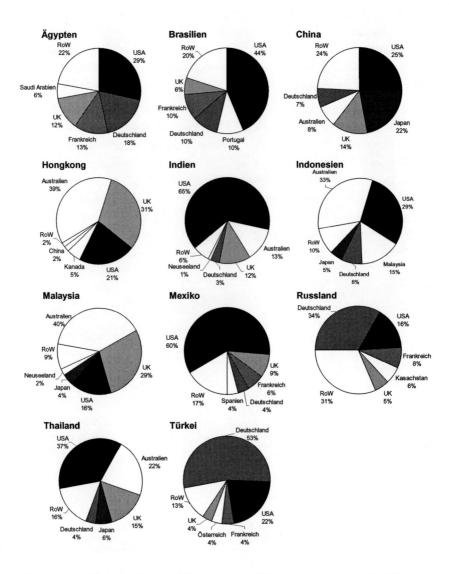

Abb. 14: Hauptzielländer internationaler Studenten aus Emerging Markets (2004)

Quelle: Daten aus www.atlas.iienetwork.org.

Die hohe Zahl der Studenten mit Auslandserfahrung aus den Emerging Markets spricht dafür, dass in den Führungsebenen der EM-MNUs eine hohe Zahl von Managern mit Erfahrungen im Ausland während des Studiums zu finden ist. Da die Mehrheit der Studenten aus den Emerging Markets ihr Auslandsstudium in Industriestaaten absolvieren, kann vermutet werden, dass die Auslandserfahrung die wahrgenommene Fremdartigkeit zu den – über ein hohes Marktpotential verfügenden – Industrieländern verringern konnte.

Ein hoher Anteil des Top-Managements von EM-MNUs, der bereits während des Studiums Auslandserfahrung in Industrieländern erlangt hat, kann somit dazu führen, dass die psychische Distanz des Unternehmens zu diesen Märkten a priori verringert ist. Dies lässt vermuten, dass EM-MNUs sich für ihre erste ausländische Direktinvestition somit für ein Land mit einem hohen Marktpotential entscheiden, da das wahrgenommene Risiko einer Fehlinvestition verringert ist, die Ertragsaussichten – im Vergleich zu den Ländern auf gleichem Entwicklungsniveau – höher ausfallen. Diese Überlegungen führen zu folgender Hypothese:

H 2: **Je höher der Anteil der Mitglieder des Top-Managements von EM-MNUs ist, die im Ausland studiert haben, desto höher ist das gewählte Marktpotential für ihre erste ausländische Direktinvestition.**

Neben der Auslandserfahrung während eines Studiums soll hier als zweiter Aspekt die ausländische Berufserfahrung als Einflussvariable untersucht werden. Bereits Hambrick/Mason (1984) erklären, dass berufliche Erfahrung generell das Handlungsverhalten des Top-Managements beeinflusst. Reuber/Fischer (1997) haben in einer Studie gezeigt, dass Unternehmen mit einem international erfahrenen Top-Management tendenziell eher grenzüberschreitende Partnerschaften eingehen und nach der Unternehmensgründung schneller international ausgerichtet sind. Insofern erscheint es von Bedeutung den Aspekt der ausländischen Berufserfahrung im Zusammenhang mit EM-MNUs genauer zu hinterleuchten.

In den vergangenen Jahren haben sich hochqualifizierte Fachkräfte in den Industrieländern zu einer knappen Ressource entwickelt. Gründe dafür liegen unter anderem in dem steigenden Durchschnittsalter der Bevölkerung und an der Verschiebung von produktions- zu technologiebasierten Industrien. Dadurch entsteht ein erhöhter Bedarf an qualifizierten Zuwanderern aus Drittstaaten.[157] In einem zunehmenden Umfang steigt in den Industrieländern die Zahl der Fachkräfte aus den Emerging Markets. Vor allem in den USA steigen die Migrationszahlen aus Asien.[158] Abb. 15 zeigt die Top 4 der asiatischen Heimatländer von US-Immigranten. Ein signifikantes Wachstum ist vor allem aus China und Indien zu verzeichnen. Eine Besonderheit der chinesischen und indischen Immigranten liegt in der hohen Qualifikation der Arbeitskräfte.[159]

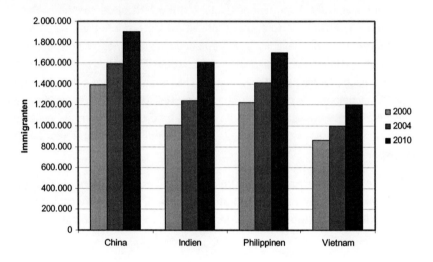

Abb. 15: Top 4 der asiatischen Heimatländer von US-Immigranten
Quelle: OECD (2007), S. 38.

Eine große Zahl der internationalen Universitätsabsolventen verbleibt nach dem Studium in dem Land, in welchem das Studium absolviert wurde, um dort zu arbeiten. Die Mehrheit, vor allem aber chinesische und indische Fachkräfte, plante noch Ende der Achtziger Jahre nicht in ihr Heimatland zurückzukehren. In den vergangen Jahren änderte sich diese Situation. So versucht die chine-

---

[157] In der Bundesrepublik Deutschland bspw. wird versucht die Zuwanderung von hochqualifizierten Fachkräften u.a. durch die Einführung einer sogenannten Green Card zu forcieren, die es Zuwanderern temporär ermöglicht, in Deutschland zu arbeiten.
[158] OECD (2007), S. 23.
[159] OECD (2007), S. 44.

sische Regierung hochqualifizierte, im Ausland lebende Fachkräfte durch Anreize, wie Steuerbegünstigungen oder einen garantierten Studienplatz für die Kinder, wieder in ihr Heimatland zurückzuholen.[160] Bei der Rückkehr in ihr Heimatland verfügen die Fachkräfte nicht nur über hochqualifiziertes Knowhow, sondern auch über wertvolle Erfahrungen und Kenntnisse der Landeskultur, der Sprache sowie landesspezifischer Wirtschafts- und Arbeitspraktiken. Umso mehr „Repatriates" in der Führungsebene eines EM-MNUS vertreten sind, umso größer ist der interkulturelle Erfahrungsschatz. Somit kann vermutet werden, dass durch die Erfahrungen der „Repatriates" die psychische Distanz des EM-MNUs zu den Industrienationen mit einem hohen Marktpotential a priori verringert ist. Aus dieser Argumentation ergibt sich folgende Hypothese:

H 3: **Je höher der Anteil der Mitglieder des Top-Managements von EM-MNUs ist, die bereits im Ausland gearbeitet haben, desto höher ist das gewählte Marktpotential für ihre erste ausländische Direktinvestition.**

3.1.3 Zusammenhang zwischen kollektiver Erfahrung des Top-Managements und Wahl des Landes der ersten ausländischen Direktinvestition von EM-MNUs

In den vorausgegangenen Ausführungen wurde der Einfluss der Auslandserfahrung, die individuell von den Führungskräften vor dem Eintritt in das Unternehmen angesammelt werden konnte, ausführlich erörtert. In diesem Kapitel soll untersucht werden, inwieweit interkulturelles Erfahrungswissen der Führungsebene eines EM-MNUs bis zum Zeitpunkt der ersten ausländischen Direktinvestition erlangt werden kann und welche Konsequenzen dies auf den Internationalisierungsprozess hat (vgl. Abb. 16). Hierbei spielt vor allem der Netzwerkgedanke eine tragende Rolle.

---

[160] Jiaojiao (2007).

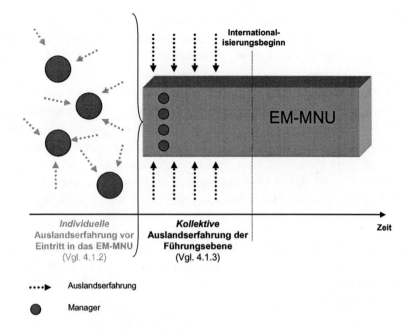

Abb. 16: Kollektive Auslandserfahrung vor Beginn des Internationalisierungsprozesses
Quelle: Eigene Darstellung.

Das Uppsala-Modell wurde durch den Netzwerkgedanken von Johanson/Mattsson (1988) erweitert (vgl. Kapitel 2.2.5). Hierbei handelt es sich um inter-organisationale Netzwerke, die aus mindestens zwei selbständigen Unternehmen längerfristig bestehen.

Die Perspektive der Autoren betrachtet ein Unternehmen, das im Ausland in einem Netzwerk integriert ist und durch Interaktion mit den Netzwerkakteuren Marktwissen aufbaut.[161] Auf die Bedeutung des Erfahrungsaufbaus des im Markt beheimateten Unternehmens wird nicht näher eingegangen. Zudem bezieht sich der Netzwerkansatz von Johanson/Mattsson vor allem auf internationale Marketing-Netzwerke. Dennoch kann angenommen werden, dass sich der Netzwerkgedanke sowohl durch einen Perspektivenwandel auf das ansäs-

---

[161] Johanson/Mattsson (1988), S. 296.

sige Unternehmen als auch auf andere Arten von Netzwerk- oder Kooperationsformen transferieren lässt.[162] Im Zusammenhang mit EM-MNUs sind Netzwerk- oder Kooperationsbeziehungen von Bedeutung, die mit ausländischen Unternehmen im Heimatland initiiert worden sind. Besonders die vielen – typisch für Emerging Markets – Kooperationen in den Heimatmärkten lassen vermuten, dass hier bereits wertvolle Erfahrungen mit den Kooperationspartnern aus Industrieländern gesammelt werden konnten.

Die regulativen Rahmenbedingungen ließen einen Markteintritt für MNUs aus Industrieländern oftmals nur über verschiedene Kooperationsformen zu. China ist dafür ein probates Beispiel, da hier ein Markteintritt lange Zeit nur über verschiedene Kooperationsformen möglich war. Aus der langjährigen Zusammenarbeit mit diesen Unternehmen konnten die EM-MNUs durch direkten Kontakt ebenfalls Wissen und Erfahrung über kulturelle Eigenschaften oder auch über besondere Managementpraktiken sammeln.

> *"[...] emerging economy enterprises have benefited tremendously from inward internationalization at home by cooperating (via original equipment manufacturing (OEM) and joint venture in particular) with global players who have transferred technological and organizational skills [...]."* [163]

Diese „Vorab-Erfahrung" konnten MNUs aus Industrieländern mit EM-MNUs nicht erlangen. Aufgrund der Vorreiterrolle der MNUs aus Industriestaaten bei der Globalisierung war das Sammeln von Erfahrung durch vorangegangene Kooperationen mit EM-MNUs im Heimatland folglich nicht möglich, da kaum Partner aus Emerging Markets zur Verfügung standen.[164] Je größer die Zahl ausländischer Kooperations- oder Netzwerkpartner von EM-MNUs im Heimatland, desto mehr interkulturelle Erfahrung kann das Management eines EM-MNUs sammeln. Dieser erweiterte Erfahrungsschatz kann dazu führen, dass die psychische Distanz des Unternehmens zu den Heimatmärkten der Kooperationspartner a priori verringert ist. Bei den Heimatmärkten der Kooperationspartner handelt es sich verstärkt um die Industrienationen, die wiederum über

---

[162] Elango/Pattnaik (2007), S. 543.
[163] Luo/Tung (2007), S. 481.
[164] Mathews/Zander (2007), S. 4.

ein hohes Marktpotential verfügen. Deshalb ergibt sich für EM-MNUs folgende Hypothese:

H 4: **Je höher die Anzahl vorangegangener Kooperationen von EM-MNUs mit MNUs aus etablierten Ländern im Heimatmarkt ist, desto höher ist das gewählte Marktpotential für ihre erste ausländische Direktinvestition.**

3.2 Die Geschwindigkeit des Internationalisierungsprozesses

Bei der Analyse der Geschwindigkeit des Internationalisierungsprozesses lassen sich grundsätzlich zwei „Zeitkategorien" unterscheiden. Die erste Kategorie (a) umfasst die Zeitspanne zwischen der Unternehmensgründung bis zum ersten Auslandsengagement. Die zweite Kategorie (b), mit welcher die Geschwindigkeit des Internationalisierungsprozesses gemessen werden kann, ist die Zeitspanne, die zwischen dem ersten und den darauf folgenden Auslandsengagements liegt.[165]

Kategorie (a) wird häufig zur Abgrenzung von Unternehmen mit einem traditionellen Internationalisierungsprozess zu Born Globals herangezogen. In der Literatur wird für die Definition von Born Globals in Anhängigkeit vom Autor (Knight/Cavusgil 1996; Rennie 1993) eine Zeitspanne zwischen zwei bis drei Jahren (vereinzelt findet man auch fünf Jahre) für das erste Auslandsengagement nach Gründung benannt.[166] Einen Sonderfall bilden die sogenannten „Born-again Globals". Diese Unternehmen konzentrieren sich zunächst ausschließlich auf den Heimatmarkt, bevor sie später eine schnelle globale Expansion starten, indem sie in kurzer Zeit in verschiedene ausländische Ländermärkte eintreten.[167]

Kategorie (b) wird in der Literatur weitaus seltener thematisiert. In den meisten Fällen wird dann vor allem die Zeitspanne zwischen dem ersten und dem nächsten Folgeengagement betrachtet.[168] Technologiebasierte Branchen weisen so bspw. oftmals eine höhere Geschwindigkeit auf als Unternehmen aus

---

[165] Holtbrügge/Enßlinger (2006), S. 5.
[166] Übernommen aus Holtbrügge/Enßlinger (2006), S. 5.
[167] Bell/McNaughton/Young (2001), S. 174.
[168] Vgl. Lindqvist (1991); Autio/Sapienza/Almeida (2000); Stray/Bridgewater/Murray (2001), zitiert nach Holtbrügge/Enßlinger (2006), S. 5.

anderen Branchen. Bei der Diskussion, was als „schnell" bezeichnet werden kann herrscht insoweit Einigkeit, dass die Zeitspanne zwischen der Gründung und der ersten ausländischen Tätigkeit länger sein sollte als der Zeitraum zwischen dem Erst- und dem Folgeengagement in einem ausländischen Markt.[169] Da diese Betrachtung jedoch nur einen Teil des gesamten Internationalisierungsprozesses zeigt, erscheint eine Beurteilung der Geschwindigkeit anhand der Zeitspanne zwischen dem Erst- und allen Folgeengagements in neuen Auslandsmärkten geeigneter.[170] Aus diesem Grund konzentriert sich diese Arbeit bei der Betrachtung der Internationalisierungsgeschwindigkeit von EM-MNUs auf die Zeitspanne zwischen dem Erst- und den Folgeengagements.

Als theoretisches Gerüst soll das „Drei-E-Konzept" von Kutschker (Kutschker 1996; Kutschker/Schmid 2002) bei dieser Argumentationslinie dienen. Das „Drei-E-Konzept" bietet sich an, weil es eine Begründung für die Länge des Zeitintervalls zwischen zwei Internationalisierungsschritten liefert. Auch als „Prozesstrilogie der Internationalisierung" bezeichnet, will der Ansatz eine Brücke schlagen zwischen der Annahme eines inkrementalen Internationalisierungsprozesses auf der einen Seite und der Annahme von Internationalisierung als radikale Veränderung auf der anderen Seite.[171] Kutschker/Schmid (2002) verstehen Internationalisierung als

*„[...] einen kontinuierlichen, inkrementalen und **evolutionären Prozess**, der auch **Wechsel von kontinuierlichen und diskontinuierlichen Phasen** beinhaltet und **an Unternehmungszielen ausgerichtet** werden kann [alle Herv. i. Orig.]."* [172]

Die Prozesstrilogie unterscheidet drei Prozessarten, die im Folgenden kurz charakterisiert werden. In Abb. 17 ist der Zusammenhang graphisch veranschaulicht.

---

[169] Holtbrügge/Enßlinger (2006), S. 5.
[170] Vermeulen/Barkema (2002), S. 643.
[171] Kutschker (1996), S. 12ff; Kutschker/Schmid (2002), S. 1072ff.
[172] Kutschker/Schmid (2002), S. 1072.

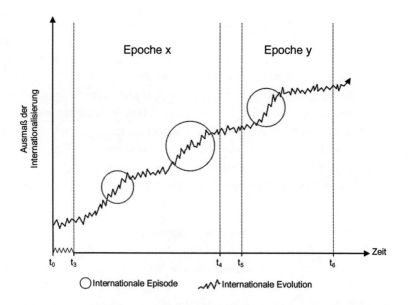

Abb. 17: Zusammenhang zwischen Evolution, Episoden und Epochen
Quelle: Kutschker/Bäurle/Schmid (1997), S. 107.

Unter *Internationaler Evolution* wird eine kontinuierliche und inkrementelle Veränderung der Internationalität verstanden. Kutschker/Schmid (2002) unterstreichen mit dieser Prozessart die Aussagen des Modells der evolutionären Entwicklung von Johanson/Vahlne (1977).[173]

Internationalisierungsepisoden können als „Meilensteine auf dem Weg der Internationalisierung"[174] angesehen werden. Episoden bezeichnen einen abgegrenzten Zeitraum, der sich von den alltäglichen Aktivitäten eines Unternehmens abhebt und verändern die Internationalität des Unternehmens sprunghaft. Als typische Beispiele werden von Kutschker/Schmid (2002) unter anderen Akquisitionen, Beteiligungen oder Kooperationen im Ausland genannt.[175]

---

[173] Kutschker/Schmid (2002), S. 1081.
[174] Kutschker/Schmid (2002), S. 1074.
[175] Kutschker/Schmid (2002), S. 1075.

Unter *Internationalisierungsepoche* wird ein Zeitraum von mehreren Jahren verstanden, in der sich die sogenannte „Tiefenstruktur"[176] des Unternehmens verändert.

Wird eine ausländische Direktinvestition in einem neuen Markt als Internationalisierungsepisode betrachtet, so ist unter dem Aspekt der Akzeleration von Internationalisierungsprozessen die Dauer dieser Episode von Bedeutung. Die Länge einer Episode ist abhängig davon, wie schnell es einem Unternehmen gelingt sich an die neuen Gegebenheiten in der Unternehmensstruktur und im Gastland anzupassen. Um den Anforderungen in dieser Episode gerecht zu werden, bedarf es eines erhöhten Ressourcenaufwandes um die Veränderungen zu meistern. Dieser manifestiert sich unter anderen in monetären Mitteln, die eingesetzt werden müssen, aber auch in einem zusätzlichen Einsatz von Managementkapazitäten.[177]

Tritt ein Unternehmen demnach in einen neuen Markt ein, so bedeutet dies für das Unternehmen, dass für den Zeitraum der Anpassung an die Gegebenheiten des Gastlandes Ressourcen gebunden sind. Die Höhe der gebunden Ressourcen hängt stark von der Höhe der psychischen Distanz ab, da mit steigender Fremdartigkeit eines Landes auch der Aufwand steigt, sich in dieser neuen Umgebung zu Recht zu finden. Auch wenn ein Unternehmen auf einen hohen Ressourcenbestand zurückgreifen kann, so sind diese doch begrenzt. Daher sind die Managementkapazitäten eines Unternehmens irgendwann ausgeschöpft. Auch sind das Wissen und die Erfahrung, die ein Manager in der Unternehmung gesammelt hat nur schwer „einkaufbar".

Festzuhalten ist demnach, dass die Dauer einer Internationalisierungsepisode von der Höhe der psychischen Distanz zum Gastland beeinflusst wird. Durch den hohen Ressourceneinsatz bei einem Markteintritt in ein sehr fremdartiges Land werden Unternehmen zunächst einmal versuchen die neue Komplexität zu bewältigen. Dies bedeutet, dass es zu einer großen Verzögerung bis zur nächsten Episode kommen kann. Wenn hingegen der Markteintritt mit einer

---

[176] Die Prozesstrilogie unterscheidet weiter in Oberflächen- und Tiefenstruktur. Die Oberflächenstruktur, häufig für Dritte sichtbar, zeigt die Organisationsform, die Aufbau- und Ablauforganisation, Prozessstrukturen, etc. Unter Tiefenstruktur wird das Zusammenspiel von Datensätzen, Laientheorien und Werten verstanden. Die Tiefenstruktur beeinflusst die Bildung der Oberflächenstruktur (Kutschker/Schmid, 2002, S. 1069f.).
[177] Voll (2007), S. 92f.

geringen psychischen Distanz zum Heimaland verbunden ist, so wird diese Episode tendenziell weniger (Zeit-)Aufwand in Anspruch nehmen.

3.2.1 Zusammenhang zwischen individueller Erfahrung des Top-Managements und Internationalisierungsgeschwindigkeit

Die vorangegangenen Ausführungen machen deutlich, dass die Geschwindigkeit des Internationalisierungsprozesses durch verschiedene Faktoren beeinflusst werden kann. Der Zeitraum, der zwischen zwei Expansionsschritten liegt, wird beeinflusst durch die Ressourcenbindung der vorangegangenen Expansion. Die Managementkapazität des Unternehmens ist in der Phase, in welcher sich das Management auf das neue kulturelle, rechtliche und wirtschaftliche Umfeld einstellen muss, an das Gastland gebunden. Hutzschenreuter/Voll (2008) haben in einer empirischen Untersuchung bestätigt, dass der Internationalisierungsprozess verlangsamt wird, wenn die Manager des Unternehmens ein hohes Maß an kultureller Komplexität aufgrund eines neuen ausländischen Engagements bewältigen müssen.[178] Das Uppsala-Modell impliziert eine langsame Expansionsgeschwindigkeit, da Erfahrungswissen aufgebaut werden muss. Allerdings wenden bereits Johanson/Vahlne (1977) ein, dass unter bestimmten Bedingungen der Internationalisierungsprozess beschleunigt werden kann. Vor allem der Erfahrung und deren Transferierbarkeit unter bestimmten Bedingungen messen die Autoren große Bedeutung bei.

"[...] when the firm has considerable experience from markets with similar conditions it may be possible to generalise this experience to the specific market." [179]

Verfügt das Management über internationale Erfahrung, so kann dies die Geschwindigkeit des Internationalisierungsprozesses erhöhen. Eine Studie von Reuber/Fischer (1997) hat den Einfluss von internationaler Erfahrung des Top-Managements auf die Internationalisierungsgeschwindigkeit untersucht. Das Ergebnis der Studie belegte den vermuteten Einfluss und kam zu dem Ergeb-

---

[178] Hutzschenreuter/Voll (2008), S. 65 oder auch Voll (2007), S. 157.
[179] Johanson/Vahlne (1990), S. 12.

nis, dass Unternehmen mit einer größeren internationalen Erfahrung schneller Exporttätigkeiten in fremde Märkte aufnehmen.[180]

Wie bereits in Abschnitt 3.1.2 ausgeführt, wird der Aspekt der Erfahrungsakkumulation vor allem auf den bereits initiierten Internationalisierungsprozess begrenzt. In dieser Arbeit steht – unter dem Aspekt der EM-MNUs – vor allem die Erfahrung, die vor und nicht während des Internationalisierungsprozesses gesammelt wurde, im Vordergrund. Auf der Ebene der individuellen Erfahrung der Führungskräfte, die vor Eintritt in das Unternehmen erlangt wurde, kann zum einen das Studium im Ausland als Erfahrungsquelle herangezogen werden. Die hohe Zahl der Studenten mit Auslandserfahrung aus den Emerging Markets (vgl. Ausführungen in Abschnitt 3.1.2) legt die Vermutung nahe, dass sich die Führungsebenen der EM-MNUs aus einer hohen Zahl von Managern mit Auslandserfahrungen während des Studiums zusammensetzen. Da die Mehrheit der Studenten aus Emerging Markets ihr Auslandsstudium in Industriestaaten absolvieren (vgl. Abb. 14 in Kapitel 3.1.2), kann vermutet werden, dass die Auslandserfahrung die wahrgenommene Fremdartigkeit der Industrieländer reduziert. Der Markteintritt in ein Industrieland mit einer großen psychischen Distanz für ein Unternehmen aus den Emerging Markets geht mit einem geringeren Komplexitätsbewältigungsbedarf einher, wenn die wahrgenomme Fremdartigkeit des Landes für die Führungskräfte durch Erfahrung verringert ist. Dadurch sind Managementressourcen kürzer gebunden und das Zeitintervall bis zum nächsten Auslandsengagement kann verkürzt werden. Aufgrund dieser Überlegungen wurde folgende Hypothese formuliert:

H 5: Je höher der Anteil der Mitglieder des Top-Managements von EM-MNUs ist, die im Ausland studiert haben, desto höher wird die Expansionsgeschwindigkeit von EM-MNUs in Industrieländer ausfallen.

Analog zu diesen Überlegungen kann zudem der Einfluss der Erfahrung, die durch die Ausübung einer ausländischen Tätigkeit gesammelt wurde, auf die Internationalisierungsgeschwindigkeit angewandt werden. Die Zahl der Führungskräfte aus den Emerging Markets, die bereits praktische Berufserfahrung im Ausland vor dem Eintritt in das EM-MNU gesammelt haben kann als aus-

---

[180] Reuber/Fisher (1997), S. 820.

gesprochen hoch bezeichnet werden (vgl. Abschnitt 3.1.2). So verfügen die Führungskräfte beim Eintritt in ein EM-MNU über wertvolle landesspezifische Erfahrungen und Kenntnisse der ausländischen Märkte, in welchen sie ihre berufliche Tätigkeit ausgeübt haben. Auch Barkema/Drogendijk (2007) sehen hier eine Ursache für einen akzelerierten Internationalisierungsprozess:

"Increasingly, managers and other employees have gained international experience in previous companies they worked for, which may enable their present companies to internationalise faster." [181]

Die Erfahrung, die von den Führungskräften individuell gesammelt wurde, führt zu einer geringer empfundenen Fremdartigkeit der Industriestaaten, da diese häufig dort ihre praktischen Erfahrungen erlangt haben. Dies trägt dazu bei, dass bei einer neuen ausländischen Direktinvestition eines EM-MNUs, welches über eine hohe Zahl von international erfahrenen Managern verfügt, die Bindung der Managementkapazitäten geringer ausfallen und somit das Top-Management schneller wieder für weitere Internationalisierungsschritte zu Verfügung steht. Aus dieser Argumentation ergibt sich folgende Hypothese:

H 6: **Je höher der Anteil der Mitglieder des Top-Managements von EM-MNUs ist, die bereits im Ausland gearbeitet haben, desto höher wird die Expansionsgeschwindigkeit von EM-MNUs in Industrieländer ausfallen.**

3.2.2 Zusammenhang zwischen kollektiver Erfahrung des Top-Managements und Internationalisierungsgeschwindigkeit

Nach der Diskussion des Einflusses der individuellen Auslandserfahrung, die von den Führungskräften *vor* dem Eintritt in das Unternehmen angesammelt werden konnte, soll an dieser Stelle der Einfluss des kollektiven Erfahrungswissens, welches das Top-Management eines EM-MNUs bis zur ersten ausländischen Direktinvestition sammelt, ausführlich erörtert werden. Wie bereits in Abschnitt 3.1.3 sind auch hier Kooperationsbeziehungen eine wesentliche Quelle für interkulturelles Erfahrungswissen. Vor dem Hintergrund der Analyse von EM-MNUs sind Netzwerk- oder Kooperationsbeziehungen von Bedeutung, die mit ausländischen Unternehmen im Heimatland initiiert worden sind. Ins-

---

[181] Barkema/Drogendijk (2007), S. 1145.

besondere soll hier der Einfluss von Kooperationspartnern aus den Industrieländern untersucht werden. Aus den langjährigen Kooperationen mit Unternehmen aus den Industrienationen konnten EM-MNUs durch direkte Interaktion Wissen und Erfahrung über kulturelle Eigenschaften oder auch über besondere Managementpraktiken sammeln. Durch diesen erweiterten Erfahrungsschatz verringert sich die individuell wahrgenommene psychische Distanz zu den Industrienationen bereits bevor Internationalisierungsaktivitäten in diesem Land aufgenommen wurden. Nach der Psychic Distance Chain erfolgt der Markteintritt in Industrieländer dann weitaus schneller, da der inkrementelle Lernprozess verkürzt wurde und die psychische Distanz geringer wahrgenommen wird. Deshalb ergibt sich für EM-MNUs folgende Hypothese:

H 7: **Je höher die Anzahl vorangegangener Kooperationen von EM-MNUs mit MNUs aus etablierten Ländern im Heimatmarkt ist, desto höher wird die Expansionsgeschwindigkeit von EM-MNUs in Industrieländer ausfallen.**

3.2.3 Zusammenhang zwischen psychischer Distanz und Internationalisierungsgeschwindigkeit

Abschließend soll der Einfluss der psychischen Distanz der ersten ausländischen Direktinvestition auf die Internationalisierungsgeschwindigkeit untersucht werden. Die theoretischen Vorüberlegungen über die Länge des Zeitintervalls zwischen zwei Internationalisierungsschritten haben gezeigt, dass diese mit der Komplexitätsbewältigung in Zusammenhang stehen. Je größer die interkulturellen Unterschiede, desto länger ist der Zeitraum zwischen zwei Expansionsschritten.[182] In einer empirischen Analyse konnten Hutzschenreuter/Voll (2008) dies eindeutig nachweisen. Allerdings handelt es sich hier um ein Sample, dass ausschließlich deutsche Unternehmen – also Unternehmen aus Industriestaaten – beinhaltet. Insofern ist hier zu überlegen, ob ein Aussagetransfer auf EM-MNUs möglich ist. Mathews (2006) spricht von einer deutlichen Internationalisierungsbeschleunigung, speziell bei MNUs aus Emerging Markets.[183]

---

[182] Voll (2007), S. 157.
[183] Mathews (2006), S. 20ff oder auch Mathews/Zander (2007), S. 2.

So hat der mexikanische Zementhersteller Cemex durch Akquisitionen in mehr als fünfzehn Ländern die Weltmarktführerschaft übernommen.[184] Der Hongkonger Maschinenhersteller Techtronic Industries erkämpfte sich innerhalb weniger Jahre Position 3 auf dem Weltmarkt. Lediglich der US-amerikanische Konzern Black & Decker und der deutschen Hersteller Bosch erzielten im Jahr 2006 einen höheren Umsatz.[185]

Mathews (2006) schreibt die Beschleunigung des Internationalisierungsprozesses zunehmend den Lerneffekten zu, die speziell EM-MNUs aus Netzwerk- und Partnerschaftsbeziehungen sowie ihrer globalem Orientierung aufweisen.[186] Aus diesem Grund wird nun untersucht, welchen Einfluss die Wahl des Landes der ersten ausländischen Direktinvestition auf die Geschwindigkeit des weiteren Internationalisierungsprozesses – speziell auf die Expansion in Industrieländer – hat.

EM-MNUs, die sich bereits bei der Wahl der ersten ausländischen Direktinvestition in Industrieländer vorgewagt haben – sich also von Beginn an risikofreudig gezeigt haben – werden auch bei den folgenden Internationalisierungsschritten tendenziell Märkte mit einem hohen Marktpotential bevorzugen. Wohingegen EM-MNUs, die entsprechend der Psychic Distance Chain eine inkrementelle, sukzessive Expansionsstrategie verfolgen, weitaus länger benötigen, bis sie sich in Industrieländer vorwagen. Es stellt sich die Frage, ob man von einem Muster sprechen kann, dass EM-MNUs schneller internationalisieren, wenn bereits die erste ausländische Direktinvestition in einem Industrieland getätigt wurde.

H 8: Je größer die psychische Distanz eines EM-MNUs bei der 1. FDI ist, desto höher wird die Expansionsgeschwindigkeit von EM-MNUs in Industrieländer ausfallen.

3.3 Zusammenfassung und Hypothesenübersicht

Im Wesentlichen werden zwei Aspekte näher behandelt. Zum einen (1) wird untersucht, welchen Markt EM-MNUs für ihre erste Direktinvestition auswäh-

---

[184] Busch (2007), S. 69.
[185] Hoffbauer (2007a), S. 187.
[186] Mathews (2006), S. 22.

len. Die potentiellen Zielmärkte werden aufgrund des Markpotentials unterschieden. Demnach gibt es Länder mit hohem bzw. geringem Marktpotential. **Im Fokus der ersten Teilanalyse steht die Frage, warum EM-MNUs für ihre erste ausländische Direktinvestition ein bestimmtes Marktpotential gewählt haben.** Somit wird untersucht, von was es abhängt, damit Unternehmen sich bei dem ersten Zielmarkt für ein Land mit einem hohen oder einen niedrigerem Marktpotential entscheiden. Hierzu wurden vier Hypothesen formuliert. Die erste Hypothese beinhaltet die auf der psychischen Distanz begründete Risikobereitschaft als Einflussvariable. Die Hypothesen 2–4 postulieren verschiedene Formen der Erfahrung als Einflussvariable auf das gewählte Marktpotential.

Zum anderen (2) wurde die Expansionsgeschwindigkeit der EM-MNUs in Industrieländer untersucht. **Im Fokus der zweiten Teilanalyse steht die Frage, wie schnell EM-MNUs in Industrieländer eintreten.** Dabei werden Hypothesen formuliert, die Faktoren untersuchen, welche die Expansionsgeschwindigkeit beeinflussen. Die Hypothesen 5–7 analysieren wiederum verschiedene Formen der Erfahrung als Einflussvariable. Hypothese 8 untersucht, inwieweit die Risikobereitschaft der EM-MNUs bei der ersten ausländischen Direktinvestition die Expansionsgeschwindigkeit in Industrieländer beeinflusst.

Abschließend zeigt die folgende Übersicht in Tab. 6 die aufgestellten Hypothesen und listet die dazugehörigen Variablen auf:

Hypothese		Variablen
H 1	Je größer die psychische Distanz eines EM-MNUs zu einem Auslandsmarkt ausfällt, desto höher ist das gewählte Marktpotential für ihre erste ausländische Direktinvestition.	**Abhängige Variable:** Gewähltes Marktpotential **Unabhängige Variable:** Psychische Distanz
H 2	Je höher der Anteil der Mitglieder des Top-Managements von EM-MNUs ist, die im Ausland studiert haben, desto höher ist das gewählte Marktpotential für ihre erste ausländische Direktinvestition.	**Abhängige Variable:** Gewähltes Marktpotential **Unabhängige Variable:** Auslandsstudiumsquote
H 3	Je höher der Anteil der Mitglieder des Top-Managements von EM-MNUs ist, die bereits im Ausland gearbeitet haben, desto höher ist das gewählte Marktpotential für ihre erste ausländische Direktinvestition.	**Abhängige Variable:** Gewähltes Marktpotential **Unabhängige Variable:** Auslandsarbeitsquote
H 4	Je höher die Anzahl vorangegangener Kooperationen von EM-MNUs mit MNUs aus etablierten Ländern im Heimatmarkt ist, desto höher ist das gewählte Marktpotential für ihre erste ausländische Direktinvestition.	**Abhängige Variable:** Gewähltes Marktpotential **Unabhängige Variable:** Kooperationsquote
H 5	Je höher der Anteil der Mitglieder des Top-Managements von EM-MNUs ist, die im Ausland studiert haben, desto höher wird die Expansionsgeschwindigkeit von EM-MNUs in Industrieländer ausfallen.	**Abhängige Variable:** Expansionsgeschwindigkeit **Unabhängige Variable:** Auslandsstudiumsquote
H 6	Je höher der Anteil der Mitglieder des Top-Managements von EM-MNUs ist, die bereits im Ausland gearbeitet haben, desto höher wird die Expansionsgeschwindigkeit von EM-MNUs in Industrieländer ausfallen.	**Abhängige Variable:** Expansionsgeschwindigkeit **Unabhängige Variable:** Auslandsarbeitsquote
H 7	Je höher die Anzahl vorangegangener Kooperationen von EM-MNUs mit MNUs aus etablierten Ländern im Heimatmarkt ist, desto höher wird die Expansionsgeschwindigkeit von EM-MNUs in Industrieländer ausfallen.	**Abhängige Variable:** Expansionsgeschwindigkeit **Unabhängige Variable:** Kooperationsquote
H 8	Je größer die psychische Distanz eines EM-MNUs bei der 1 FDI ist, desto höher wird die Expansionsgeschwindigkeit von EM-MNUs in Industrieländer ausfallen.	**Abhängige Variable:** Expansionsgeschwindigkeit **Unabhängige Variable:** Psychische Distanz

Tab. 6: Hypothesenübersicht
Quelle: Eigene Darstellung.

4 Empirische Untersuchung

4.1 Aufbau und Ablauf der empirischen Untersuchung

4.1.1 Methodik bei der Datenerhebung

Der folgende Abschnitt befasst sich mit der empirischen Prüfung der im vorangegangenen Kapitel aufgestellten Hypothesen.

Um den Internationalisierungspfad von Unternehmen aus den Emerging Markets zu untersuchen, bedarf es einer Erhebung relevanter Daten über den internationalen Expansionspfad über einen längeren Zeitraum.

Eine Datenerhebung mittels Primärerhebung wäre für die beteiligten Unternehmen zum einen mit einem sehr hohen Aufwand verbunden, da diese einerseits weit reichende und detaillierte Kenntnisse zur Vergangenheit ihres Unternehmens benötigen würden und zum anderen wäre auf Grund des großen Umfangs des Fragenkatalogs ein hoher Zeitaufwand damit verbunden. Diese Faktoren – in Verbindung mit der häufig mangelnden Bereitschaft an solchen Befragungen mitzuwirken – hätten das Vorhaben von vornherein scheitern lassen. Insofern greift die Untersuchung im Wesentlichen auf die Sekundärquelle der Geschäftsberichte zurück, allerdings wurden in einzelnen Fällen auch die Unternehmen kontaktiert.

4.1.2 Auswahl des Samples

Als Datengrundlage des empirischen Teilbereiches dieser Arbeit wurde die Studie der Boston Consulting Group (BCG) „100 New Global Challengers" herangezogen. In dieser Studie hat die BCG 100 Unternehmen aus Emerging Markets identifiziert, denen sie in den kommenden Jahren eine wesentliche Rolle in der Weltwirtschaft zutraut.

Mit einem durchschnittlichen Jahreswachstum von 24 Prozent in den ersten fünf Jahren dieses Jahrtausends sind die ausgewählten Unternehmen um das zehnfache schneller als das Sozialprodukt der USA gewachsen.[187] Fast 180 Milliarden Dollar Umsatz stammen aus dem Ausland. Dies macht mehr als ein Viertel ihrer gesamten Umsätze aus.

Ausgehend von der Studie der BCG konnten zunächst 100 Unternehmen aus 11 Emerging Markets[188] für eine nähere Untersuchung herangezogen werden. Für die Datenerhebung wurde nun versucht die Geschäftsberichte der vergangenen Jahre für diese 100 Unternehmen zu erhalten. Dazu wurden die Unternehmen entweder angeschrieben oder es wurde auf das Datenarchiv der Websites zurückgegriffen. Für insgesamt 55 Unternehmen konnte für die Untersuchung ausreichendes Datenmaterial beschafft werden:

---

[187] Folgende Selektionskriterien wurden bei der Auswahl der 100 EM-MNUs vorgenommen: Joint Ventures und Niederlassungen ausländischer MNUs wurden aussortiert. Weitere Filterkriterien waren ein Mindestumsatz von einer Milliarde US-Dollar sowie mehr als 10 Prozent Auslandsanteil. Unternehmen, die über ein herausragendes Geschäftsmodell verfügten, wurden mit in die Liste aufgenommen, auch wenn die Richtwerte verfehlt wurden.

[188] In der BCG-Studie erfolgt keine Unterscheidung zwischen der Volksrepublik China und Hongkong. In dieser Studie soll aber eine Unterscheidung vorgenommen werden, da die geschichtlich-kulturellen Unterschiede (bspw. Englisch als Amtssprache) der Entwicklungsverläufe von der Volksrepublik China und Hongkong den Internationalisierungspfad beeinflussen können.

Unternehmen	Land	Branche	Umsatz 2004 (Mio. USD)	Auslandsumsatz 2004 in %
1. Sinopec	China	fossile Brennstoffe	74.870	7
2. PetroChina	China	fossile Brennstoffe	46.947	4
3. Petrobras	Brasilien	fossile Brennstoffe	37.452	11
4. Gazprom	Russland	fossile Brennstoffe	36.395	66
5. Petronas	Malaysia	fossile Brennstoffe	36.070	35
6. Lukoil	Russland	fossile Brennstoffe	33.845	78
7. Koc	Türkei	Haushaltsgeräte	16.589	25
8. Reliance	Indien	Chemie	16.398	35
9. ONGC	Indien	fossile Brennstoffe	13.855	2
10. Lenovo	China	Computer	12.000	83
11. América Móvil	Mexiko	Telekommunikation	11.962	53
12. Sabanci	Türkei	Chemie	8.610	33
13. Femsa	Mexiko	Nahrungsmittel/Getränke	8.400	9
14. Cemex	Mexiko	Baustoffe	8.148	67
15. CVRD	Brasilien	Stahl	8.066	55
16. Norilsk Nickel	Russland	Metall	7.033	85
17. Gerdau Steel	Brasilien	Stahl	6.952	50
18. Severstal	Russland	Stahl	6.648	40
19. Huawei	China	Telekommunikationsanlagen	5.580	40
20. Rusal	Russland	Metall	5.400	75
21. TCL	China	Konsumelektronik	5.071	15
22. Braskem	Brasilien	Chemie	4.592	7
23. MTS	Russland	Telekommunikation	3.887	20
24. Tata Steel	Indien	Stahl	3.874	13
25. Grupo Modelo	Mexiko	Nahrungsmittel/Getränke	3.614	29
26. Embraer	Brasilien	Luftfahrt	3.441	92
27. Vestel	Türkei	Konsumelektronik	3.282	32
28. Larsen & Toubro	Indien	Ingenieurleistungen	3.251	16
29. CIMC	China	Schifffahrt/Logistik	3.201	95
30. MISC	Malaysia	Schifffahrt/Logistik	2.821	54
31. ZTE	China	Telekommunikationsanlagen	2.735	28
32. Sadia	Brasilien	Nahrungsmittel/Getränke	2.300	48
33. CP Foods	Thailand	Nahrungsmittel/Getränke	2.278	30
34. Gruma	Mexiko	Nahrungsmittel/Getränke	2.243	51
35. TCS	Indien	IT-Service/Outsourcing	2.169	89
36. Indofood	Indonesien	Nahrungsmittel/Getränke	2.067	25
37. Techtronic	Hongkong	Maschinenbau	2.013	100
38. Orascom Telecom	Ägypten	Telekommunikation	1.966	75
39. Mahindra & Mahindra	Indien	Automobilzulieferung	1.937	6
40. Perdigao	Brasilien	Nahrungsmittel/Getränke	1.839	45
41. Wipro	Indien	IT-Service/Outsourcing	1.832	66
42. Sisecam	Türkei	Baustoffe	1.629	45
43. Infosys	Indien	IT-Service/Outsourcing	1.586	98
44. Bajaj Auto	Indien	Automobilzulieferung	1.561	11
45. Skyworth	China	Konsumelektronik	1.490	13
46. Ranbaxy	Indien	Pharma	1.213	80
47. Thai Union Frozen	Thailand	Nahrungsmittel/Getränke	1.160	92
48. Johnson Electric	Hongkong	Maschinenbau	1.144	80
49. WEG	Brasilien	Maschinenbau	887	40
50. Natura	Brasilien	Kosmetik	864	3
51. Satyam	Indien	IT-Service/Outsourcing	783	96
52. VSNL	Indien	Telekommunikation	736	59
53. Cipla	Indien	Pharma	518	48
54. Crompton Greaves	Indien	Maschinenbau	483	14
55. Dr. Reddy's	Indien	Pharma	427	66

Tab. 7: Unternehmen des Samples
Quelle: Eigene Darstellung.

4.1.3 Vorgehen bei der Datenerhebung

Die Datenerhebung erfolgte in Anlehnung an die Vorschläge von Eisenhardt (1989) zur Fallstudienanalyse und die praktische Umsetzung von Cuervo-Cazurra (2008). Zunächst wurden rein quantitative Daten aus den einzelnen Geschäftsberichten für jedes Unternehmen erfasst:

- Mitarbeiterzahl
- Umsatz
- Auslandsumsatz
- Vermögen
- Auslandsvermögen
- Exportvolumen

Die quantitativen Daten Mitarbeiterzahl, (Auslands-) Umsatz, (Auslands-) Vermögen und Exportvolumen wurden für den Zeitraum der Jahre 2001–2006 erfasst. Dieser Zeitraum wurde gewählt, da alle Unternehmen ab diesem Zeitraum Geschäftsberichte mit einer vergleichbaren Rechnungslegung veröffentlichten. Für die Jahre davor standen häufig keine Finanzdaten zur Verfügung. Des Weiteren wurden Daten wie Heimatland, Branche, Gründungsjahr und Eigentumsstruktur mit in die Datenbank aufgenommen. Ein Auszug der Datenerhebungsdatei ist im Anhang 1 abgebildet.

Um den Charakter des Internationalisierungsverlaufs zu erfassen, wurde zunächst für jedes Unternehmen einzeln eine Fallstudie konstruiert, die den individuellen Verlauf entlang eines Zeitstrahls dokumentiert. Dort ist jede Aktivität des Unternehmens im Ausland ab dem Zeitpunkt der Gründung bis zum Ende des Geschäftsjahres 2006 ausgewiesen. Teilweise wurden jedoch auch Akquisitionen oder Neugründungen des Geschäftsjahres 2007 mit aufgenommen, sofern diese bereits im Jahr 2006 in die Wege geleitet wurden. Um den Internationalisierungsverlauf dazustellen wurde der

- Zeitpunkt der Aktivität,
- das Land,
- die Form der Marktbearbeitung sowie
- eventuelle Kooperationspartner aus Industrieländern im Heimatmarkt

aufgezeichnet.

Es erfolgte eine Kategorisierung der Auslandstätigkeit nach ausländischer Direktinvestition mit einer Mehrheitsbeteiligung, ausländischer Direktinvestition mit einer Minderheitsbeteiligung, Kooperationen im Ausland und Export. Zudem wurden Kooperationen im Heimatland mit ausländischer Beteiligung erfasst, sofern in dem Heimatland der Kooperationspartner noch keine Marktbearbeitung des untersuchten EM-MNUs erfolgte. Tochtergesellschaften die hauptsächlich oder ausschließlich als reine Finanzinvestitionen ausgelegt sind z.B. auf den Kaimaninseln oder den Britischen Jungferninseln wurden aus der Datenanalyse ausgeschlossen.[189]

Um Informationen über das Top-Management zu erhalten, wurden die Lebensläufe der Mitglieder des Top-Managements näher betrachtet. Erfasst wurden eventuelle Auslandsstudiumsaufenthalte sowie Auslandstätigkeiten der Manager vor deren Eintritt in das Unternehmen. Allerdings wurden nur Auslandsaufenthalte mit einer Mindestdauer von sechs Monaten erfasst, da Erfahrungen und Lerneffekte in einem Gastland stark mit der Komponente Zeit verbunden sind.

Die Erhebung der Daten unter Verwendung von Geschäftsberichten ist nicht unproblematisch anzusehen. Die Geschäftsberichte repräsentieren das Unternehmen nach außen. Insofern sind Unternehmen darum bemüht ein möglichst gutes Bild abzugeben. So zählen bspw. einige Unternehmen mit offensichtlich sehr vielen Beteiligungen in ihren Geschäftsberichten nur sehr wenige beispielhaft auf, während andere mit sehr wenigen Beteiligungen dazu tendieren, jede Kleinstbeteiligung zu nennen.[190] Aber auch der Lagebericht des Jahresabschlusses wird häufig dazu verwendet die tatsächliche Situation des Unternehmens verzerrt darzustellen.[191] Um die Datenqualität zu erhöhen, wurden bei der Datenerhebung auch andere Informationsquellen[192] genutzt. Zudem wurde anschließend eine Kontrollerhebung mittels verschiedener Datenban-

---

[189] Luo/Tung (2007), S. 482.
[190] Hassel et al. (2000), S. 509.
[191] Voll (2007), S. 105 mit Verweis auf Ballwieser (1997).
[192] Andere Quellen waren die Websites der Unternehmen sowie von den Unternehmen zur Verfügung gestelltes Informationsmaterial oder auch durch die Finanzdatenagentur Thomson Reuters.

ken[193] durchgeführt. Anhand der Vergleichsdaten konnte eine weitgehend authentische Reproduktion des Internationalisierungsverlaufs sichergestellt werden.

4.2 Variablenoperationalisierung

Die vorab aufgestellten Hypothesen werden anhand verschiedener Variablen untersucht. Zunächst bedarf es dazu der Operationalisierung der unabhängigen Variablen (vgl. 4.2.1). Für die Hypothesentests wird dafür zunächst ein Index der psychischen Distanz entwickelt. Des Weiteren bedarf es der Messbarmachung der unabhängigen Variablen Auslandserfahrung und Kooperationen mit MNUs aus etablierten Ländern im Heimatland. Im Anschluss daran (vgl. 4.2.2) werden die abhängigen Variablen Marktpotential und Internationalisierungsgeschwindigkeit definiert. Zudem sind für eine statistische Analyse verschiedene Kontrollvariablen zu definieren, um die eventuelle Scheinkorrelation zwischen der abhängigen Variable und den unabhängigen Variablen zu kontrollieren. Dies erfolgt in Kapitel 4.2.3.

4.2.1 Unabhängige Variablen

4.2.1.1 Psychische Distanz

Die Operationalisierung der unabhängigen Variablen „Psychische Distanz" erfolgt in Anlehnung an das Uppsala-Modell mittels des Konzepts der psychischen Distanz. Die psychische Distanz spiegelt die Unterschiede zwischen Ländermärkten wider, die den Informationsfluss zwischen Unternehmen und Märkten stören oder gar behindern. Johanson/Wiedersheim-Paul (1975) zeigen eine Summe von Faktoren auf, die den Informationsfluss beeinflussen. Diese ermöglichen es die psychische Distanz als messbare Größe zu erfassen.

---

[193] ZEPHYR-Datenbank von Bureau van Dijk Electronic Publishing oder Thomson-Financial-Datenbank.

"Examples of such factors are differences in language, cultural, political systems, level of education, level of industrial development, etc." [194]

In der Literatur wird die psychische Distanz häufig auf die kulturelle Distanz reduziert.[195] So setzen Kogut/Singh (1988) die kulturelle und psychische Distanz weitgehend gleich:

„*Cultural distance is, in most respects, similar to the "psychic distance" used by the Uppsala school.*" [196]

Kulturelle Distanz wird hier verstanden als Unterschied zwischen zwei Ländern hinsichtlich ihrer kulturell geprägten grundlegenden Einstellungen.[197] Viele Studien untersuchen aus diesem Grund lediglich die kulturelle Distanz und vernachlässigen wichtige Faktoren, wie den Einfluss der Sprache, den Bildungsstandard oder auch die industrielle Entwicklung. Insofern wird in dieser Arbeit versucht, die unterschiedlichen Facetten der psychischen Distanz zu erfassen.

Um die psychische Distanz zu messen, stehen grundsätzlich zwei Vorgehensweisen zur Auswahl.[198] Zunächst einmal besteht die Möglichkeit einer direkten Messung.[199] Dazu wird die individuell wahrgenommene Fremdartigkeit unter anderem durch Umfragen erfasst. Hierzu ist eine ausreichend große und auch für die Thematik geeignete Personengruppe zu befragen. Allerdings ist diese Vorgehensweise für den hier vorliegenden Untersuchungsgegenstand ungeeignet, da die psychische Distanz ausgehend von 11 im Sample vorkommenden Heimatländern für über 104 Zielländer bestimmt werden müsste.

Aus diesem Grund wir auf eine indirekte Messung zurückgegriffen. Um das breite Spektrum der psychischen Distanz abzudecken, wurde deshalb ein Index gebildet, der die psychische Distanz der Emerging Markets zu den Auslandsmärkten anhand der vier Einzelindizes – Sprachindex, Bildungsindex,

---

[194] Johanson/Wiedersheim-Paul (1975), S. 307f.
[195] Bspw. Nordström/Vahlne (1994), S. 46f.
[196] Kogut/Singh (1988), S. 430.
[197] Kogut/Singh (1988), S. 413.
[198] Am Ende des Kapitels ist ein Exkurs über den Messansatz der psychischen Distanz der Uppsala-Schule aufgeführt.
[199] Einen Überblick über Ansätze zur direkten Messung von psychischer Distanz bietet Kornmeier (2002), S. 84ff.

Index der Wirtschaftspraktiken und Kulturindex – misst.[200] Im Folgenden wird die Operationalisierung eines Gesamtindex der psychischen Distanz durch die in dieser Arbeit herangezogenen Einzelindizes näher erläutert:

Bildungsindex

Die Unterschiede in der Bildung werden mittels des Teilindex „Bildung" aus dem Human Development Index (HDI) abgebildet. Der HDI spiegelt den Grad des menschlichen Entwicklungstandes in den Ländern der Welt wider. Der HDI berücksichtigt nicht nur das Bruttonationaleinkommen pro Einwohner eines Landes in Kaufkraftparität, sondern ebenso die Lebenserwartung und den Bildungsgrad. Für den Bildungsindex wird lediglich der Teilindex „Bildung" herangezogen. Dieser wird mit Hilfe der Alphabetisierungsrate und der Einschulungsrate der Bevölkerung ermittelt. Da sich das Bildungsniveau im Laufe der vergangenen Jahre stark verändert hat, ist es für den vorliegenden Untersuchungsgegenstand notwendig den Bildungsindex zu dynamisieren. Dazu wurde der Bildungsindex ab dem Jahr 1971 in Fünf-Jahres-Abständen berechnet.[201] Der letzte Index wird für den Zeitraum 2001 bis einschließlich 2006 berechnet. Da keine separaten Daten für den Bildungsindex vor 1983 verfügbar waren, wurde für die fehlenden Jahre Schätzwerte gebildet. Da die vorhandenen Werte einen weitgehend linearen Verlauf aufzeigen, konnte die Schätzung mittels linearer Regression erfolgen. Zudem wurden die Ergebnisse anhand des Verlaufes des Gesamtindex HDI überprüft, da dieser ab 1975 zugänglich war.

Index der Wirtschaftspraktiken

Um die Unterschiede zwischen den Wirtschaftspraktiken von Ländern aufzuzeigen, wird der Economic Freedom Index (EFI) herangezogen. Dieser berücksichtigt die Faktoren Größe der Regierung, Struktur und Sicherheit von Eigentumsrechten, Stabilität der Währung, Handelsfreiheit sowie Regulierung von Kapitalmärkten, Arbeitsmärkten und Wirtschaftsaktivitäten. Da auch dieser Index starken Veränderungen unterliegt, bedarf es auch hier einer zeitlichen Differenzierung. Ebenso wie beim Bildungsindex wird der Index der Wirtschaftspraktiken ab dem Jahr 1971 in fünf-Jahres-Abständen berechnet. Der

---

[200] Dieser modus operandi orientiert sich vor allem an Holtbrügge (2005), S. 12ff.
[201] Ab dem Jahr 1971 wurden (nach der Durchführung einer Outlier-Detection) die 1. FDI der untersuchten EM-MNUs getätigt.

letzte Index wird auch hier für den Zeitraum 2001 bis einschließlich 2006 berechnet. Für den Index der Wirtschaftspraktiken liegen Daten ab 1975 vor. Da einige Länder erst später in die Berechnungen aufgenommen wurden, sind auch hierfür die fehlenden Jahre Schätzwerte, ebenfalls mittels linearer Regression, gebildet worden.

Kulturindex

Die wohl bekannteste und auch am meisten genutzte Datengrundlage für die Berechung der kulturellen Distanz liefert die Studie von Hofstede (1980). In seiner Studie ermittelte er vier Dimensionen, welche die kulturelle Distanz beschreiben.[202] Um sich eine Vorstellung der Einflussgrößen der kulturellen Distanz zu machen, sind die vier Dimensionen – Individualismus, Maskulinität, Unsicherheitsvermeidung und Machtdistanz – hier in Kürze erklärt (detaillierter in Hofstede, 1980, 1997, 1991).

Die Dimension *Individualismus bzw. Kollektivismus* von Kulturen beschäftigt sich vor allem mit der Prioritätensetzung innerhalb der Gesellschaft auf das Individuum oder auf die Gruppe. In individualistischen Kulturen stehen die individuellen Rechte und Ansprüche an oberster Stelle, während in kollektivistischen Kulturen der Gemeinschaft oder der Gruppe eine übergeordnete Bedeutung zukommt.[203]

Die zweite Dimension von Hofstede, die zunehmend an Bedeutung gewinnt, ist die Dimension der *Maskulinität bzw. Femininität* von Kulturen. Diese Dimension beinhaltet die Rolle der Geschlechter und den damit verbundenen Werten. Eine traditionelle Geschlechterrollenverteilung und hohe Leistungsorientierung entsprechen einer maskulinen Gesellschaft. Als typisch maskuline Kulturen gelten bspw. Italien, Japan oder aber auch die USA. Auf der anderen Seite befinden sich feminine Kulturen, die vor allem durch "weibliche" Eigenschaften wie Mitgefühl, Toleranz, soziale Ausrichtung und einer gewissen Sympathie für den Schwächeren gekennzeichnet sind. Ein Paradebeispiel für

---

[202] Später fügte Hofstede (1991) eine neue Dimension „Langzeitorientierung" hinzu. Diese wird hier allerdings nicht berücksichtigt, da diese Dimension nur für einige Länder verfügbar ist.
[203] Hofstede (1997), S. 66.

eine feminine Kultur sind die niederländische Kultur sowie die der skandinavischen Länder.[204]

Die dritte Dimension *Unsicherheitsvermeidung* beschreibt die Bereitschaft ein Risiko einzugehen und inwiefern Menschen mit Ungewissheit und uneindeutigen Situationen umgehen können.[205]

Die vierte Dimension *Machtdistanz* bezieht sich auf das Machtverhältnis zwischen den Gesellschaftsmitgliedern und darauf inwiefern dieses Verhältnis von den hierarchisch niedriger Gestellten empfunden und akzeptiert wird.[206]

Der Kulturindex wurde mit dem Kogut-Singh-Index[207] auf Basis der ursprünglichen vier Hofstede Dimensionen gemessen. Dieser Ansatz wurde von Kogut/Singh (1988) zur Analyse des Einflusses von Kultur auf die Markteintrittsform auf Basis der vier Hofstede Dimensionen entwickelt. Dieser wird wie folgt berechnet:

$$KD_j = \sum_{i=1}^{4} \frac{(I_{ij} - I_{ih})^2}{V_i} / 4$$

KD_j = kulturelle Distanz vom Heimatland zu Land j

I_{ij} = Index der kulturellen Dimension i in Land j

V_i = Varianz des Index der Dimension i

h = Heimatland

Das vorliegende Sample umfasst insgesamt 104 Länder, in denen ausländische Direktinvestitionen getätigt wurden.[208] Für 77 Länder lagen nach einer Anfrage an das von Geert Hofstede gegründete Beratungsunternehmen ITIM[209] die Daten zu den Hofstde-Dimensionen vor. Die kulturelle Distanz für die restlichen Länder wurde durch Vergleiche zu anderen Länder und mittels Rückgriff auf verschiedene Variablen wie Religion, ethnische Zusammenset-

---

[204] Hofstede (1997), S. 113.
[205] Hofstede (1997), S. 156.
[206] Hofstede (1997), S. 32.
[207] Kogut/Singh (1988), S. 422.
[208] Länder wie die Kaimaninseln oder die Britischen Jungferninseln, die lediglich als Finanzanlageländer dienten und in denen keinerlei produktbezogene Vermarktung oder Herstellung erfolgte, wurden nicht berücksichtigt.
[209] www.itim.org.

zung der Bevölkerung, geschlechtspezifische Gesellschaftsmerkmale etc. kalkuliert.[210] Insofern wurden die Daten für knapp 26 Prozent der Länder geschätzt. Berücksichtigt man jedoch die Bedeutung der Länder, für die Schätzwerte benötigt wurden, so relativiert sich der Anteil der Schätzwerte. In vielen der Länder, für die Schätzwerte gebildet wurden, konnte lediglich ein einzelner Internationalisierungsschritt vermerkt werden. Der Anteil der geschätzten Werte im gesamten Sample von 1547 einzelnen Internationalisierungsschritten beträgt lediglich 6,8 Prozent.

Sprachindex

Der Sprachindex wird nach dem jeweiligen Verwandtschaftsgrad der unterschiedlichen Sprachen aller betrachteten Länder gebildet. Dazu wurde ein Sprachenbaum verwendet.[211] Je verwandter die Sprachen, desto geringer ist der Punktwert. Im Falle, dass neben der Landessprache noch andere Sprachen verbreitet sind, wird die Landessprache zu 2/3 und die am weitesten verbreitete Sprache (z.B. Verwaltungssprache) zu 1/3 ihres jeweiligen Punktwertes in den Index einbezogen.

Gesamtindex der psychischen Distanz

Der Gesamtindex der psychischen Distanz wurde berechnet indem die vier Teilindizes zunächst auf einer Skala von 0–1 normiert und – jeweils für den entsprechenden Fünfjahreszeitraum - addiert wurden. Das Ergebnis waren sieben Tabellen anhand derer nun für jeden Internationalisierungsschritt ein individueller Wert der psychischen Distanz zugeordnet werden konnte.

Der Wert des Gesamtindexes der psychischen Distanz zu dem Land der ersten ausländischen Direktinvestition wird als unabhängige Variable „**Psychische Distanz der 1. FDI**" definiert.

Tab. 8 zeigt einen Ausschnitt der Gesamtindizes der psychischen Distanz aller 11 Emerging Markets zu ausgewählten Ländern für den Zeitraum 2001–2006. Alle sieben Tabellen sind zusätzlich im Anhang 2 zu finden.

Um ein Beispiel anzuführen, kann der Indexwert der psychischen Distanz zwischen den USA und Indien herangezogen werden. Dieser kann im Zeitraum

---

[210] www.cia.gov/library/publications/the-world-factbook.
[211] Dieser wurde gebildet mithilfe des World Atlas of Language Structures (www.wals.info) und einer Tabelle der gesprochenen Sprachen (Auswärtiges Amt, 2007).

2001–2006 mit 1,477 beziffert werden. Für den Zeitraum von 1971–1975 war die psychische Distanz zwischen den beiden ausgewählten Ländern mit einem Indexwert von 1,715 noch wesentlich höher.[212] Dies zeigt die Notwendigkeit der Dynamisierung bestimmter Teilindizes bei der Operationalisierung des Gesamtindizes der psychischen Distanz.

Auszug: Gesamtindex der psychischen Distanz für den Zeitraum 2001-2006

	Ägypten	Brasilien	China	Hongkong	Indien	Indonesien	Malaysia	Mexiko	Russland	Thailand	Türkei
Ägypten		1,414	1,407	1,699	1,244	1,283	1,269	1,305	1,650	1,280	1,257
Australien	1,862	1,457	1,912	1,285	1,510	1,878	1,847	1,402	1,565	1,736	1,812
Brasilien	1,414		1,202	1,505	1,401	1,222	1,344	0,502	0,994	1,208	1,175
China	1,407	1,202		0,596	1,561	1,126	1,199	1,334	1,507	1,281	1,254
China (HK)	1,699	1,505	0,596		1,786	1,552	1,494	1,390	1,824	1,504	1,708
Costa Rica	1,537	0,621	1,642	1,456	1,592	1,418	1,518	0,329	1,380	1,210	1,399
Dänemark	2,014	1,590	2,045	1,635	1,888	1,917	1,945	1,673	1,700	1,723	1,933
Deutschland	1,685	1,273	1,729	1,256	1,628	1,677	1,682	1,183	1,384	1,538	1,618
Frankreich	1,539	0,890	1,690	1,477	1,544	1,559	1,511	0,822	1,099	1,399	1,469
Indien	1,244	1,401	1,561	1,786		1,488	1,466	1,326	1,689	1,515	1,515
Indonesien	1,283	1,222	1,126	1,552	1,488		0,385	1,257	1,481	1,127	1,136
Irak	0,920	1,727	1,712	2,286	1,500	1,736	1,855	1,891	1,753	1,839	1,660
Iran	1,184	1,021	1,281	1,629	0,884	1,143	1,267	1,059	1,302	1,172	1,110
Irland	1,869	1,468	1,831	1,455	1,496	1,824	1,815	1,396	1,629	1,712	1,833
Israel	1,036	1,502	1,806	1,647	1,944	1,673	1,767	1,471	1,633	1,463	1,570
Italien	1,553	0,902	1,631	1,593	1,511	1,584	1,550	0,824	1,212	1,454	1,498
Jamaika	1,334	1,287	1,348	1,444	0,947	1,332	1,327	1,114	1,703	1,372	1,415
Japan	1,653	1,506	1,687	1,635	1,910	1,668	1,657	1,294	1,615	1,578	1,603
Malaysia	1,269	1,344	1,199	1,494	1,466	0,385		1,203	1,569	1,170	1,309
Marokko	0,459	1,629	1,642	2,156	1,273	1,624	1,759	1,768	1,888	1,712	1,521
Mauritius	1,298	1,173	1,425	1,342	1,012	1,314	1,272	1,004	1,426	1,302	1,274
Mexiko	1,305	0,502	1,334	1,390	1,326	1,257	1,203		1,246	1,180	1,276
Myanmar	1,639	1,684	1,519	2,112	1,812	1,607	1,720	1,815	1,864	1,771	1,640
Portugal	1,522	0,352	1,676	1,511	1,605	1,466	1,497	0,528	1,141	1,282	1,407
Puerto Rico	1,672	0,797	1,606	1,248	1,364	1,563	1,529	0,666	1,372	1,497	1,659
Rumänien	1,415	0,883	1,364	1,558	1,448	1,225	1,322	0,997	0,972	1,216	1,212
Russland	1,650	0,994	1,507	1,824	1,689	1,481	1,569	1,246		1,456	1,407
Saudi Arabien	0,313	1,464	1,457	1,386	1,557	1,333	1,302	1,269	1,699	1,329	1,307
Schweden	1,902	1,484	1,965	1,578	1,800	1,802	1,812	1,577	1,539	1,601	1,820
Schweiz	1,774	1,200	1,793	1,157	1,700	1,761	1,759	1,188	1,521	1,634	1,718
Spanien	1,551	0,640	1,672	1,575	1,570	1,526	1,525	0,319	1,123	1,361	1,463
Sri Lanka	1,441	1,036	1,283	1,808	0,891	1,226	1,350	1,319	1,187	1,292	1,219
Südafrika	1,233	1,108	1,336	1,604	0,892	1,274	1,293	1,040	1,455	1,256	1,213
Sudan	0,435	1,695	1,680	2,122	1,256	1,572	1,698	1,746	1,936	1,675	1,538
Südkorea	1,561	1,402	1,634	1,603	1,858	1,465	1,492	1,313	1,378	1,317	1,473
Tadschikistan	1,460	0,826	1,328	1,702	1,254	1,276	1,378	1,042	0,936	1,257	1,216
Taiwan	1,303	1,318	0,486	0,612	1,565	1,186	1,209	1,151	1,590	1,128	1,238
Thailand	1,280	1,208	1,281	1,504	1,515	1,127	1,170	1,180	1,456		1,192
Tschechei	1,442	1,044	1,514	1,455	1,423	1,426	1,400	0,960	0,890	1,295	1,384
Tunesien	0,472	1,197	1,294	1,688	1,268	1,239	1,374	1,300	1,456	1,327	1,136
Türkei	1,257	1,175	1,254	1,708	1,515	1,136	1,309	1,276	1,407	1,192	
Turkmenistan	1,477	1,067	0,306	1,706	1,761	1,292	1,401	1,311	1,160	1,271	1,231
UK	1,900	1,505	1,895	1,187	1,513	1,894	1,850	1,444	1,646	1,778	1,872
USA	1,839	1,442	1,875	1,216	1,477	1,851	1,805	1,382	1,549	1,721	1,801

Tab. 8: Auszug: Gesamtindex der psychischen Distanz für den Zeitraum 2001–2006

Quelle: Eigene Darstellung.

---

[212] Vgl. Anhang 2.

Exkurs: Messansatz der Uppsala-Schule

Vahlne/Wiedersheim-Paul (1973) und Hörnell/Vahlne/Wiedersheim-Paul (1973) befassten sich als erste Wissenschaftler mit der Entwicklung eines Messansatzes der psychischen Distanz. Die psychische Distanz wurde nicht anhand individueller, den sog. „weichen" Daten ermittelt, indem eine persönliche Befragung der Führungskräfte der Unternehmen vorgenommen wurde. Stattdessen wurden aggregierte, meist makroökonomische Daten herangezogen. So wurden unter anderem das Bruttosozialprodukt oder auch die Alltags- und Geschäftssprache als Variable in den Ansatz integriert. Die Informationen entstammten größtenteils aus öffentlich zugänglichen Statistiken und wurden sowohl für Schweden als auch für 15 bedeutende Exportländer erhoben.[213] Mit Hilfe einer Regressionsanalyse konnten dann die Faktoren identifiziert werden, die einen Einfluss auf die Ausprägung der psychischen Distanz besitzen. So zeigten sich bspw. signifikante Resultate bei folgenden Variablen:[214]

- Stand der wirtschaftlichen Entwicklung im Ausland sowie der entsprechende Unterschied zum Inland
- Unterschiede des Bildungsniveaus des Heimatlandes und des betrachteten Gastlandes
- Unterschiede in der Geschäfts- und Alltagssprache

Die aufgezählten Variablen lassen bereits erkennen, dass zur Messung der psychischen Distanz ausnahmslos „harte" Daten verwendet wurden. So spiegeln die Daten lediglich landesspezifische Unterschiede wieder. Die individuelle Wahrnehmung auf der Ebene des unternehmensinternen Managements wird nicht berücksichtigt, obwohl die skandinavische Schule darauf abzielte ein Modell zu entwickeln, welches gerade **subjektives** Verhalten in die Internationalisierungsprozessforschung integriert.

Die unabhängige Variable „psychische Distanz" in dieser Arbeit wurde in Anlehnung an das aufgezeigte Vorgehen von Vahlne/Wiedersheim-

---

[213] Kornmeier (2002), S. 81.
[214] Kornmeier (2002), S. 81.

Paul (1973) und Hörnell/Vahlne/Wiedersheim-Paul (1973) ebenfalls anhand „harter Daten" ermittelt.

4.2.1.2 Variablen zu den Mitgliedern des Top-Managements

Die Variablen **Auslandsstudiumsquote** und **Auslandsarbeitsquote** der Mitglieder des Top-Managements wurden anhand der Lebensläufe aus Geschäftsberichten oder über andere Informationsquellen wie der Finanzdatenagentur Thomson Reuters ermittelt. Die Mindestaufenthaltsdauer im Ausland sowohl im Studium als auch während einer Tätigkeit im Ausland wurde auf sechs Monate am Stück festgelegt. Der Begriff des Top-Managements wurde insoweit definiert, dass unter Top-Management alle Vorstandmitglieder mit operativer Leitung verstanden werden. Die Variable Auslandsstudium beziehungsweise Auslandstätigkeit wird aus dessen Anteil an der Gesamtgröße des Top-Managements errechnet.

4.2.1.3 Anzahl der Kooperationen mit MNUs aus etablierten Ländern

Die Variable **Kooperationsquote** kann definiert werden als die Anzahl der Kooperationen im Heimatland mit einem Kooperationspartner aus einem Industrieland zu einem Zeitpunkt, zu dem noch keinerlei Aktivitäten in dem Heimatland des Kooperationspartners stattgefunden haben.

4.2.2 Abhängige Variablen

4.2.2.1 Gewähltes Marktpotential für die erste ausländische Direktinvestition

Die abhängige Variable **gewähltes Marktpotential für die 1. FDI** soll die Marktattraktivität des Landes widerspiegeln, in welchem das erste Auslandsengagement vorgenommen wurde. Hierbei geht es um wirtschaftliche Vorteile, die ein Unternehmen durch einen Markteintritt unabhängig von kulturellen Gegebenheiten zu erwarten hat. Zur Messung des Marktpotentials wird der von der UNCTAD veröffentlichte Inward FDI Potential Index herangezogen.[215] Der Inward FDI Potential Index zeigt das Potential eines Landes, Direktinvestitio-

---

[215] www.unctad.org.

nen anzuziehen. Er basiert überwiegend auf strukturellen Einflussfaktoren und wird aus 12 Variablen (bis 2002 waren es 8 Variablen) berechnet:[216]

(1) Wachstum des realen BIPs (der vergangenen 10 Jahre)

(2) BIP pro Kopf

(3) Anteil der Exporte am BIP

(4) Anzahl der Telefonleitungen und Anzahl der Mobiltelefone pro 1000 Einwohner

(5) Kommerzieller Energieverbrauch pro Kopf

(6) Anteil der FuE-Ausgaben vom Volkseinkommen

(7) Anteil der Studenten an der Gesamtbevölkerung

(8) Länderrisiko

(9) Weltmarktanteil an Rohstoffexporten

(10) Weltmarktanteil an Importen von Automobilteilen und an Teilen für elektronische Geräte

(11) Weltmarktanteil an Dienstleistungsexporten

(12) Anteil am FDI Inward Stock

Der Index wird für einen Drei-Jahreszeitraum berechnet, um jährlichen Fluktuationen in der Datenbasis entgegenzuwirken. Auf Platz 1 findet man (seit über einem Jahrzehnt) die USA, gefolgt von Singapur, Großbritannien und Kanada. Deutschland belegt für die Jahre 2003–2005 Rang 6. Die Tatsache, dass sich alle großen Industrienationen unter den Top 40 befinden, lässt unschwer erkennen, dass das Entwicklungsniveau des jeweiligen Landes und der Index mit einander korrelieren. Somit kann von einem hohen Indexwert auf ein großes Marktpotential geschlossen werden. Für den Inward FDI Potential Index liegen jährlich Daten für einen Dreijahreszeitraum ab 1988 bis 2005 vor. Für

---

[216] Der Index eines Landes repräsentiert den Durchschnitt von Punktwerten für die aufgeführten 12 Variablen. Dieser lässt sich wie folgt ermitteln (siehe auch UNCTAD (2002), S. 34–36):

$$\text{Punktwert} = \frac{V_i - V_{min}}{V_{max} - V_{min}}$$

V_i = Wert einer Variablen des Landes i
V_{min} = niedrigster Wert der Variablen aller Länder
V_{max} = höchster Wert der Variablen aller Länder

die fehlenden Jahre wurden mittels linearer Regression Schätzwerte gebildet.[217]

4.2.2.2 Expansionsgeschwindigkeit

Die Variable zur Messung der Geschwindigkeit, mit welcher EM-MNUs in Industrieländer eintreten, wird im Folgenden als **Expansionsgeschwindigkeit** bezeichnet. Die Operationalisierung der Variablen *Expansionsgeschwindigkeit* orientiert sich an Chang (2007) der – in Anlehnung an Vermeulen/Barkema (2002) – die Internationalisierungsgeschwindigkeit folgendermaßen erfasste:

„The average number of foreign subsidiaries per year was computed, that is, the number of foreign subsidiaries divided by the number of years since the firm's foreign expansion [...]." [218]

Da in dieser Arbeit die Geschwindigkeit erfasst werden soll, mit welcher die Industrienationen von den EM-MNUs bearbeitet werden, kann die Variable Expansionsgeschwindigkeit im vorliegenden Kontext wie folgt definiert werden:

Die Expansionsgeschwindigkeit zeigt die Rate der Expansion in Industrieländer und setzt sich zusammen aus der Zahl der mittels Direktinvestitionen bearbeitenden Industrieländer dividiert durch die Anzahl der Jahre seit Beginn der ersten ausländischen Direktinvestition.

4.2.3 Kontrollvariablen

Um eine Scheinkorrelation zwischen der abhängigen Variablen und den unabhängigen Variablen zu überprüfen, werden verschiedene Kontrollvariablen in das statistische Modell integriert:

Unternehmensgröße

---

[217] Die Wahl des Inward FDI Potential Index als Indikator für die Marktattraktivität birgt eine gewisse Problematik. So beinhaltet der Index lediglich relative Größen (vgl. BIP pro Kopf), welche das Marktvolumen nicht berücksichtigen. So erscheinen Märkte wie Singapur oder Luxemburg sehr weit oben in der Rangfolge der attraktiven Länder, auch wenn das Marktvolumen äußerst begrenzt ist. Da in dieser Arbeit ausschließlich Direktinvestitionen untersucht werden erscheint dieser Index besser geeignet als ein Index der das reine Volumen widerspiegelt wie bspw. das BIP. Die Direktinvestitionen zu tätigen ist eine langfristige und daher eine kapitalbindende Entscheidung, die weitaus komplexere Entscheidungskriterien beinhaltet. Diese kann der Inward FDI Potential Index bieten.

[218] Chang (2007), S. 341.

Zum einen wird als Kontrollvariable die **Größe** des Unternehmens herangezogen. Große Unternehmen verfügen im Vergleich zu kleineren Unternehmen über einen höheren Ressourcenbestand und eine höhere Leistungsfähigkeit. Diese vorteilhaftere Rahmenbedingung eröffnet den Unternehmen einen erweiterten Handlungsspielraum im Rahmen des Internationalisierungsprozesses, da dieser nicht durch knappe finanzielle Mittel beschränkt wird.

In dieser Arbeit wird die Kontrollvariable Unternehmensgröße durch den logarithmierten Umsatz des Unternehmens in der betrachteten Periode bestimmt. Die Verwendung des natürlichen Logarithmus des Umsatzes hat den Vorteil, dass die Bandbreite der stark divergierenden Umsatzgrößen reduziert wird.

Kapitalstruktur

Eine weitere unternehmensspezifische Kontrollvariable soll die **Kapitalstruktur** eines Unternehmens darstellen, da auch diese den Internationalisierungsprozess beeinflussen kann. Die Kapitalstruktur wird abgebildet durch den Quotienten des Fremdkapitals und des Gesamtkapitals im betrachteten Zeitraum.

Akquisitionsanteil

Ferner wird der Anteil der Akquisitionen bei der ersten ausländischen Direktinvestition als unternehmensspezifische Kontrollvariable in das Modell aufgenommen. Hierbei wird darauf abgezielt, den Einfluss der Marktbearbeitungsform zu kontrollieren. Grundsätzlich stehen dem Unternehmen zwei Arten der Direktinvestition zu Verfügung: das Greenfield Investment und die Akquisition.

Als Akquisition werden in der Stichprobe sowohl komplette Unternehmensübernahmen als auch Übernahmen von einem mehrheitlichen Unternehmensteil bezeichnet. Die Kontrollvariable **Akquisition** wird mittels einer Dummy-Variablen in der Analyse berücksichtigt, wobei die Dummy-Variable den Wert 1 annimmt, wenn es sich bei der ersten ausländischen Direktinvestition um eine Akquisition handelt. Bei einem Greenfield Investment nimmt die Dummy-Variable den Wert 0 an.

Branchenzugehörigkeit

Als branchenspezifische Kontrollvariable wird die Brachenzugehörigkeit herangezogen. Die **Branche** wurde in das Modell als Kontrollvariable einbezogen, da die internationale strategische Ausrichtung eines Unternehmens stark durch seine Branchenzugehörigkeit beeinflusst werden kann. Im Fall der

Branche wurden die Unternehmen mit dreistelligen Branchencodes der International Standard Industrial Classification (ISIC Rev. 3) versehen. Bei Unternehmen, die in mehreren Branchen tätig sind wurde die umsatzstärkste Branche herangezogen.

4.2.4 Variablenübersicht

Im Folgenden sind die im Kapitel 4.2 definierten Variablen und deren Variablen in Tab. 9 übersichtlich zusammengefasst:

Variable	Operationalisierung
Unabhängige Variablen:	
Psychische Distanz der 1. FDI	Der Gesamtindex der psychischen Distanz (Bildungsindex + Index der Wirtschaftspraktiken + Kulturindex + Sprachindex)
Auslandsstudiumsquote	Anteil der Mitglieder des Top-Managements mit Auslandsstudium
Auslandsarbeitsquote	Anteil der Mitglieder des Top-Managements mit Berufserfahrung im Ausland
Kooperationsquote	Anzahl der Kooperation im Heimatland mit einem Kooperationspartner aus einem Industrieland
Abhängige Variablen:	
Gewähltes Marktpotential für die 1. FDI	Inward FDI Potential Index des Marktes der 1. FDI
Expansionsgeschwindigkeit	Industrieländer/Gesamtdauer der Internationalisierung
Kontrollvariablen:	
Unternehmensgröße	$\log_e$(Umsatz)
Kapitalstruktur	Fremdkapital/Gesamtkapital
Akquisition	Markteintrittsform der 1. FDI mittels einer Dummy-Variablen
Branche	dreistelligen Branchencodes der ISIC Rev. 3

Tab. 9: Variablenübersicht
Quelle: Eigene Darstellung.

4.3 Deskriptive Statistiken zum Sample

Unter diesem Abschnitt werden folgende Überblicksinformationen über die Unternehmen im Sample dargestellt und näher beschrieben:

- Eckdaten des Samples
- Branchen der Unternehmen im Sample
- Hauptzielländer der ausländischen Direktinvestitionen der Sampleunternehmen
- Exemplarische Darstellung der Internationalisierungsverläufe einiger Unternehmen aus dem Sample

Insgesamt konnten die Informationen für 55 Unternehmen aus 11 Emerging Markets erhoben werden.[219]

Eckdaten des Samples

In Tab. 10 sind die wichtigsten Unternehmenseckdaten für die Jahre 2002 und 2006 wiedergegeben.

Die Eckdaten der EM-MNUs zeigen, dass die Bedeutung der internationalen Tätigkeit für die untersuchten Unternehmen stark zugenommen hat. Innerhalb von vier Jahren ist der Anteil im Ausland tätiger Mitarbeiter im Durchschnitt um fast 5 Prozentpunkte gestiegen. Der durchschnittliche Umsatz der Unternehmen im Sample betrug im Jahr 2006 über 15 Mio. US-Dollar. Im Jahr 2002 erzielten die Unternehmen im Mittel zwei Drittel weniger Umsatz. Zudem haben die Unternehmen in dem Zeitraum zwischen 2002 und 2006 das Gesamtvermögen im Durchschnitt fast vervierfacht. Der Auslandsanteil am Gesamtvermögen fällt im Jahr 2006 jedoch um 3 Prozentpunkte niedriger aus als im Jahr 2002. Dennoch hat sich das Auslandsvermögen im Durchschnitt fast verdreifacht. Im Jahr 2006 betrug das Auslandvermögen der Sampleunternehmen im Mittel 4,6 Mio. US-Dollar, vier Jahre zuvor verfügten die Unternehmen durchschnittlich über 1,6 Mio. US-Dollar. Da jedoch das Vermögen im Heimatland verhältnismäßig schneller gewachsen ist, zeigt die Tab. 10 einen gesunkenen Auslandsvermögensanteil im Jahr 2006.

---

[219] Ägypten, Brasilien, China, Hongkong, Indien, Indonesien, Malaysia, Mexiko, Russland, Thailand, Türkei.

	Mittelwerte	
	2006	2002
Mitarbeiter	61.639	49.638
Anteil im Ausland tätiger Mitarbeiter	16,1%	11,6%
Umsatz	15.235	5.043
Anteil der Außenumsätze	38,17%	30,6%
Gesamtvermögen	29.439	8.455
Anteil des Auslandsvermögens	15,7%	18,64%

Umsatz und Gesamtvermögen in Mio. US-Dollar

Tab. 10: Eckdaten des Samples
Quelle: Eigene Darstellung.

Branchen der Unternehmen im Sample

Tab. 11 gibt einen Überblick über die Branchenzugehörigkeit der Unternehmen. Das Sample beinhaltet Unternehmen aus 19 verschiedenen Branchen. Über die Hälfte der Unternehmen im Sample sind auf die sechs Branchen Nahrungsmittel/Getränke, fossile Brennstoffe, IT-Servive/Outsourcing, Maschinenbau, Stahl und Telekommunikation verteilt.

Branche	Anzahl
Nahrungsmittel/Getränke	8
fossile Brennstoffe	7
IT-Service/Outsourcing	4
Maschinenbau	4
Stahl	4
Telekommunikation	4
Chemie	3
Konsumelektronik	3
Pharma	3
Automobilzulieferung	2
Baustoffe	2
Metall	2
Schifffahrt/Logistik	2
Telekommunikationsanlagen	2
Computer	1
Haushaltsgeräte	1
Ingenieurleistungen	1
Kosmetik	1
Luftfahrt	1

Tab. 11: Branchen der Unternehmen im Sample
Quelle: Eigene Darstellung.

Hauptzielländer der ausländischen Direktinvestitionen der Sampleunternehmen

Die wichtigsten Zielländer der Unternehmen im untersuchten Sample sind in Tab. 12 abgebildet.

Weit vorne liegt die USA. In den USA wurden mit 176 die meisten Auslandseinheiten eingerichtet. Damit sind die Vereinigten Staaten mit Abstand das wichtigste Zielland der Internationalisierung der untersuchten Unternehmen. Ansonsten finden sich unter den 10 wichtigsten Zielländern die großen Industrienationen wie England, Deutschland oder auch die Niederlande. China und

Singapur sind die einzigen aufgeführten nicht industriellen Länder, wobei Singapur je nach Klassifikationsquelle auch zu den Industrienationen dazugezählt werden kann. Bei der Interpretation von China auf Rang 3 sind Größeneffekte zu berücksichtigen, die eine Platzierung auf so hoher Position begründen. So besitzen China und Europa ungefähr die gleiche Fläche. In der Tab. 12 werden die europäischen Staaten allerdings separat abgebildet. Deutschland liegt hinter China auf Rang 4. Hingegen ist China von der Fläche und der Bevölkerung betrachtet weitaus größer als Deutschland. In China ist die Bevölkerungszahl mit 1.321 Milliarden Einwohnern 16-mal höher als in Deutschland. Die Fläche Deutschlands umfasst lediglich 4 Prozent der Gesamtfläche Chinas. Insofern ist bei der Interpretation von China als Hauptzielland nach den USA und England größte Vorsicht geboten.

		Anzahl neuer FDI	Anteil an gesamten FDI
1.	USA	176	11,36
2.	UK	93	6,00
3.	China	68	4,39
4.	Deutschland	67	4,33
5.	Singapur	52	3,36
6.	Niederlande	48	3,10
7.	Australien	46	2,97
8.	Frankreich	46	2,97
9.	Italien	31	2,00
10.	Japan	30	1,94

Tab. 12: Hauptzielländer der ausländischen Direktinvestitionen der Sampleunternehmen
Quelle: Eigene Darstellung.

Die Repräsentativität der Verteilung der Hauptzielländer aus dem Sample wird in dem von der UNCTAD veröffentlichten WIR 2006 bestätigt (Abb. 18).

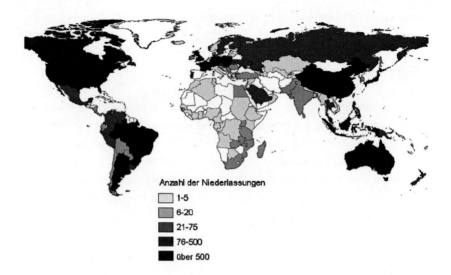

Abb. 18: Verteilung der ausländischen Niederlassungen von MNUs aus Entwicklungsländern und aufstrebenden Märkten im Jahr 2005
Quelle: UNCTAD (2006), S. 124.

Im Jahr 2005 sind die häufigsten Zielländer für Direktinvestitionen von Unternehmen sowohl aus dem Unternehmenssample als auch nach dem WIR 2006 die USA, England und China.

Exemplarische Darstellung der Internationalisierungsverläufe einiger Unternehmen aus dem Sample

Anhand einzelner Unternehmen sind im Folgenden unterschiedliche Internationalisierungsverläufe graphisch dargestellt. Die Grafiken zeigen die psychischen Distanzen der Zielländer der ausländischen Direktinvestitionen in zeitlicher Reihenfolge.

4 Empirische Untersuchung 117

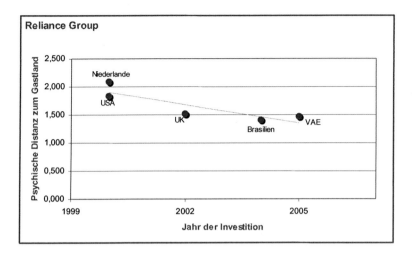

Abb. 19: Der Internationalisierungsverlauf der Reliance Group
Quelle: Eigene Darstellung.

Die indische Reliance Group besitzt bis zum Ende des Erhebungszeitraums fünf ausländische Niederlassungen. Die Grafik (vgl. Abb. 19) lässt ein Absinken der psychischen Distanzen im Zeitablauf erkennen. Zunächst wurden Länder aus den Industriestaaten gewählt, wobei die im vorangegangenen Abschnitt dargestellten Hauptzielländer USA und UK (vgl. Tab. 12) ausgewählt wurden. Einen ebenfalls abfallenden Internationalisierungsverlauf zeigt das türkischen Unternehmen Sabanci (vgl. Abb. 20). Auch hier wird die Bedeutung der beiden Industrienationen USA und UK deutlich. Beide Länder wurden sehr früh durch Direktinvestitionen bearbeitet. Mit einem Abstand von über 10 Jahren folgten die Industrieländer Spanien und Italien. Erst in den vergangenen sechs Jahren ist das Unternehmen in Länder auf der gleichen Entwicklungsstufe eingetreten.

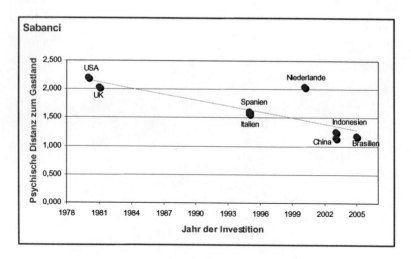

Abb. 20: Der Internationalisierungsverlauf von Sabanci
Quelle: Eigene Darstellung.

Der indische Pharmakonzern Dr. Reddy's weist zum Ende des Erhebungszeitraums einen hohen Internationalisierungsgrad auf (vgl. Abb. 21). Im Vergleich zu den beiden vorangegangenen Unternehmen werden bereits wesentlich mehr Länder mittels Direktinvestition bearbeitet. Dennoch ist auch hier ein leichtes Abfallen der psychischen Distanzen im Internationalisierungsverlauf erkennbar. Neben wichtigen Industrienationen ist Dr. Reddy's jedoch auch sehr stark in den Emerging Markets vertreten. So wurde zeitgleich in Russland und den USA oder auch in Deutschland und Mexiko investiert. Betrachtet man das Länderportfolio des EM-MNUs, so sind alle großen Industrieländer aber ebenso alle bedeutenden Emerging Markets darin vertreten.

4 Empirische Untersuchung

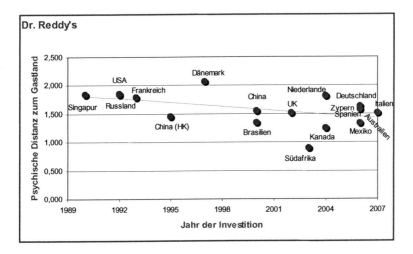

Abb. 21:   Der Internationalisierungsverlauf von Dr. Reddy's
Quelle: Eigene Darstellung.

Die vorangegangenen Unternehmen zeigen alle einen Internationalisierungsverlauf der nicht den Annahmen der Psychic Distance Chain entspricht. Selbst zu Beginn der Internationalisierung weisen alle Unternehmen Markteintritte in Länder auf, zu denen sie eine hohe psychische Distanz empfinden.

Der Internationalisierungsverlauf von dem russischen Unternehmen MTS – welcher noch nicht weit fortgeschritten ist – verläuft hingegen inkremental mit steigenden psychischen Distanzen (vgl. Abb. 22). Ebenfalls aufsteigende psychische Distanzen im Internationalisierungsverlauf zeigt die chinesische TCL Corporation (vgl. Abb. 23). Im Gegensatz zu MTS ist die Internationalisierung wesentlich weiter fortgeschritten. Auffallend ist dass viele Direktinvestitionen parallel getätigt wurden und somit nur bedingt von einer schrittweisen Vorgehensweise gesprochen werden kann.

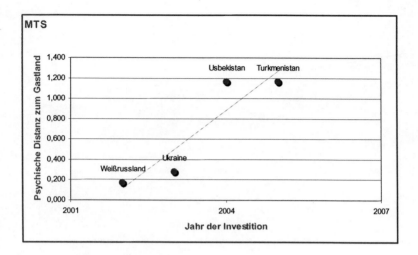

Abb. 22: Der Internationalisierungsverlauf von MTS
Quelle: Eigene Darstellung.

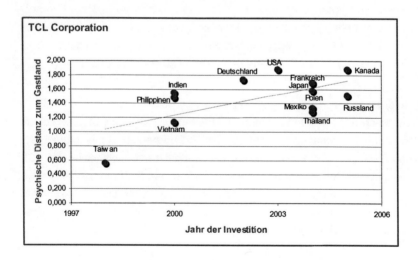

Abb. 23: Der Internationalisierungsverlauf der TCL Corporation
Quelle: Eigene Darstellung.

Die Trendlinie in der Grafik (vgl. Abb. 24) des Internationalisierungsverlaufs des chinesischen Unternehmen CIMC zeigt einen leicht steigenden Verlauf. Allerdings erfolgte die erste ausländische Direktinvestition bereits in einem Land mit einer relativ hohen psychischen Distanz zum Heimatland. So sind Taiwan oder Vietnam weitaus psychisch näher als Kambodscha mit einem Distanzwert zu China von 1,675. Der aufsteigende Trend rührt somit daher, dass im Folgenden noch weiter entfernte Länder bearbeitet wurden.

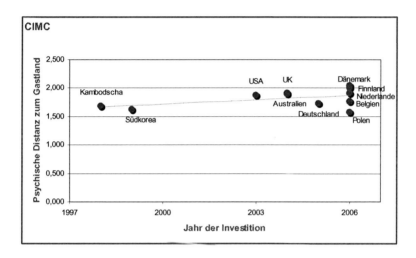

Abb. 24: Der Internationalisierungsverlauf von CIMC
Quelle: Eigene Darstellung.

Insgesamt zeichnet sich kein eindeutiger Verlauf für alle EM-MNUs ab. Die Unternehmen weisen einen Internationalisierungsverlauf mit eindeutig steigenden, fallenden aber auch tendenziell gleichbleibenden psychischen Distanzen auf. Die folgenden Hypothesentests bieten einen Ansatzpunkt Faktoren zu bestimmen, welche die Entscheidung in ein psychisch nahes oder fernes Land einzutreten beeinflussen.

4.4 Hypothesentests

In diesem Abschnitt werden die in Kapitel 3 aufgestellten Hypothesen einer empirischen Überprüfung unterzogen. Vorab wurde jedoch das Sample unter sachlogischen Gesichtspunkten betrachtet. Die Problematik bestand vor allem in der auffallenden Branchenheterogenität des Samples. Das Sample beinhaltet die gesamte Bandbreite von Unternehmen aus forschungsintensiven Branchen bis hin zu Unternehmen aus rohstoffintensiven Branchen. Da die internationale strategische Ausrichtung eines Unternehmens stark durch seine Branchenzugehörigkeit beeinflusst wird, kann die Bedeutung der Marktwahlfaktoren je nach Industriezweig variieren. So ist ein niedriges Lohnkostenniveau im Ausland für eine kapitalintensive Branche weniger vorteilhaft, als für Branchen mit einer hohen Arbeitsintensität. Branchen mit einer arbeitsintensiven Produktion können in einem ausländischen Markt mit geringem Lohnniveau Kostenvorteile in größerem Umfang realisieren. Um die Aussagekraft der Untersuchung zu erhöhen wurde das Sample in homogenere Gruppen untergliedert. Für eine Differenzierung der Branchen kann auf eine – auf Schumpeter (1912) zurückgehende – Aufteilung der Industriebranchen in drei Kategorien zurückgegriffen werden. Zum einen stellen die so genannten **Heckscher-Ohlin-Industrien** Güter auf der Basis von standardisierter arbeits- und kapitalintensiver Produktionstechnologie her. **Schumpeter-Industrien** wiederum sind Branchen mit einer hohen Technologie- und FuE-Intensität.[220] Eine dritte Kategorie bilden Branchen mit einer rohstoffintensiven Produktion, den sogenannten **Ricardo-Gütern**. Diese Arbeit orientiert sich an den Einteilungskriterien und unterteilt das Sample für die empirische Untersuchung der aufgestellten Hypothesen in zwei Kategorien: Zum einen in die wissens- und forschungsintensiven Industrien nach Schumpeter und zum anderen in die arbeits-, kapital- und rohstoffintensiven Industrien nach Heckscher-Ohlin und Ricardo.[221] Tab. 13 zeigt die Einteilung der Branchen in die festgelegten Kategorien anhand der International Standard Industrial Classification (ISIC-Rev. 3):

---

[220] Die Schumpeter-Industrien können in zwei weitere Unterkategorien – die mobilen und immobilen Industrien – eingeteilt werden. Die Untergruppe „Schumpeter-mobil" ist dadurch gekennzeichnet, dass eine (räumliche) Trennung von Forschung und Produktion möglich ist. Bei den „Schumpeter-immobilen" Industrien ist eine Entkopplung von Forschung und Produktion aufgrund des Ausmaßes der Komplementariäten nur schwer möglich (vgl. Klodt, et al. 1989, S. 28ff). Allerdings wird in dieser Arbeit auf eine Einteilung in diese Untergruppen verzichtet.

[221] Aufgrund der geringen Größe (N=55) des Samples wird auf eine feingliedrigere Kategorisierung verzichtet, da mit steigender Zahl der Kategorien die Stichprobengröße sinkt und damit auch der Aussagegehalt.

Wissens- und forschungsintensive Industrien	Arbeits-, kapital- und rohstoffintensive Industrien
• Automobilzulieferung	• Baustoffe
• Chemie	• fossile Brennstoffe
• Computer	• Haushaltsgeräte
• Ingenieurleistungen	• Kosmetik
• IT-Service/Outsourcing	• Metall
• Luftfahrt	• Nahrungsmittel/Getränke
• Konsumelektronik	• Stahl
• Maschinenbau	
• Pharma	
• Schifffahrt/Logistik	
• Telekommunikation	
• Telekommunikationsanlagen	

Tab. 13: Branchenkategorisierung
Quelle: Eigene Darstellung.

4.4.1 Test der Hypothesen zum Zielmarkt der ersten ausländischen Direktinvestition

Der Zeitpunkt zu dem das Unternehmen die erste ausländische Direktinvestition tätigt wird in dieser Arbeit als Abgrenzung zum Unternehmen mit Exporttätigkeit herangezogen. Für die Analyse der ausländischen Direktinvestitionen wird zunächst der Zeitpunkt der ersten Direktinvestition im Ausland herangezogen. In diesem Fall wird unter Erstinvestition jegliches Engagement in einem Auslandsmarkt, bei denen das Unternehmen erstmals eine Beteiligung von mehr als 50 % an einem ausländischen Unternehmen aufbaut oder erwirbt, verstanden. Dabei spielt die Art des Markteintritts (Gründung, Beteiligung oder Akquisition) sowie die Art der Marktbearbeitung (Produktionsstätte, Verkaufsbüro, etc.) keine Rolle.

4.4.1.1 Ergebnisse der Kategorie „wissens- und forschungsintensive" Industrien

Tab. 14 zeigt die Korrelationsmatrix aller Variablen, die für den Test der Hypothesen zum gewählten Marktpotential für die erste ausländische Direktinvestition herangezogen wurden.

Für die Hypothesenüberprüfung bietet sich die Anwendung einer multiplen Regressionsanalyse an, da hier die Beziehungen zwischen einer abhängigen Variablen und mehreren unabhängigen Variablen geprüft werden kann. Diese wurde mit Hilfe des Programmpaktes SPSS 15.0 erstellt. Der Output der Regressionsanalyse ist in Tab. 15 wiedergegeben. Von grundlegender Bedeutung ist jedoch zunächst die Überprüfung der Anwendbarkeit des Modells.

Zunächst wurden die Prämissen des linearen Regressionsmodells näher betrachtet, um deren Einhaltung zu überprüfen.[222]

---

[222] Backhaus et al. (2006), S. 98ff.

	1.	2.	3.	4.	5.	6.	7.	8.	9.
1. Gewähltes Marktpotential für die 1. FDI	1.00								
2. Psychische Distanz der 1. FDI	0.50**	1.00							
3. Auslandsstudiumsquote	0.22	0.19	1.00						
4. Auslandsarbeitsquote	0.37*	-0.11	0.50**	1.00					
5. Kooperationsquote	0.56**	0.45*	0.27	0.07	1.00				
6. Branche	0.16	0.01	-0.17	0.05	0.18	1.00			
7. Größe	0.28	0.08	-0.08	-0.28	0.19	0.08	1.00		
8. Kapitalstruktur	0.13	0.02	-0.06	-0.13	0.27	-0.33*	0.31*	1.00	
9. Akquisition	-0.07	-0.10	0.18	-0.05	0.05	-0.40*	0.21	0.01	1.00

N = 30
** p < 0,01
* p < 0,05
+ p < 0,1

Tab. 14: Korrelationen der Variablen zum *Gewählten Marktpotential für die 1. FDI* (wissens- und forschungsintensive Industrien)
Quelle: Eigene Darstellung.

Eine zentrale Forderung des Regressionsmodells besteht darin, dass die Residuen zufällig auftreten müssen und keinem systematischen Muster folgen dürfen. Nur dann kann davon ausgegangen werden, dass die Signifikanztests unverzerrte Ergebnisse liefern.

Die Residuen einer Regressionsschätzung sollen nicht nur zufällig auftreten, sondern zudem einer Normalverteilung folgen. Anhand eines graphischen Tests auf Normalverteilung (vgl. Anhang 3) kann für das Gesamtmodell (Modell 6) eine Normalverteilung angenommen werden.[223] Das Gesamtmodell umfasst die Variablen 2.–9. aus Tab. 14 als unabhängige Variablen.

Eine weitere Prämisse des Regressionsmodells besteht darin, dass keine Heteroskedastizität vorliegt. Dies bedeutet, dass die Streuung der Residuen in einer Reihe von Werten der geschätzten abhängigen Variablen nicht konstant ist. Das Vorliegen von Heteroskedastizität konnte mit Hilfe eines Punktdiagramms eindeutig ausgeschlossen werden (vgl. Anhang 3).

Anschließend wurde mit Hilfe des Durbin-Watson-Koeffizienten getestet, ob eine Autokorrelation der Residuen vorliegt. Bei auftretender Autokorrelation sind die Abweichungen von der Regressionsgeraden nicht mehr zufällig, sondern von den Abweichungen der vorangehenden Werte abhängig. Eine Verletzung der Prämisse würde zu einem verzerrten Standardfehler des entsprechenden Regressionskoeffizienten führen und damit auch zu einem fehlerhaften Konfidenzintervall. Der Durbin-Watson-Koeffizient kann Werte zwischen 0 und 4 annehmen. Je näher der Koeffizient an dem Wert 2 liegt, desto geringer ist das Ausmaß einer Autokorrelation der Residuen. In diesem Fall liegt der Durbin-Watson-Koeffizient für das Gesamtmodell (Modell 6) bei 2.164 und kann somit durchaus als akzeptabel angenommen werden. Insofern kann zugrunde gelegt werden, dass keine Autokorrelation vorliegt.[224]

Weiterhin fordert das lineare Regressionsmodell, dass keine Multikollinearität, also eine lineare Abhängigkeit der unabhängigen Variablen, vorliegt. Die Toleranz und ihr Kehrwert, der Variance Inflation Factor (VIF), geben Auskunft darüber, ob ein Problem mit Kollinearität auftritt (vgl. Anhang 3).[225] Ein Variance Inflation Factor von 10 wird im Allgemeinen als kritischer Schwellenwert

---

[223] Brosius (1998), S. 557ff.
[224] Brosius (1998), S. 561.
[225] Backhaus et al. (2006), S. 91.

angesehen.[226] Im vorliegenden Fall liegen alle Werte weit unter diesem kritischen Schwellenwert. Im Falle der Toleranz (Wertebereich 0 bis 1) muss von Kollinearität der Variablen mit den anderen Variablen ausgegangen werden, wenn die Toleranzwerte gegen Null laufen. Die Toleranzwerte zeigen, wie viel Prozent ihrer Varianz durch die anderen Variablen *nicht* erklärt werden können. Im vorliegenden Fall (Modell 6) beträgt der niedrigste Toleranzwert 0.510, womit Kollinearität ausgeschlossen werden kann.[227]

Tab. 15 zeigt die Ergebnisse der Regressionsanalyse. Modell 1 zeigt zunächst nur die Beziehung zwischen der abhängigen Variablen und den Kontrollvariablen. Modell 2–5 integriert jeweils eine unabhängige Variable zusätzlich zu Modell 1. Bei Modell 6 handelt es sich um das Gesamtmodell. Da die drei Kontrollvariablen **Branche**, **Akquisition** und **Kapitalstruktur** keinen signifikanten Einfluss auf die Modelle 1–6 besitzen wurde in Modell 7 eine Regression mit den unabhängigen Variablen sowie der Kontrollvariablen **Größe** durchgeführt. Mit einer Irrtumswahrscheinlichkeit, die gegen Null geht ist Modell 7 bei einem F-Wert von 9.691 höchst signifikant. Ebenso deutet das Bestimmtheitsmaß R^2 mit einem Wert von 0.669 bzw. das korrigierte R^2 mit einem Wert von 0.600 auf einen starken Erklärungsgehalt der unabhängigen Variablen auf die abhängige **Variable Gewähltes Marktpotential für die 1. FDI** hin.

---

[226] Brosius (1998), S. 566.
[227] Der Toleranzwert bezieht sich auf die Kontrollvariable Branche in dem Gesamtmodell 6 (siehe Anhang 3).

	Modell 1		Modell 2		Modell 3		Modell 4		Modell 5		Modell 6		Modell 7	
	Koeff.	SF	Koeff.	SF	Koeff.	SF	Koeff.	SF	Koeff.	SF	Koeff.	SF	Koeff.	SF
Psychische Distanz der 1. FDI			0.231	0.081 **									0.211 *	0.066 **
Auslandsstudiumsquote					0.002	0.001					-0.002	0.001	-0.002	0.001
Auslandsarbeitsquote							0.007	0.002 *	0.033	0.010 **	0.008	0.002 **	0.008	0.002 ***
Kooperationsquote											0.020	0.010 +	0.018	0.008 *
Branche	0.002	0.003	0.002	0.003	0.002	0.003	0.001	0.003	-0.001	0.003	-0.001	0.002		
Größe	0.073	0.061	0.055	0.054	0.079	0.059	0.114	0.056 +	0.075	0.052	0.106	0.042 *	0.098	0.036 *
Kapitalstruktur	0.013	0.030	0.016	0.026	0.016	0.029	0.013	0.027	-0.018	0.027	-0.005	0.022		
Akquisition	-0.037	0.115	0.002	0.103	-0.060	0.113	-0.051	0.103	-0.098	0.100	-0.041	0.081		
F	0.805		2.450 +		1.203		2.338 +		2.939 *		5.399 **		9.691 ***	
R²	0.114		0.338		0.200		0.332		0.360		0.673		0.669	
korrigiertes R²	-0.028		0.200		0.034		0.193		0.251		0.548		0.600	

Abhängige Variable: Gewähltes Marktpotential für die 1. FDI; Koeff.: Koeffizienten; SF: Standardfehler
N = 30
*** p < 0,001
** p < 0,01
* p < 0,05
+ p < 0,1

Tab. 15: Regression der abhängigen Variablen *Gewähltes Marktpotential für die 1. FDI* (wissens- und forschungsintensive Industrien)
Quelle: Eigene Darstellung.

Modell 7 bestätigt die Ergebnisse von Modell 6 und weist zudem eine bessere Güte des Modells auf. Die unabhängigen Variablen **Psychische Distanz der 1. FDI** und **Auslandsarbeitsquote** erreichen in diesem Modell zudem bessere Signifikanzniveaus. Wobei die Variable **Auslandsarbeitsquote** den stärksten Einfluss auf die erklärte Variable besitzt (Hypothese 3). Das Ergebnis zeigt, dass ein hoch signifikanter positiver Einfluss (Beta-Koeffizient = 0.601 in Modell 6 bzw. 0.607 in Modell 7)[228] von der Anzahl der Mitglieder des Top-Managements von EM-MNUs, die bereits im Ausland gearbeitet haben, auf die Höhe des gewählten Marktpotentials für die erste ausländische Direktinvestition besteht.

Des Weiteren konnte die Hypothese 1 auf einem Signifikanzniveau von 0,1 Prozent bestätigt werden. Die Hypothese 4 ist bei einem – wenn auch geringem – Signifikanzniveau (5 Prozent) bestätigt worden. Hypothese 4 zeigt, dass wie vermutet ein positiver Zusammenhang zwischen der Anzahl vorangegangener Kooperationen von EM-MNUs mit MNUs aus etablierten Ländern im Heimatmarkt und dem gewählten Marktpotential für die erste ausländische Direktinvestition besteht.

Hypothese 2 hingegen weist keinen signifikanten Einfluss auf die abhängige Variable aus. Insbesondere fällt auf, dass der Koeffizient entgegen der Annahme ein negatives Vorzeichen aufweist.

Aufgrund dieses unerwarteten Ergebnisses der Variable **Auslandsstudiumsquote** wurden weitere Überlegungen in Bezug auf die Hypothese 2 vorgenommen.

Die Variable **Auslandsstudiumsquote** kann durch deterministische Faktoren so stark beeinflusst werden, dass diese als erklärende Variable in diesem Zusammenhang unbrauchbar wird. Aus diesem Grund wurde folgende Nachforschung angestellt: Bei der Betrachtung der Universitäten in den untersuchten Emerging Markets wurde festgestellt, dass die Zahl renommierter Universitäten in einigen dieser Länder sehr gering ist. Insofern ist zu vermuten, dass die Anzahl der Führungskräfte, die ein Auslandsstudium absolviert haben auch stark davon abhängt, ob das Heimatland über eine große Zahl renommierter Universitäten verfügt. Um diese Vermutung zu überprüfen, wurden die Korrela-

---

[228] Die Tabelle „Koeffizienten" der SPSS-Analyse ist in Anhang 3 dargestellt.

tionen der Anzahl renommierter Universitäten in den Heimatmärkten mit der Auslandstudiumsquote des Top-Managements der EM-MNUs aus dem entsprechendem Heimatmarkt berechnet. Dazu wurden die Korrelationskoeffizienten aller Unternehmen aus allen Branchen sowohl nach Pearson als auch nach Spearmans Rangkorrelationskoeffizient gebildet. Die Ergebnisse sind in der folgenden Tab. 16 wiedergegeben.

		1.	2.
1. Anzahl Universitäten	Pearson Korrelation	1.00	
2. Auslandsstudiumsquote		-0.48 ***	1.00
1. Anzahl Universitäten	Spearman's rho	1.00	
2. Auslandsstudiumsquote		-0.48 ***	1.00

N = 53
*** $p < 0{,}001$
** $p < 0{,}01$
* $p < 0{,}05$

Tab. 16: Korrelationen der Anzahl renommierter Universitäten und der Variablen *Auslandsstudiumsquote*[229]

Quelle: Eigene Darstellung.

Sowohl die Korrelationskoeffizienten nach Pearson als auch nach Spearman sind hoch signifikant und weisen den vermuteten negativen Zusammenhang auf. Ebenfalls signifikante Ergebnisse erhält man bei der Korrelationsanalyse des Samples bei einer Unterteilung in die wissens- und forschungsintensiven Industrien (N = 28; Pearson Koeff. = -0.436; signifikant bei p< 0,05) und in die arbeits-, kapital- und rohstoffintensiven Industrien (N = 25; Pearson Koeff. = -0.531; signifikant bei p< 0,01).

Somit können die Hypothesen 1, 3 und 4 bestätigt werden. Hypothese 2 wird aufgrund der Ergebnisse verworfen.

---

[229] Dabei wurden Unternehmen aus Hongkong zunächst ausgeschlossen, da aufgrund der britischen Kolonialherrschaft die Qualität der Universitäten nur schwer mit denen aus den Emerging Markets vergleichbar ist. Allerdings ergeben sich bei einem Einschluss der beiden Hongkonger MNUs ebenfalls signifikante Korrelationskoeffizienten sowohl nach Pearson (-0.412) als auch nach Spearman (-0.392), wenn auch auf einem geringerem Signifikanzniveau (p< 0,01).

4.4.1.2 Ergebnisse der Kategorie „arbeits-, kapital- und rohstoffintensive" Industrien

Für die Hypothesenüberprüfung in Bezug auf arbeits-, kapital- und rohstoffintensive Industrien wurde ebenfalls eine multiple Regressionsanalyse durchgeführt. Die Korrelationsmatrix (Tab. 17) zeigt die stochastischen Zusammenhänge der Variablen.

Der Aufbau der Regressionsanalyse gleicht der Vorgehensweise, die bei der Regression für die EM-MNUs aus wissens- und forschungsintensiven Industrien vorgenommen wurde und ist ebenfalls unterteilt in Modell 1–7.

Das Gesamtmodell (Modell 6) weist eine Normalverteilung der Variablen auf (vgl. Anhang 4). Ebenfalls können Heteroskedastizität und Multikollinearität (vgl. Anhang 4) für das Gesamtmodell ausgeschlossen werden. Der Durbin-Watson-Koeffizienten weist für das Gesamtmodell (Modell 6) einen Wert von 1,528 auf. Da dieser Wert weit von dem allgemein angenommen Wert 2 abweicht, wurde für eine genaue Überprüfung die Durbin-Watson-Tabelle herangezogen. Bei einer Irrtumswahrscheinlichkeit von 5 % kann der Tabelle entnommen werden, dass bei einem Wert von 1,528 keine Autokorrelation vorliegt.[230]

---

[230] $DW^U = 0.78400$; $DW^O = 2.14412$ bei $\alpha = 0,05$; $N = 25$ und $k = 8$.

	1.	2.	3.	4.	5.	6.	7.	8.	9.
1. Gewähltes Marktpotential für die 1. FDI	1.00								
2. Psychische Distanz der 1. FDI	0.63**	1.00							
3. Auslandsstudiumsquote	-0.04	-0.04	1.00						
4. Auslandsarbeitsquote	-0.12	-0.10	0.32	1.00					
5. Kooperationsquote	0.24	0.26	-0.17	-0.19	1.00				
6. Branche	0.33	0.03	0.51*	0.29	0.01	1.00			
7. Größe	-0.26	-0.08	-0.22	0.01	0.34+	-0.27	1.00		
8. Kapitalstruktur	0.27	0.14	0.13	0.11	0.26	0.29	0.01	1.00	
9. Akquisition	-0.22	-0.27	0.25	0.29	-0.01	0.05	0.30	-0.09	1.00

N = 25
** $p < 0{,}01$
* $p < 0{,}05$
+ $p < 0{,}1$

Tab. 17: Korrelationen der Variablen zum *Gewählten Marktpotential für die 1. FDI* (arbeits-, kapital- und rohstoffintensive Industrien)
Quelle: Eigene Darstellung.

Die Tab. 18 zeigt die Ergebnisse der Regressionsanalyse.[231] Bis auf die *Branche* zeigten alle Kontrollvariablen keinen signifikanten Einfluss auf die Modelle 1-6. Insofern wurde in Modell 7 eine Regression mit den unabhängigen Variablen und lediglich mit der Kontrollvariablen **Branche** durchgeführt. Modell 7 ist bei einem F-Wert von 4.571 signifikant. Das Bestimmtheitsmaß R^2 zeigt einen Wert von 0.546. Auch ein Vergleich der korrigierten R^2 zeigt, dass Modell 7 besser ist als Modell 6 (korr. $R^2_{Modell\ 6}$ = 0.390; korr. $R^2_{Modell\ 7}$ = 0.427). Die Güte des Gesamtmodells (Modell 6) sowie des Modells 7 ist bei den arbeits-, kapital- und rohstoffintensiven Industrien nicht ganz so gut wie bei den wissens- und forschungsintensiven Industrien. Dennoch liegen die Gütekriterien in Grenzbereichen, in welchen erwartet werden kann, dass beide Modelle für die Hypothesenüberprüfung anwendbar sind.

Die Ergebnisse von Modell 6 und 7 in Tab. 18 zeigen, dass lediglich die unabhängige Variable **Psychische Distanz der 1. FDI** einen Einfluss auf die erklärte Variable besitzt.[232] Der Einfluss der unabhängigen Variablen wurde in Modell 6 allerdings auf einem geringen Signifikanzniveau festgestellt. Demnach kann Hypothese 1 bestätigt werden. Es geht folglich ein positiver Einfluss von der psychischen Distanz auf die Höhe des Marktpotentials des Landes der ersten ausländischen Direktinvestition von EM-MNUs aus. Je höher die wahrgenommene Fremdartigkeit eines EM-MNUs ist, desto höher wird auch das Marktpotential des Landes sein, das für die erste ausländische Direktinvestition gewählt wurde, da das – durch die Fremdartigkeit wahrgenommene – Risiko durch höhere Ertragsaussichten kompensiert werden kann. Für alle anderen unabhängigen Variablen ergaben sich sowohl in Modell 6 als auch in Modell 7 keine signifikanten Ergebnisse. Somit können die Hypothesen 2, 3 und 4 für arbeits-, kapital- und rohstoffintensive Industrien verworfen werden.

---

[231] Die Tabelle „Koeffizienten" der SPSS-Analyse ist in Anhang 4 dargestellt.
[232] Koeff. $_{Modell\ 6}$ = 0.209; Beta-Koeff. $_{Modell\ 6}$ = 0.567 bzw. Koeff. $_{Modell\ 7}$ = 0.217; Beta-Koeff. $_{Modell\ 7}$ = 0.587.

	Modell 1		Modell 2		Modell 3		Modell 4		Modell 5		Modell 6		Modell 7	
	Koeff.	SF	Koeff.	SF	Koeff.	SF	Koeff.	SF	Koeff.	SF	Koeff.	SF	Koeff.	SF
Psychische Distanz der 1. FDI			0.218	0.061 **							0.209	0.064 *	0.217	0.059 **
Auslandsstudiumsquote											-0.002	0.002	-0.002	0.002
Auslandsarbeitsquote					-0.003	0.002					-0.002	0.003	-0.002	0.003
Kooperationsquote							-0.003	0.004	0.048	0.034	0.013	0.030	0.005	0.026
Branche	0.008	0.008	0.008	0.006	0.012	0.006	0.010	0.008	0.008	0.007	0.013	0.007 *	0.015	0.006 *
Größe	-0.027	0.039	-0.027	0.031	-0.036	0.040	-0.027	0.039	-0.047	0.041	-0.041	0.034		
Kapitalstruktur	0.057	0.063	0.037	0.051	0.059	0.063	0.060	0.064	0.036	0.064	0.036	0.053		
Akquisition	-0.078	0.102	-0.004	0.084	-0.040	0.107	-0.051	0.107	-0.063	0.100	0.047	0.091		
F	1.290		4.168 *		1.299		1.178		1.463		2.916 *		4.571 **	
R²	0.205		0.523		0.255		0.237		0.278		0.593		0.546	
korrigiertes R²	0.046		0.398		0.059		0.036		0.088		0.390		0.427	

Abhängige Variable: Gewähltes Marktpotential für die 1. FDI; Koeff.: Koeffizienten; SF: Standardfehler
N = 25
*** $p < 0,001$
** $p < 0,01$
* $p < 0,05$
+ $p < 0,1$

Tab. 18: Regression der abhängigen Variablen *Gewähltes Marktpotential für die 1. FDI* (arbeits-, kapital- und rohstoffintensive Industrien)
Quelle: Eigene Darstellung.

Die Kontrollvariable **Branche** besitzt einen signifikanten Einfluss auf die abhängige Variable. Dies deutet darauf hin, dass in der Branchenkategorie „arbeits-, kapital- und rohstoffintensiv" eine Marktwahl von dem Industriezweig des jeweiligen EM-MNUs beeinflusst wird.

4.4.2 Test der Hypothesen zur Geschwindigkeit der ausländischen Direktinvestition in Industrieländer

Die folgenden Ausführungen zeigen die Ergebnisse zu den Tests der Hypothesen zur Geschwindigkeit der ausländischen Direktinvestition in Industrieländer. Für die Untersuchung der Geschwindigkeit ist die Periode der Internationalisierung von Bedeutung. Der Beginn der Internationalisierung wird mit dem Zeitpunkt festgesetzt, zu dem das Unternehmen die erste ausländische Direktinvestition tätigt. Das Ende der Periode bildet das Ende des Geschäftsjahrs 2006, da die empirische Untersuchung hier endet.[233] Die Geschwindigkeit ist abhängig von der Zahl der Industrieländer, in welche die einzelnen EM-MNUs in diesem Zeitraum mittels ausländischer Direktinvestitionen eingetreten sind.

4.4.2.1 Ergebnisse der Kategorie „wissens- und forschungsintensive" Industrien

Tab. 19 zeigt die Korrelationsmatrix aller Variablen, die für den Test der Hypothesen zur Geschwindigkeit, herangezogen wurden.

---

[233] Teilweise wurden jedoch auch Akquisitionen oder Neugründungen des Geschäftsjahres 2007 mit aufgenommen, sofern diese bereits im Jahr 2006 in die Wege geleitet wurden.

	1.	2.	3.	4.	5.	6.	7.	8.	9.
1. Expansionsgeschwindigkeit	1.00								
2. Psychische Distanz der 1. FDI	0.03	1.00							
3. Auslandsstudiumsquote	-0.37*	0.19	1.00						
4. Auslandsarbeitsquote	0.15	-0.11	0.50**	1.00					
5. Kooperationsquote	-0.23	0.45*	0.27	0.07	1.00				
6. Branche	0.22	0.01	-0.17	0.05	0.18	1.00			
7. Größe	0.07	0.08	-0.08	-0.28	0.19	0.08	1.00		
8. Kapitalstruktur	-0.10	0.02	-0.06	-0.13	0.27	-0.33+	0.31+	1.00	
9. Akquisition	0.00	-0.10	0.18	-0.05	0.05	-0.40*	0.21	0.01	1.00

N = 30
** $p < 0.01$
* $p < 0.05$
\+ $p < 0.1$

Tab. 19: Korrelationen der Variablen zur *Expansionsgeschwindigkeit* (wissens- und forschungsintensive Industrien)
Quelle: Eigene Darstellung.

Für die Hypothesenüberprüfung bietet sich ebenfalls eine multiple Regression an. Diese wurde wiederum mit Hilfe des Programmpaktes SPSS 15.0 erstellt.

Die Ergebnisse der Regressionsanalyse sind in Tab. 20 wiedergegeben. Zunächst wurde aber auch hier die Anwendbarkeit des Modells überprüft. Anhand eines graphischen Tests auf Normalverteilung (vgl. Anhang 5) kann für das Gesamtmodell eine Normalverteilung angenommen werden.[234] Eine Überprüfung auf Heteroskedastizität und Multikollinearität (vgl. Anhang 5) zeigt, dass keines von beiden vorliegt und somit beides für das Gesamtmodell ausgeschlossen werden kann. Der Durbin-Watson-Koeffizient weist für das Gesamtmodell (Modell 6) einen Wert von 2,267 auf. Dieser kann als akzeptabel angenommen werden, folglich kann festgehalten werden, dass keine Autokorrelation vorliegt.[235]

Die Ergebnisse der Regressionsanalyse für die abhängige Variable *Expansionsgeschwindigkeit* bei wissens- und forschungsintensiven Industrien sind in Tab. 20 ausgewiesen.[236] Wie in den vorab diskutierten Regressionsmodellen zeigt Modell 1 zunächst lediglich den Einfluss der Kontrollvariablen auf die abhängige Variable. Modell 2-5 integriert jeweils eine unabhängige Variable zusätzlich zu Modell 1. Bei Modell 6 handelt es sich um das Gesamtmodell. Da alle Kontrollvariablen keinen signifikanten Einfluss auf die Modelle 1-6 zeigen, wurde in Modell 7 eine Regression mit den unabhängigen Variablen ohne Kontrollvariablen durchgeführt. Modell 7 erfüllt alle Anwendungsvoraussetzungen der linearen Regression, wobei der F-Wert sogar mit 3.686 besser ausfällt.

Das Bestimmtheitsmaß R^2 von Modell 7 besitzt einen Wert von 0.371 (bzw. das korrigierte R^2 einen Wert von 0.270). Diese Werte zeigen, dass das Modell – ebenso wie Modell 6 – im Gegensatz zu den Regressionsmodellen zum *Gewählten Marktpotential für die 1. FDI* nur in einem weit geringeren Maß von den verwendeten unabhängigen Variablen erklärt wird. Allerdings können unter Umständen auch geringere Werte noch akzeptabel sein.[237]

Den stärksten Einfluss auf die erklärte Variable besitzt die Variable **Auslandsstudiumsquote**. Allerdings zeigt sich, dass das Vorzeichen entgegengesetzt der erwartenden Richtung verläuft. Aufgrund der sachlogischen Überlegungen

---

[234] Brosius (1998), S. 557ff.
[235] Brosius (1998), S. 561.
[236] Die Tabelle „Koeffizienten" der SPSS-Analyse ist in Anhang 5 dargestellt.
[237] Backhaus et al. (2006), S. 97.

(vgl. Kapitel 4.4.1.1) und der Ergebnisse der Korrelationen der Anzahl renommierter Universitäten und der Variablen **Auslandsstudiumsquote** (vgl. Tab. 16) konnte die Vermutung, dass die Anzahl der Führungskräfte, die ein Auslandsstudium absolviert haben auch stark davon abhängt, ob das Heimatland über eine große Zahl renommierter Universitäten verfügt, bestätigt werden. Somit muss die unabhängige Variable **Auslandsstudiumsquote** und die Interpretation in Bezug auf Hypothese 5 mit größter Vorsicht behandelt werden.

Die Ergebnisse der unabhängigen Variablen **Auslandsarbeitsquote** und **Psychische Distanz der 1. FDI** zeigen jeweils einen positiven, gering signifikanten Einfluss auf die abhängige Variable **Expansionsgeschwindigkeit**. Insofern kann Hypothese 6, welche einen positiven Einfluss (Beta-Koeffizient$_{Modell\ 7}$ = 0.519) von der Anzahl der Mitglieder des Top-Managements von EM-MNUs, die bereits im Ausland gearbeitet haben, auf die Expansionsgeschwindigkeit in Industrieländer vermutet, bestätigt werden. Ebenfalls kann der in Hypothese 8 postulierte positive Zusammenhang zwischen **Psychischer Distanz der 1. FDI** und der abhängigen Variablen **Expansionsgeschwindigkeit** (Beta-Koeffizient$_{Modell\ 7}$ = 0.314) bestätigt werden.[238]

Hypothese 7 wird verworfen. Die unabhängige Variable **Kooperationsquote** weist zwar in Modell 6 eine (äußerst) geringe Signifikanz auf die Expansionsgeschwindigkeit auf, diese konnte in Modell 7 jedoch nicht bestätigt werden. Zudem weist der Koeffizient der unabhängigen Variable **Kooperationsquote** ein negatives Vorzeichen auf, welches aufgrund der Vorüberlegungen nicht zu erwarten war.

---

[238] Siehe Anhang 5.

	Modell 1		Modell 2		Modell 3		Modell 4		Modell 5		Modell 6		Modell 7	
	Koeff.	SF	Koeff.	SF	Koeff.	SF	Koeff.	SF	Koeff.	SF	Koeff.	SF	Koeff.	SF
Auslandsstudiumsquote			-0.008	0.004 *							-0.014	0.004 **	-0.014	0.004 **
Auslandsarbeitsquote					0.007	0.006					0.022	0.008 **	0.020	0.007 *
Kooperationsquote											-0.064	0.034 +	-0.038	0.029
Psychische Distanz der 1. FDI							-0.054	0.034	0.049	0.270	0.553	0.259 *	0.425	0.248 +
Branche	0.008	0.008	0.007	0.008	0.008	0.009	0.013	0.009	0.009	0.009	0.011	0.008		
Größe	0.034	0.175	0.013	0.167	0.074	0.183	0.030	0.170	0.030	0.180	0.090	0.148		
Kapitalstruktur	-0.013	0.086	-0.023	0.082	-0.013	0.087	0.038	0.090	-0.012	0.088	0.038	0.079		
Akquisition	0.125	0.333	0.201	0.319	0.111	0.335	0.224	0.329	0.133	0.342	0.422	0.286		
F	0.393		1.065		0.445		0.839		0.308		2.432 *		3.696 *	
R²	0.059		0.182		0.085		0.149		0.060		0.481		0.371	
korrigiertes R²	-0.091		0.011		-0.106		-0.028		-0.135		0.283		0.270	

Abhängige Variable: Expansionsgeschwindigkeit; Koeff.: Koeffizienten; SF: Standardfehler
N = 30
*** p < 0,001
** p < 0,01
* p < 0,05
+ p < 0,1

Tab. 20: Regression der abhängigen Variablen *Expansionsgeschwindigkeit* (wissens- und forschungsintensive Industrien)
Quelle: Eigene Darstellung.

4.4.2.2 Ergebnisse der Kategorie „arbeits-, kapital- und rohstoffintensive" Industrien

In Tab. 21 ist die Korrelationsmatrix für alle Variablen aufgezeigt, die für den Test der Hypothesen zur Expansionsgeschwindigkeit in Industrieländer für EM-MNUs aus arbeits-, kapital- und rohstoffintensiven Industrien herangezogen wurden. Auffällig ist, dass keine der unabhängigen Variablen (2.–5.) und auch keine der Kontrollvariablen (6.–9.) mit der Expansionsgeschwindigkeit korrelieren und somit kein Zusammenhang der in Tab. 21 dargestellten Variablen mit der abhängigen Variablen festgestellt werden kann.

Bei der Überprüfung der Anwendbarkeit eines Regressionsmodells für die abhängige Variable **Expansionsgeschwindigkeit** wurde zudem festgestellt, dass die Prämissen des linearen Regressionsmodells nicht eingehalten werden. Aus diesem Grund wurde darauf verzichtet eine Regressionsanalyse durchzuführen, da mit keinen konsistenten Ergebnissen gerechnet werden kann.

Die Hypothesen 5-8 können somit mittels einer Regression nicht bewertet werden, da augenscheinlich andere Einflussfaktoren die Expansionsgeschwindigkeit der EM-MNUs beeinflussen. Die Ergebnisse der Korrelationsmatrix lassen dies bereits erkennen, da keine der gewählten unabhängigen Variablen mit der Expansionsgeschwindigkeit korreliert. Somit kann davon ausgegangen werden, dass für EM-MNUs in arbeits-, kapital- und rohstoffintensiven Industrien andere Bestimmungsfaktoren die Expansionsgeschwindigkeit in Industrieländer beeinflussen.

	1.	2.	3.	4.	5.	6.	7.	8.	9.
1. Expansionsgeschwindigkeit	1.00								
2. Psychische Distanz der 1. FDI	0.15	1.00							
3. Auslandsstudiumsquote	0.18	-0.04	1.00						
4. Auslandsarbeitsquote	0.18	-0.10	0.32	1.00					
5. Kooperationsquote	0.06	0.26	-0.17	-0.19	1.00				
6. Branche	0.22	0.03	0.51*	0.29	0.01	1.00			
7. Größe	0.27	-0.08	-0.22	0.01	0.34+	-0.27	1.00		
8. Kapitalstruktur	0.21	0.14	0.13	0.11	0.26	0.29	0.01	1.00	
9. Akquisition	0.24	-0.27	0.25	0.29	-0.01	0.05	0.30	-0.09	1.00

N = 25
** $p < 0,01$
* $p < 0,05$
+ $p < 0,1$

Tab. 21: Korrelationen der Variablen zur *Expansionsgeschwindigkeit* (arbeits-, kapital- und rohstoffintensive Industrien)

Quelle: Eigene Darstellung.

4.5 Zusammenfassung der Ergebnisse der Hypothesentests

Bevor die Ergebnisse diskutiert werden, sind hier in Kürze die Ergebnisse der Hypothesentests zusammengefasst.

Die Ergebnisse der Hypothesen zum *Gewählten Marktpotential für die 1. FDI* sind in Tab. 22 wiedergegeben und weisen vor allem für EM-MNUs aus wissens- und forschungsintensiven Industrien gute Resultate auf.

Unabhängige Variable			wissens- & forschungsintensive Industrien	arbeits-, kapital- & rohstoffintensive Industrien
H 1	Psychische Distanz der 1. FDI	Einfluss:	✓	✓
		Signifikanz:	**	**
H 2	Auslandsstudiumsquote	Einfluss:	.	.
		Signifikanz:	.	.
H 3	Auslandsarbeitsquote	Einfluss:	✓	.
		Signifikanz:	***	.
H 4	Kooperationsquote	Einfluss:	✓	.
		Signifikanz:	*	.

✓ Einfluss bestätigt
*** p < 0,001
** p < 0,01
* p < 0,05
+ p < 0,1
. Kein signifikanter Einfluss

Tab. 22: Ergebnisübersicht der Hypothesen zum *Gewählten Marktpotential für die 1. FDI* (Hypothesen 1 bis 4)
Quelle: Eigene Darstellung.

So konnten hier drei von vier Hypothesen gestützt werden. Es konnte ein positiver Zusammenhang zwischen der psychischen Distanz und dem gewählten Marktpotential für die erste ausländische Direktinvestition von EM-MNUs nachgewiesen werden (Hypothese 1). Den signifikantesten positiven Einfluss hat die **Auslandsarbeitsquote** der Mitglieder des Top-Managements von EM-

MNUs auf die Höhe des Marktpotentials des Landes der ersten ausländischen Direktinvestition. Zudem konnte ein positiver Einfluss von der Anzahl vorangegangener Kooperationen von EM-MNUs mit MNUs aus etablierten Ländern im Heimatmarkt *(Kooperationsquote)* auf die Höhe des gewählten Marktpotentials für die erste ausländische Direktinvestition nachgewiesen werden.

Lediglich Hypothese 2 musste aufgrund weiterer statistischer Überprüfung ausgeschlossen werden, da die Variable **Auslandsstudiumsquote** aufgrund äußerer Einflüsse die Ergebnisse verzerrt darstellt. Bei dem Test der Hypothesen bezüglich der Marktauswahl für die erste ausländische Direktinvestition von EM-MNUs aus arbeits-, kapital- und rohstoffintensiven Industrien konnte lediglich Hypothese 1 bestätigt werden. Alle anderen unabhängigen Variablen ließen keinen signifikanten Einfluss auf die Höhe des gewählten Marktpotentials für die erste ausländische Direktinvestition erkennen.

Einen Überblick über die Ergebnisse der Hypothesen zur *Expansionsgeschwindigkeit* von EM-MNUs in Industrieländer liefert Tab. 23.

Es konnten lediglich signifikante Ergebnisse für EM-MNUs aus wissens- und forschungsintensiven Industrien in Bezug auf die Expansionsgeschwindigkeit nachgewiesen werden. Hier konnte Hypothese 6 und Hypothese 8 auf geringem Signifikanzniveau bestätigt werden. Somit konnte der vermutete Einfluss bekräftigt werden, dass mit steigender **Auslandsarbeitsquote** der Mitglieder des Top-Managements von EM-MNUs die Unternehmen schneller in Industrieländern tätig werden (Hypothese 6). Außerdem konnte aufgezeigt werden, dass je höher die **Psychische Distanz der 1. FDI** von EM-MNUs ist, weitere Markteintritte in Industrieländer schneller erfolgen (Hypothese 8). Sowohl der postulierte Einfluss der **Auslandsstudiumsquote** der Mitglieder des Top-Managements (Hypothese 5) als auch der Einfluss der Kooperationsquote (Hypothese 7) auf einen akzelerierten Markteintritt in Industrieländer konnten nicht bestätigt werden.

Unabhängige Variable			wissens- & forschungsintensive Industrien	arbeits-, kapital- & rohstoffintensive Industrien
H 5	Auslandsstudiumsquote	Einfluss:	.	.
		Signifikanz:	.	.
H 6	Auslandsarbeitsquote	Einfluss:	✓	.
		Signifikanz:	*	.
H 7	Kooperationsquote	Einfluss:	.	.
		Signifikanz:	.	.
H 8	Psychische Distanz der 1. FDI	Einfluss:	✓	.
		Signifikanz:	+	.

✓ Einfluss bestätigt
*** $p < 0{,}001$
** $p < 0{,}01$
* $p < 0{,}05$
+ $p < 0{,}1$
. Kein signifikanter Einfluss

Tab. 23: Ergebnisübersicht der Hypothesen zur *Expansionsgeschwindigkeit* in Industrieländer (Hypothesen 5 bis 8)
Quelle: Eigene Darstellung.

4.6 Diskussion der Ergebnisse

4.6.1 Diskussion der Ergebnisse zum Zielmarkt der ersten ausländischen Direktinvestition

Die Ergebnisse zeigen, dass eine Unterteilung in wissens- und forschungsintensive bzw. arbeits-, kapital- und rohstoffintensive Industrien vor dem gegebenen Untersuchungshintergrund sinnvoll war. Da Hypothese 1 lediglich den Zusammenhang zwischen der psychischen Distanz, die keine unternehmensspezifischen Gegebenheiten berücksichtigt, und der Wahl des Marktes der ersten ausländischen Direktinvestition aufzeigt, hätte hier eine Branchendifferenzierung nicht vorgenommen werden müssen. Die unabhängige Variable

Psychische Distanz der 1. FDI setzt sich zusammen aus den Einzelindizes Bildungsindex, Index der Wirtschaftspraktiken, Kulturindex und Sprachindex. Diese Einzelindizes spiegeln landesspezifische Eigenschaften wider, die für alle Unternehmen eines Landes unabhängig von branchenspezifischen und unternehmensindividuellen Faktoren Gültigkeit besitzen. Dies wird auch bei den Ergebnissen ersichtlich. Unabhängig von der Branchenzugehörigkeit konnte ein positiver Zusammenhang zwischen der psychischen Distanz und der Höhe des gewählten Marktpotentials von EM-MNUs für die erste ausländische Direktinvestition aufgezeigt werden. Dieses Ergebnis überrascht nicht sonderlich, belegt aber die vorgenommene Argumentation für die Hypothesen 2, 3 und 4. Damit ist bestätigt, dass die psychische Distanz der Emerging Markets zu den attraktiven Industrieländern vergleichsweise hoch ausfällt. Ein Markteintritt in diese Länder ist für EM-MNUs mit hohen sprachlichen, kulturellen, soziographischen und wirtschaftlichen Barrieren verbunden und bedarf dadurch eines höheren Ressourcenaufwandes, um dort erfolgreich einen Markteintritt zu bewältigen. Die weitere Diskussion bedarf aufgrund der unterschiedlichen Ergebnisse der Hypothesentests einer Unterteilung in wissens- und forschungsintensive bzw. arbeits-, kapital- und rohstoffintensive Industrien.

Für *EM-MNUs aus wissens- und forschungsintensiven Industrien* ist der Zusammenhang mit der Hypothese 1 noch einmal graphisch dargestellt, da die Diskussion der Ergebnisse der Hypothesen 3 und 4 auf diesem Zusammenhang aufbaut. Die Abb. 25 zeigt die Höhe des gewählten Marktpotentials für die erste ausländische Direktinvestition in Abhängigkeit zu der entsprechenden psychischen Distanz aller im Sample beinhalteten EM-MNUs aus wissens- und forschungsintensiven Industrien.

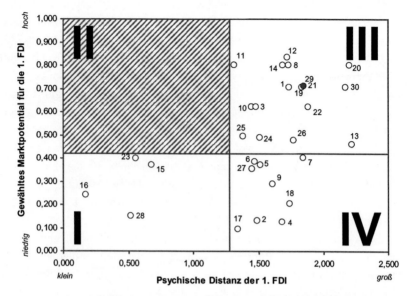

Abb. 25: Die 1. FDI im Hinblick auf die psychische Distanz und die Höhe des gewählten Marktpotentials

Quelle: Eigene Darstellung.

Sowohl die Variable **Gewähltes Marktpotential für die 1. FDI** als auch die Variable **Psychische Distanz der 1. FDI** sind anhand von Daten erhoben worden, die keinen Bezug zum Unternehmen haben und rein auf landesspezifischen Faktoren basieren. Die Variable **Psychische Distanz der 1. FDI** weist für jedes Unternehmen die gleichen Distanzwerte zwischen zwei Ländern auf, unabhängig davon, ob ein Unternehmen bereits Erfahrungen in oder mit dem Gastland gesammelt hat. Die indischen Unternehmen Satyam und Wipro sind beide bspw. zu Anfang der Neunziger Jahre mit einer Direktinvestition in den US-amerikanischen Markt eingetreten. Der Indexwert der psychischen Distanz zwischen Indien und den USA für den Zeitraum 1991 bis 1995 beträgt für beide Unternehmen 1,842 (vgl. Tab. 24).[239]

Gesamtindex der psychischen Distanz für den Zeitraum 1991-1995										
	Ägypten	Brasilien	China	Hongkong	Indien	Indonesien	Malaysia	Mexiko	Russland	Thailand	Türkei
Ägypten		1,613	1,380	2,017	1,223	1,403	1,630	1,438	1,882	1,610	1,256
⋮	⋮	⋮	⋮	⋮	⋮	⋮	⋮	⋮	⋮	⋮	⋮
China	1,380	1,420		0,868	1,447	1,310	1,515	1,422	1,766	1,593	1,252
⋮	⋮	⋮	⋮	⋮	⋮	⋮	⋮	⋮	⋮	⋮	⋮
Türkei	1,256	1,376	1,252	1,893	1,464	1,258	1,537	1,277	1,640	1,416	
UK	2,224	1,868	2,175	1,288	1,816	1,965	1,813	1,636	1,989	1,745	2,065
USA	2,227	1,867	2,218	1,242	1,842	1,985	1,831	1,636	1,955	1,752	2,056

Tab. 24: Auszug aus der Gesamtindextabelle der psychischen Distanz für den Zeitraum 1991–1995[240]
Quelle: Eigene Darstellung.

Dieser Index gibt keine Auskunft darüber, ob und wie viel Erfahrung die einzelnen Unternehmen bis zu diesem Schritt aufweisen konnten. Die Abb. 25 zeigt also lediglich den Einfluss der **exogen** berechneten psychischen Distanz auf die Höhe des Marktpotentials des Gastlandes bei der ersten ausländischen Direktinvestition.

Das Diagramm in Abb. 25 lässt sich in vier Quadranten unterteilen, in welche die ersten ausländischen Direktinvestitionen fallen können. Die vertikale Grenze, die eine Unterteilung in kleine bzw. große psychische Distanz vornimmt, wurde bei einem Wert von 1,27 gezogen. Dieser Wert wurde bestimmt, indem zunächst die Werte der psychischen Distanz zu allen Gastländern, die im Zusammenhang mit Direktinvestitionen von Unternehmen im Sample bearbeitet wurden, in aufsteigender Reihenfolge abgetragen wurden. Diese Ermittlung des Idealverlaufs einer inkrementalen Internationalisierung wurde bei allen der

---

[239] Die Indexwerte der psychischen Distanz zwischen Indien und den USA variieren in Abhängigkeit von dem Zeitpunkt der Investition, da sich der Gesamtindex aus vier Teilindizes zusammensetzt, wobei die Indizes Bildungsniveau und der Index der Wirtschaftspraktiken starken zeitlichen Veränderungen unterworfen sind. Aus diesem Grund wurden die Indizes für einen Fünf-Jahres-Zeitraum berechnet. Da Wipro im Jahr 1991 und Satyam im Jahr 1995 in die USA eingetreten sind, fallen beide Unternehmen in den gleichen Indexzeitraum und besitzen aus diesem Grund auch den gleichen Indexwert. Weisen also zwei indische Unternehmen, die beide das gleiche Zielland gewählt haben, nicht den gleichen Indexwert auf, so liegt dies daran, dass sie zu unterschiedlichen Berechnungszeiträumen ihre Investition getätigt haben und sich das Bildungsniveau oder die Wirtschaftspraktiken verändert haben.

[240] Die vollständige Tabelle ist im Anhang 2 abgebildet.

11 Emerging Markets vorgenommen. Daraufhin wurde jeweils der höchste Wert des ersten Drittels von allen Emerging Markets herangezogen und im Anschluss daran wurde der Mittelwert dieser Indizes von allen Emerging Markets errechnet. Dieser betrug 1,27. Die horizontale Grenze zwischen einem Land mit einem hohen und einem niedrigen Marktpotential wurde bei 0,413 gezogen. Hierzu wurde der Mittelwert der 25 Länder mit dem höchsten Inward FDI Potential Index für den Zeitraum von 1970 bis 2005 berechnet.

Der Quadrant mit der Ausprägung „kleine psychische Distanz der 1.FDI" und „niedriges gewähltes Marktpotential für die 1. FDI" wird im Folgenden als Quadrant I bezeichnet. Quadrant II gibt die ersten ausländischen Direktinvestitionen wieder, die in Märkten mit einer kleinen psychischen Distanz zum Gastland getätigt wurden, aber ein hohes Marktpotential aufweisen. Quadrant I und II zeigen somit risikoscheue Unternehmen.

Quadrant III zeigt die ersten ausländischen Direktinvestitionen, die in einem Land mit einer großen psychischen Distanz zum Heimatland und einem hohen Marktpotential des Gastlandes initiiert worden sind. Quadrant IV zeigt den ersten Markteintritt in einen Markt, der eine große psychische Distanz zum Heimatmarkt eines Unternehmens aufweist, aber über ein niedriges Marktpotential verfügt. In Quadrant III und IV sind risikofreudige EM-MNUs positioniert.

Quadrant I zeigt lediglich 4 Unternehmen, die ihre Internationalisierung mittels Direktinvestition in einem Land mit einer kleinen psychischen Distanz zum Heimatland und mit einem geringen Marktpotential begonnen haben. Das malaiische Unternehmen MISC und das chinesische Unternehmen TCL tätigten dabei ihren ersten Markteintritt mittels Direktinvestition in Singapur bzw. Taiwan. Beide Gastländer liegen dabei sehr nah an der Grenze zu einem hohen Marktpotential.

Demgegenüber lassen sich 17 Unternehmen in **Quadrant III** identifizieren. Alle Markteintritte, die ein hohes Marktpotential und eine große psychische Distanz aufweisen betreffen Industrieländer. Quadrant III weist so konsequenterweise nur Markteintritte in Industriestaaten auf (in diesem Fall sind es Deutschland, USA, UK und Niederlande). 13 der identifizierten Markteintritte aus Quadrant III wurden in den USA getätigt. Lediglich Techtronic und TCS traten in den britischen Markt ein, Vestel in Deutschland und Lenovo expandierte zunächst in die Niederlande.

Quadrant IV zeigt 9 Unternehmen. Allerdings liegen die Unternehmen Dr. Reddy's mit einem Markteintritt in Singapur, Crompton Greaves in Belgien, Cipla in Dubai und VSNL in Australien sehr dicht an der Grenzlinie zu einem „hohen gewählten Marktpotential". Dieser Unschärfebereich wurde bereits bei Quadrant I festgestellt und zeigt, dass keine eindeutige Grenze zwischen „niedrigem" und „hohem" gewählten Marktpotential gezogen werden kann. Alle weiteren 5 EM-MNUs aus Quadrant IV traten in Ländern auf einer ähnlichen oder geringeren Entwicklungsstufe ein. So zog es Orascom Telecom nach Pakistan, Bajaj Auto nach Indonesien, CIMC nach Kambodscha, Ranbaxy nach Malaysia und Huawei nach Russland.

Keines der untersuchten EM-MNUs ist in **Quadrant II** angesiedelt. Die Konstellation *„hohes gewähltes Marktpotential für die 1. FDI"* und *„kleine Psychische Distanz der 1. FDI"* existiert nicht für EM-MNUs. Es gibt derzeit (noch) keine Märkte aus Sicht von risikoscheuen EM-MNUs, die neben einem hohen Marktpotential gleichzeitig auch eine kleine psychische Distanz aufweisen.

Die Ergebnisse von Hypothese 3 und 4 bestätigen die Vermutung, dass EM-MNUs, in welchen die Führungskräfte über praktische Erfahrungen in Industrieländern verfügen oder das Top-Management Erfahrungen durch Kooperationen im Heimatland mit Partnern aus Industrieländern sammeln konnten, überwiegend in Quadrant III zu finden sind. Nach dem lerntheoretischen Ansatz würde das bedeuten, dass die vom Top-Management wahrgenommene Fremdartigkeit der EM-MNUs aus Quadrant III durch die vorhandene Auslandserfahrung weit geringer ausfällt als die unternehmensexogen berechnete psychische Distanz der ersten ausländischen Direktinvestition. Würde man nun die Werte der Variablen **Psychische Distanz der 1. FDI** um unternehmensindividuelle Erfahrungswerte korrigieren, so würden die Werte weitaus geringer ausfallen und in Quadrant II rutschen. Das „theoretische Dilemma" kann für Quadrant IV demnach aufgelöst werden, indem individualisierte psychische Distanzen herangezogen werden. Dies soll anhand einiger exemplarischer Fallbeispiele noch einmal verdeutlicht werden, wobei in diesem Zusammenhang Überlegungen zur Anwendbarkeit des eklektischen Paradigmas in die Ausführungen mit einbezogen werden sollen: Das Unternehmen Satyam ist eine indische Software- und Beratungsfirma und wurde 1987 von Ramalinga Raju gegründet. Im Jahr 1995 tätigte Satyam seine erste ausländische Direktinvestition in den USA. Typische Eigentumsvorteile nach dem eklektischen Paradigma, für Unternehmen aus der IT-Service Branche, sind vor allem wissens- und technologiebasierte Wettbewerbsvorteile.[241] Die USA sind für indische IT-Dienstleister seit Jahren der größte Markt. Die erste ausländische Direktinvestition von Satyam in den USA folgt demnach der Logik des eklektischen Paradigmas. Dem hingegen müsste eine Internationalisierung nach dem lerntheoretischen Ansatz der Uppsala-Schule auf den ersten Blick abgelehnt werden. Der Index der psychischen Distanz zwischen dem Heimatland Indien und den USA weist mit einem Punktwert von 1,842[242] auf eine sehr große psychische Distanz hin. Allerdings basiert der Index lediglich auf landesspezifischen Daten und ignoriert unternehmensspezifische Faktoren von Satyam. Wird unternehmensindividuelle Auslandserfahrung jedoch berücksichtigt, so zeigt sich ein verändertes Bild. 33 Prozent der Führungskräfte von Satyam weisen praktische Erfahrung in den Industriestaaten auf. Zudem kann Satyam im Heimatmarkt Joint Ventures mit den US-amerikanischen Unternehmen Dun & Bradstreet und GE Industrial Systems vorzeigen. Aufgrund der Zusammenarbeit mit diesen Unternehmen konnte Satyam durch direkten Kontakt ebenfalls Wissen und Erfahrung über kulturelle Eigenschaften oder auch über besondere Managementpraktiken US-amerikanischer Unternehmen sammeln. Dieser Aspekt wurde bereits von Luo/Tung (2007) angeführt und konnte hier mit Hypothese 4 bestätigt werden.[243] Durch die *vor* dem ersten Internationalisierungsschritt mittels Direktinvestition erworbene Auslandserfahrung konnte Satyam seine vom Top-Management individuell wahrgenommene Fremdartigkeit zu den USA verringern.

Auch das Hongkonger Unternehmen Techtronic Industries (Maschinenbau) ist in Quadrant IV zu finden. Gegründet wurde das Unternehmen 1985 von dem gebürtigen Deutschen und ehemaligen VW-Manager Horst Julius Pudwill und dem Chinesen Roy Chi Ping Chung. Dieser kulturübergreifende Geist des Gründerteams zeigt sich auch in der Auslandserfahrung des Führungsstabes. Die Hälfte der Top-Manager von Techtronic verfügt über praktische Auslandserfahrung. Auch konnte die Führungsebene mit Kooperationen im Heimatmarkt, wie etwa mit der Schweizer Gimelli Engineering AG oder der US-

---

[241] UNCTAD (2006), S. 147f.
[242] Vgl. Tab. 24 bzw. Anhang 2.
[243] Luo/Tung (2007), S. 481.

amerikanischen Sears Holdings Corporation, Erfahrungen sammeln, bevor Techtronic Industries im Jahr 1999 die britische Vax Ltd. erwarb. Hingegen tätigte das brasilianische Unternehmen WEG Industries, wie Techtronic ein Maschinenhersteller, seine erste ausländische Direktinvestition in keinem Industrieland, sondern in Mexiko (vgl. Quadrant I). Auch hier zeigt sich die Übereinstimmung mit den Ergebnissen der Hypothese 3 und 4 – WEG verfügte vor der ersten Direktinvestition nur über eine geringe Auslandserfahrung. Betrachtet man die Internationalisierungsschritte unter Dunnings Gesichtspunkten, so kann die Entscheidung in bestimmten Ländern Direktinvestitionen zu tätigen durchaus aufgrund der Vorteilskategorien begründet werden. Techtronic wählte einen europäischen, etablierten Markt um dort Wettbewerbsvorteile zu erlangen. Das Unternehmen verfolgte eine Qualitätsstrategie und wollte sich distanzieren von einem reinen No-Name-Auftragshersteller.[244] WEG zog es zunächst in den benachbarten mexikanischen Staat um dort den Standortvorteil der günstigen Produktion gepaart mit einem relativ vertrauten Markt verwirklichen zu können.

Die EM-MNUs in Quadrant IV zeigen alle – bis auf die drei im Unschärfebereich liegenden bereits erwähnten – Unternehmen Dr. Reddy's, Crompton Greaves, Cipla und VSNL im Unschärfebereich, relativ geringe ausländische Erfahrungswerte. Dennoch sind alle Unternehmen in Länder eingetreten zu denen die Heimatmärkte eine große psychische Distanz aufweisen. Das gewählte Marktpotential war hingen relativ gering. Die Unternehmen in Quadrant IV erklären aufgrund der Abweichung des hypothetisierten Einflusses die relativ geringe Signifikanz, welche die Variable **Psychische Distanz der 1. FDI** aufweist.

---

[244] Hoffbauer (2007a), S. 189f.

Welche Erklärung können die beiden theoretischen Ansätze von Dunning und der Uppsala-Schule in diesem Fall bieten?

Eine Internationalisierung nach der Argumentation des eklektischen Paradigma ist – zumindest im Allgemeinen – für die EM-MNUs erkennbar.[245] Der Wettbewerbsvorteil der Pharmaunternehmen lag zum Zeitpunkt der Investition noch nicht im Bereich der Forschung und Entwicklung, was einen Markteintritt in Industrieländer begründet hätte.[246] Zu Beginn der Internationalisierung lag der Eigentumsvorteil in der günstigen Produktion von Generikaprodukten. Vor allem in Märkten auf dem gleichen oder auf einem geringeren Entwicklungsniveau konnten somit Wettbewerbsvorteile gegenüber der weltweiten Konkurrenz erzielt werden. Eine Gesetzesänderung in Indien im Jahr 2005 erschwerte die Herstellung von Generika erheblich.[247] Dies führte zu einer Neuausrichtung der indischen Pharmaindustrie. Der Fokus wurde von den indischen Pharmaunternehmen verstärkt auf selbst entwickelte Medikamente und Auftragsforschung bzw. -produktion für westliche Pharmafirmen. Dadurch verlagerte sich die strategische Ausrichtung, und die forschungs- und entwicklungsintensiven Pharmaunternehmen aus den Industrienationen wurden zu lukrativen Übernahmekandidaten.

Quadrant IV zeigt bezüglich der psychischen Distanz der 1. FDI kein konsistentes Bild, da nicht wie in Quadrant III unternehmensinterne Erfahrung den Schritt in ein Land mit großer psychischer Distanz rechtfertigt. Deshalb ist es von Bedeutung zu untersuchen, wie der nachfolgende Internationalisierungsprozess der Unternehmen verläuft und ob sich durch diese Betrachtung ein einheitlicheres Bild ergibt. Aus diesem Grund soll der Frage nachgegangen werden, ob durch die Positionierung der EM-MNUs in Quadrant I, III oder IV Schlüsse auf den weiteren Internationalisierungsverlauf gezogen werden kön-

---

[245] Aufgrund der teilweise lange zurückliegenden Investitionen sind die einzelnen Motive nur schwer rekonstruierbar. Um die exakten Beweggründe zu ermitteln, müssten die verantwortlichen Entscheidungsträger der Unternehmen befragt werden. Da diese aber oftmals nicht mehr verfügbar sind wurde darauf verzichtet. Des Weiteren kann vermutet werden, dass die genauen Motive von den Verantwortlichen heute oftmals nicht mehr korrekt rekonstruiert werden können.

[246] Ranbaxy tätigte die 1. FDI im Jahr 1984 in Malaysia und Dr. Reddy's im Jahr 1990 in Singapur.

[247] Lele (2005), S. 670.

nen. Dazu wurde untersucht, ob die weiteren Direktinvestitionen in fremde Märkte einem inkrementalen Verlauf nach dem Uppsala-Modell folgen.

Die Abb. 26 zeigt den Zusammenhang zwischen der Höhe des **gewählten Marktpotentials für die 1. FDI** und der Übereinstimmung des Internationalisierungsverlaufs der EM-MNUs mit einem inkrementalen Idealverlauf („*Inkrementaler Internationalisierungsverlauf*"). Um die Kongruenz des tatsächlichen Internationalisierungsverlaufs der EM-MNUs mit einem inkrementalen Idealverlauf zu ermitteln, wurden die Werte der psychischen Distanz in aufsteigender Reihenfolge für jeden Emerging Market abgetragen und den Werten der psychischen Distanz für die tatsächlich gewählten Internationalisierungsschritte gegenübergestellt.[248] Daraufhin wurde für jedes Unternehmen ein Korrelationskoeffizient r von dem idealen und dem tatsächlichen Verlauf berechnet. Die Korrelationskoeffizienten können Werte zwischen -1 und 1 annehmen. Die Vorzeichen geben Auskunft darüber, ob die verglichenen Daten in die gleiche Richtung laufen. Je näher die Werte an 1 liegen, desto stärker stimmt der inkrementale Idealverlauf mit dem tatsächlichen Internationalisierungsverlauf überein, also desto stärker korrespondiert das gewählte Expansionsmuster der EM-MNUs mit dem postulierten Verlauf nach dem Uppsala-Modell.

Abb. 26 liefert äußerst aufschlussreiche Ergebnisse. So weisen die EM-MNUs in Quadrant IV aus Abb. 25, bis auf eine Ausnahme, einen zumindest annähernd inkrementellen Internationalisierungsverlauf auf. Trotz der Erstinvestition in ein Land mit einer hohen psychischen Distanz zeigen die Folgeinvestitionen zumindest eine Orientierung an dem vom Uppsala-Modell postulierten Idealverlauf. Lediglich das Pharmaunternehmen Dr. Reddy's zeigt auch bei den Folgeinvestitionen eine starke Abweichung (r = -0,426) von einem inkrementalen Internationalisierungsverlauf. Wie bereits erwähnt befindet sich das Unternehmen in der Abb. 25 in dem Unschärfebereich zwischen hohem und geringem gewählten Marktpotential für die 1. FDI. Der mit fast 18 Prozent nicht geringe Anteil an praktischer Auslandserfahrung des Top-Managements und einer Kooperation im Heimatland lässt die Überlegung zu, ob Dr. Reddy's nicht eher Quadrant III zuzuordnen ist.

---

[248] In Anlehnung an Holtbrügge (2005), S. 15.

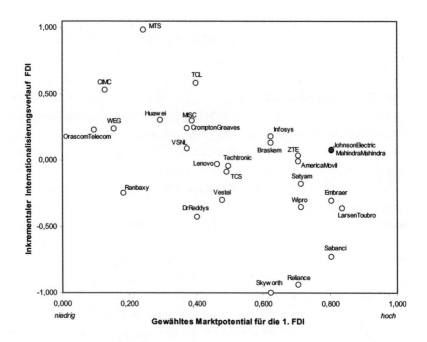

Abb. 26: Zusammenhang zwischen dem *Gewählten Marktpotential für die 1. FDI* und einem inkrementalen Internationalisierungsverlauf [249]
Quelle: Eigene Darstellung.

Des Weiteren zeigt Abb. 26, dass alle vier Unternehmen aus Quadrant I in Abb. 25, die zunächst in ein Land mit einer geringen psychischen Distanz eingetreten sind, auch im Folgenden einen inkrementalen Internationalisierungsverlauf aufweisen. Die fehlende Auslandserfahrung – sei es Berufserfahrung im Ausland oder Erfahrung durch Kooperationen im Heimatland – muss in diesem Fall sukzessiv während des Internationalisierungsprozesses erworben werden. Dies entspricht der „klassischen" Erfahrungsakkumulation nach der Psychic Distance Chain.

---

[249] Für die beiden indischen Unternehmen Bajaj Auto und Cipla konnte kein inkrementaler Internationalisierungsverlauf erstellt werden, da bis zum Ende der statistischen Erhebung keine Folgeinvestitionen getätigt wurden.

4 Empirische Untersuchung

Die EM-MNUs aus Quadrant III in Abb. 26 besitzen – bis auf wenige Ausnahmen – alle negative Korrelationswerte, die entweder keinen Zusammenhang erkennen lassen, da sich die Werte sehr nah an Null annähern oder einen stark negativen Zusammenhang zwischen dem tatsächlichen Verlauf und einem inkrementalen Idealverlauf aufzeigen. Das Ergebnis zeigt, dass Unternehmen aus Quadrant III keinen inkrementalen Internationalisierungsverlauf aufweisen. Allerdings wurden die hohen Erfahrungswerte, über die EM-MNUs in Quadrant III verfügen, bei der Berechnung der Korrelationskoeffizienten nicht berücksichtigt. Die Korrelationskoeffizienten zeigen lediglich den Zusammenhang zwischen den rein auf landesspezifischen Fakten ermittelten Werten der psychischen Distanz.

Da das Top-Management der EM-MNUs in Quadrant I und IV lediglich über geringe Auslandserfahrung vor Beginn der ersten Direktinvestition verfügte, stimmen die unternehmensexogen berechneten Indexwerte der psychischen Distanz mit den Werten der im Unternehmen individuell wahrgenommenen Fremdartigkeit der Auslandsmärkte überein. Die Hypothesen 3 und 4 haben aber gezeigt, dass die Variablen **Auslandsarbeitsquote** und **Kooperationsquote** sehr wohl einen Einfluss auf die Wahl des Auslandsmarktes besitzen. Im Gegensatz zu den Unternehmen aus den Quadranten I und II verfügt die Führungsebene der EM-MNUs in Quadrant III über Erfahrungswerte, die vor Beginn der Internationalisierung gesammelt wurden. Dadurch verringert sich die auf Länderebene ermittelte psychische Distanz in Quadrant III um die gesammelte Auslandserfahrung:

$$\text{Indiv. PD}_{\text{EM-MNU}} = \text{PD} - (\text{ERF}_{\text{Auslandsarbeit}} + \text{ERF}_{\text{Kooperationen}})$$

Indiv. $PD_{\text{EM-MNU}}$ = Individuelle psychische Distanz des Top-Managements eines EM-MNU
PD = Gesamtindex der psychischen Distanz
$ERF_{\text{Auslandsarbeit}}$ = Erfahrungswert der ausländischen Berufserfahrung
$ERF_{\text{Kooperationen}}$ = Erfahrungswert der Kooperationen im Heimatland

In Quadrant I und IV entspricht die auf landesspezifischen Fakten basierende psychische Distanz (PD) der unternehmensindividualisierten psychischen Distanz (Indiv. $PD_{\text{EM-MNU}}$), da zum Zeitpunkt der ersten Direktinvestition keine oder nur geringe praktische Auslandserfahrung bzw. Erfahrung durch Kooperationen im Heimatland vorliegt.

Somit konnte gezeigt werden, dass der Grundgedanke des Uppsala-Modells auch für die Internationalisierung von Unternehmen aus den Emerging Markets Gültigkeit besitzt. Allerdings ist bei der Übertragbarkeit des Ansatzes die Ausweitung der Erfahrungsakkumulation um die Zeitspanne vor Beginn der ersten Direktinvestition zu erweitern. Die Besonderheit einiger EM-MNUs besteht darin, dass das Top-Management dieser Unternehmen bereits *vor* der ersten Investition im Ausland Erfahrung mit Industrieländern erworben hat. Diese „Vorab-Erfahrung" ist eine typische Eigenschaft der Manager aus Emerging Markets, da eine vergleichbare Erfahrungsakkumulation der Führungskräfte aus Industriestaaten mit Ländern, zu denen eine große psychische Distanz besteht, unkonventionell bzw. nicht praktikabel war. Die Rahmenbedingungen der MNUs aus den Industrieländern waren zu dem Zeitpunkt ihres Internationalisierungsbeginns anders gesteckt. So standen nur begrenzt Managementkapazitäten mit Erfahrung in Ländern auf einer geringeren Entwicklungsstufe zur Verfügung. Auch konnten MNUs aus Industrieländern aufgrund der Vorreiterrolle im Globalisierungsprozess nicht auf Erfahrung durch vorangegangene Kooperationen mit EM-MNUs im Heimatland zurückgreifen, da zu dem Zeitpunkt der Expansionswelle der MNUs aus USA oder Europa nur eine begrenzte Anzahl von Unternehmen aus den Emerging Markets bereits in den Industrieländern als Kooperationspartner zur Verfügung standen.[250]

Somit zeigen die Ergebnisse, dass der offensichtliche Konflikt bei der Übertragbarkeit des Uppsala-Modells auf den Internationalisierungsprozess von EM-MNUs aus wissens- und forschungsintensiven Industrien aufgelöst werden kann. Die Theorie zeigt einen Erklärungsgehalt, mit welchem der Internationalisierungsprozess von EM-MNUs nachvollzogen werden kann. Die Anwendbarkeit des Uppsala-Modells wird durch die Modifikation sichergestellt, dass der Erfahrungserwerb nicht nur im Zuge des Internationalisierungsprozesses stattfinden kann, sondern bereits zuvor.

---

[250] Mathews/Zander (2007), S. 4.

Die Ergebnisse für **EM-MNUs aus arbeits-, kapital- und rohstoffintensiven Industrien** zeigen hingegen ein anderes Bild. Keine der Hypothesen, die den Einfluss von Erfahrung auf die Marktwahl untersuchen (Hypothesen 2, 3, 4), konnte bestätigt werden. So wird deutlich, dass bereits vorhandene Auslandserfahrung des Top-Managements in einem EM-MNU aus einer arbeits-, kapital- und rohstoffintensiven Branche keinen Einfluss auf den Internationalisierungspfad besitzt, sei es durch ein Studium oder durch praktische Erfahrung im Ausland oder durch vorangegangene Kooperationen im Heimatmarkt mit MNUs aus Industriestaaten. Insofern ist festzuhalten, dass der unternehmensexogen berechnete Wert der psychischen Distanz (Hypothese 1) je höher liegt, desto höher der Entwicklungsstand eines Landes ist. Ob die psychische Distanz jedoch einen Einfluss auf die Marktwahl besitzt, zeigen erst die Hypothesen 2, 3 und 4, da hier unternehmensspezifische Faktoren berücksichtigt wurden. Da keine der Hypothesen bestätigt werden konnte, ist zu vermuten, dass die Unternehmen aus arbeits-, kapital- und rohstoffintensiven Industrien nicht aufgrund von Erfahrungswissen ihre Internationalisierungsentscheidungen treffen. Erfahrung würde – nach dem Uppsala-Modell – die wahrgenommene Fremdartigkeit zu ausländischen Märkten verringern, sodass dadurch Länder mit einem hohen Marktpotential bzw. mit einer hohen psychischen Distanz für EM-MNUs schneller bearbeitet werden könnten, als dies im Falle einer fehlenden Auslandserfahrung geschehen würde.

Abschließend ist darauf hinzuweisen, dass von entscheidender Bedeutung ist wie die psychische Distanz in die Untersuchung integriert wird. Hypothese 1 hat die psychische Distanz in Anlehnung an die Operationalisierung von Vahlne/Wiedersheim-Paul (1973) und Hörnell/Vahlne/Wiedersheim-Paul (1973) als exogene Variable in das Modell integriert und ausnahmslos „harte" Daten verwendet. Die psychische Distanz nach diesem Messkonzept zeigt somit lediglich landesspezifische Unterschiede auf. Die empirische Untersuchung hat aber gezeigt, dass dadurch wesentliche Bestandteile der psychischen Distanz nicht berücksichtigt werden, obwohl die Intention der skandinavischen Schule in der Entwicklung eines Modells zur Integration von subjektivem Verhalten lag.

Zusammenfassung der Ergebnisse zum Zielmarkt der ersten ausländischen Direktinvestition

Zusammenfassend können die Ergebnisse zur Analyse des **Gewählten Marktpotentials für die 1. FDI** folgendermaßen beschrieben werden:

(1) Länder mit hohen Werten der unternehmensexogen berechneten psychischen Distanz sind (noch) ausschließlich Industrienationen.

(2) EM-MNUS aus wissens- und forschungsintensiven Industrien weisen einen annähernd inkrementellen Internationalisierungsverlauf auf, wenn die erste ausländische Direktinvestition in einem Land mit geringer psychischer Distanz getätigt wurde. Risikoaverse EM-MNUs internationalisieren somit „step-by-step".

(3) Um die unternehmensindividuelle psychische Distanz der EM-MNUs aus wissens- und forschungsintensiven Industrien zu ermitteln müssen diese um

- praktische Auslandserfahrung und
- Kooperationserfahrung mit MNUs aus Industrieländern im Heimatmarkt

korrigiert werden.

(4) Dadurch kann das theoretische Dilemma der Anwendbarkeit des Uppsala-Modells für EM-MNUs entkräftigt werden.

(5) EM-MNUs aus arbeits-, kapital- und rohstoffintensiven Industrien treffen ihre Marktwahlentscheidung der ersten ausländischen Direktinvestition unabhängig von der gesammelten Auslandserfahrung des Top-Managements.

4.6.2 Diskussion der Ergebnisse zur Expansionsgeschwindigkeit

Auch hier zeigen die Ergebnisse, dass eine Unterteilung in wissens- und forschungsintensive bzw. arbeits-, kapital- und rohstoffintensive Industrien von großer Bedeutung ist. Das Regressionsmodell zur Expansionsgeschwindigkeit in Industriestaaten der **EM-MNUs aus arbeits-, kapital- und rohstoffintensiven Industrien** ist nicht geeignet, um die Expansionsgeschwindigkeit zu erklären.

Demgegenüber konnte festgestellt werden, dass **EM-MNUs aus wissens- und forschungsintensiven Industrien** schneller in verschiedene Industrieländer mittels Direktinvestition eintreten, wenn das Top-Management über ausländische Praxiserfahrung verfügt. Landesspezifische Erfahrungen und Kenntnisse über die ausländischen Märkte, die mittels praktischer Berufserfahrung erworben wurden, tragen zu einem beschleunigten Markteintritt in *Industrieländer* bei. Die individuell gesammelte Erfahrung führt zu einer geringer empfundenen Fremdartigkeit der Industriestaaten, da die Top-Manager häufig dort ihre praktischen Erfahrungen erlangt haben. Besteht die Führungsebene eines EM-MNU zu einem hohen Anteil aus international praxiserfahrenen Managern, so fällt bei einer Investition in einem Industrieland die Bindung der Managementkapazitäten geringer aus als bei EM-MNUs mit einem wenig international praxiserfahrenem Führungsstab. Durch die geringere Bindung der Managementkapazitäten stehen diese schneller wieder für weitere Internationalisierungsschritte zu Verfügung. Dies bedeutet, dass eine Internationalisierungsepisode schneller beendet wird und Kapazitäten für eine neue Episode zur Verfügung stehen. Praktische Auslandserfahrung beschleunigt den Internationalisierungsprozess in Industrieländer, indem sie einzelne Episoden verkürzt.

An dieser Stelle soll festgehalten werden, dass die Ergebnisse nicht zeigen, dass Unternehmen mit einer hohen Auslandsarbeitsquote im Top-Management im Allgemeinen schneller internationalisieren. Die Ergebnisse schließen nicht aus, dass EM-MNUs mit einer geringen Auslandsarbeitsquote ab dem Zeitpunkt der ersten ausländischen Direktinvestition sehr schnell in Nicht-Industrieländer expandieren. In dieser Arbeit wurde untersucht, ob diese EM-MNUs eine schnellere Marktpenetration der *Industrieländer* erreichen. Die Bearbeitung der Märkte der Industrienationen ist aufgrund der hohen – auf Landesebene gemessenen – psychischen Distanz grundsätzlich mit einer hohen Komplexitätsbewältigung verbunden. Praxiserfahrung im Ausland, die individuell von den einzelnen Mitgliedern des Managements vor Eintritt in das Unternehmen gesammelt wurde, trägt dazu bei, diese „exogen" berechnete Fremdartigkeit schon vor dem Markeintritt zu verringern. Dadurch fällt die zu bewältigende Komplexität in den Industrieländern geringer aus und kann in einer kürzeren Zeitspanne bewältigt werden.

Zudem konnte aufgezeigt werden, dass die Höhe der psychischen Distanz zum Gastland der ersten ausländischen Direktinvestition die weitere Expansionsgeschwindigkeit beeinflusst. EM-MNUs, die sich bereits bei der Wahl der ersten ausländischen Direktinvestition in Länder vorwagen, zu denen eine hohe psychische Distanz besteht, werden schneller in weitere Industrieländer eintreten. Wohingegen EM-MNUs, die entsprechend der Psychic Distance Chain eine inkrementelle, sukzessive Expansionsstrategie verfolgen, weitaus mehr Zeit benötigen um sich in Industrieländer vorzuwagen.

Die Ergebnisse zeigen, dass die psychische Distanz des ersten Investitionsgastlandes einen Einfluss auf die Expansionsgeschwindigkeit in Industrieländer besitzt. Allerdings zeigt die Ausprägung der Ergebnisse auch, dass es noch andere weitaus bedeutendere Faktoren geben muss, die die Expansionsgeschwindigkeit beeinflussen.

Insofern bleibt festzuhalten, dass Unternehmen mit einer hohen **Auslandsarbeitsquote** in der Führungsebene, die zunächst in ein psychisch fremdes Land eingetreten sind, nicht unbedingt per se schneller internationalisieren. Es kann auch für EM-MNUs, welche die beiden gerade angeführten Kriterien nicht besitzen, zweckmäßig sein, zu einem bestimmten Zeitpunkt schnell in verschiedene Industrieländer einzutreten, da hohe Aufwendungen für eine Innovation kompensiert werden müssen. Um die größtmöglichen Kostendegressionseffekte zu erzielen, kann eine schnelle Expansion in Länder mit einem hohen Marktpotential sinnvoll sein, da vor allem die Zeit bis zur Imitation durch die Konkurrenz von Bedeutung ist.[251]

Die empirische Analyse erklärt die Faktoren, welche die Expansionsrate in die Industrieländer beeinflusst. Allerdings konnte dadurch nicht gezeigt werden, inwieweit der gesamte Internationalisierungsprozess von Unternehmen aus Emerging Markets beschleunigt ist. Mathews (2002) begründet die Nichtübertragbarkeit des Uppsala-Modells auf EM-MNUs mit dem Argument, dass Unternehmen aus diesen Märkten bereits bei ihrer Gründung international ausgerichtet sind und damit einen akzelerierten Internationalisierungsprozess aufweisen.[252] Da dieser Aspekt ein wichtiger Anhaltspunkt für die Übertragbarkeit der bestehenden Theorien auf EM-MNUs darstellt, erscheint es von Bedeu-

---

[251] Hutzschenreuter/Voll (2008), S. 66.
[252] Mathews (2002), S. 100.

tung die Born Global- und Akzelerationsvermutung anhand der Unternehmen im Sample genauer zu untersuchen. Hierzu werden die in Kapitel 3.2 ausgeführten Zeitkategorien zur Analyse der Geschwindigkeit des Internationalisierungsprozesses herangezogen. Die erste Kategorie (a) umfasst die Zeitspanne zwischen der Unternehmensgründung bis zum ersten Auslandsengagement. Abb. 27 zeigt die Expansionsgeschwindigkeit der EM-MNUs aus dem Sample (unabhängig von der Branchenkategorisierung) nach dieser Kategorie. Für die Abgrenzung von Unternehmen mit einem traditionellen Internationalisierungsprozess zu Born Globals wird in der Grafik eine horizontale Grenzlinie nach dem dritten Jahr nach Unternehmensgründung gezogen. Alle Unternehmen die links von dieser Linie liegen – also das erste Auslandsengagement innerhalb der ersten drei Jahre nach der Gründung aufweisen – können als Born Globals bezeichnet werden.[253] Allerdings haben lediglich 7 von 55 betrachteten Unternehmen innerhalb der ersten 3 Jahre ihre erste ausländische Direktinvestition getätigt. Der Großteil der Unternehmen ist nicht älter als 40 Jahre. Des Weiteren hat ein Großteil der EM-MNUs innerhalb der ersten 25 Jahre ihre erste ausländische Direktinvestition getätigt. Dies bedeutet nicht, dass die Unternehmen davor nicht international agiert haben. Vor diesem Zeitpunkt war die internationale Tätigkeit lediglich auf den Export beschränkt. Insofern zeigt Abb. 27, dass entgegen der Aussage von Mathews (2002) nur wenige EM-MNUs in die Kategorie „Born Globals" fallen.

---

[253] Übernommen aus Holtbrügge/Enßlinger (2006), S. 5.

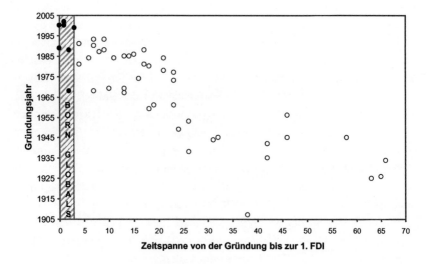

Abb. 27: Expansionsgeschwindigkeit der EM-MNUs aus dem Sample nach Kategorie (a)[254]
Quelle: Eigene Darstellung.

Die zweite Kategorie (b) misst die Geschwindigkeit des Internationalisierungsprozesses, indem die Zeitspanne, die zwischen dem ersten Auslandsengagement und den folgenden Engagements im Ausland liegt, herangezogen wird.[255] Es kann von einem akzelerierten Internationalisierungsprozess gesprochen werden, wenn die Zeitspanne zwischen dem Erst- und dem Folgeengagement kürzer ist als diejenige zwischen der Gründung und dem ersten Auslandsengagement.[256] Abb. 28 visualisiert diesen Zusammenhang für die EM-MNUs aus dem Sample.

---

[254] 5 EM-MNUs des Samples sind aufgrund der Skalierung nicht abgebildet. Die Zeitspanne von der Gründung bis zur 1. FDI beläuft sich bei allen 5 auf 70 bis 127 Jahren. Alle Unternehmen sind deshalb rechts der eingezeichneten Grenzlinie angesiedelt und weisen somit keinen schnellen Internationalisierungsprozess auf.
[255] Holtbrügge/Enßlinger (2006), S. 5.
[256] Holtbrügge/Enßlinger (2006), S. 5.

4 Empirische Untersuchung

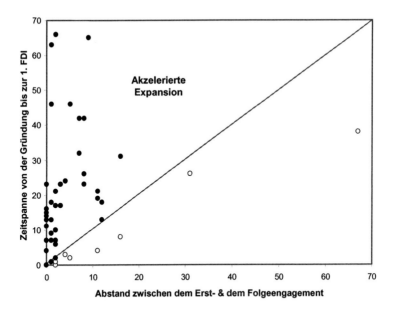

Abb. 28: Expansionsgeschwindigkeit der EM-MNUs aus dem Sample nach Kategorie (b)[257]

Quelle: Eigene Darstellung.

Die Diagonale grenzt den traditionellen und den akzelerierten Internationalisierungsprozess voneinander ab. Die Abbildung zeigt deutlich, dass die Mehrheit der Unternehmen aus den Emerging Markets eine beschleunigte Expansion aufweist.

Folglich kann festgestellt werden, dass EM-MNUs nicht typischerweise Born Globals sind, allerdings vollziehen diese ab dem ersten Auslandsengagement einen schnellen Internationalisierungsprozess.

Insofern erscheint die Bezeichnung des von Bell/McNaughton/Young (2001) untersuchten Sonderfalls der sogenannten „Born-again Globals" als durchaus

---

[257] 6 EM-MNUs des Samples sind aufgrund der Skalierung nicht abgebildet. Die Zeitspanne von der Gründung bis zur 1. FDI beläuft sich auf 70 bis 127 Jahre. Alle Unternehmen sind weit über der eingezeichneten Grenzlinie angesiedelt und sind somit ebenfalls „Born-again Globals".

passend. Die EM-MNUs aus dem Untersuchungssample konzentrieren sich zunächst auf den Heimatmarkt, bevor diese später eine schnelle globale Expansion starten, indem sie in kurzer Zeit in verschiedene ausländische Ländermärkte eintreten.[258]

Zusammenfassung der Ergebnisse zur Expansionsgeschwindigkeit

Zusammenfassend können die Ergebnisse zur Analyse der **Expansionsgeschwindigkeit** folgendermaßen formuliert werden:

(1) EM-MNUs sind nicht vermehrt von der Gründung aus international ausgerichtet.

(2) EM-MNUs verfolgen keinen traditionellen inkrementellen Internationalisierungsprozess, sondern können als „Born-again Globals" bezeichnet werden.

(3) Die Expansionsrate in Industrieländer – also die Geschwindigkeit mit welcher die EM-MNUs in verschiedenen Industrienationen tätig werden – wird beeinflusst durch den praktischen Erfahrungsschatz, den das Top-Management aufweist und der psychischen Distanz des Landes des ersten Auslandsengagements.

4.7 Grenzen der empirischen Untersuchung und weiterer Forschungsbedarf

Um das komplexe Forschungsvorhaben bewältigen zu können wurden eine Reihe von Einschränkungen vorgenommen. Hierbei handelt es sich zum einen um inhaltliche Einschränkungen des Untersuchungsgegenstandes und zum anderen um methodische Einschränkungen bei der Datenanalyse. Diese werden in den folgenden Abschnitten erläutert.

4.7.1 Inhaltlich begründete Grenzen der empirischen Untersuchung

Das Ziel der Arbeit bestand in der Analyse des Internationalisierungspfades von EM-MNUs und in der Untersuchung der Vereinbarkeit des Internationalisierungsprozesses mit den bestehenden traditionellen Internationalisierungstheorien. Dazu wurden zwei traditionelle Ansätze herangezogen. Die Analyse

---

[258] Bell/McNaughton/Young (2001), S. 174.

dieser beiden Theorien begründet noch keine Übertragbarkeit der Ergebnisse auf die gesamte Bandbreite der Internationalisierungstheorien in Bezug auf EM-MNUs. Allerdings nehmen sowohl das Uppsala-Modell als auch das eklektische Paradigma eine bedeutende Stellung in der Internationalisierungsforschung ein, zumal das eklektische Paradigma verschiedene Theorien der internationalen Unternehmen vereinigt und auch das Uppsala-Modell auf verschiedenen Theorien basiert.

Des Weiteren wurden inhaltliche Einschränkungen in Bezug auf die Markteintrittsform vorgenommen. Diese Arbeit untersucht aus inhaltlichen und praktischen Gründen lediglich Markteintritte mittels ausländischer Direktinvestitionen. Damit wurde die Analyse der Establishment Chain des Uppsala-Modells vollständig ausgeklammert. Es existiert eine Vielzahl anderer Formen des Markteintritts, wie etwa der Export oder die Minderheitsbeteiligung, die in dieser Untersuchung nicht erfasst wurden. Aus praktischen Gründen wurden diese Markteintrittsformen ausgeklammert, da aufgrund des Unternehmenssamples nicht zu erwarten war, dass diese Formen des Markteintrittes für sämtliche Unternehmen rekonstruiert werden können. Bezüglich des Exportverhaltens wurde versucht eine genaue Rekonstruktion des Exportverlaufs im Zuge der Datenerfassung zu erzielen. Dazu wurden zum einen die vorliegenden Geschäftsberichte ausgewertet, und zum anderen wurden die Unternehmen persönlich kontaktiert. Allerdings konnte der Exportverlauf lediglich für 9 Unternehmen vollständig erschlossen werden und hätte somit die Samplegröße erheblich verringert. Eine Vernachlässigung dieser Formen der Internationalisierung bringt den Nachteil mit sich, dass dadurch eine wichtige Quelle für den Aufbau von Erfahrung nicht berücksichtigt wird. So ist anzunehmen, dass Exportaktivitäten, die ein Unternehmen mit einem Gastland vor dem ersten Auslandsengagement unterhält, durchaus einen Beitrag zur Auslandserfahrung des Top-Managements leisten.[259] Diese Auslandserfahrung könnte ebenfalls zu einer Verringerung der psychischen Distanz vor der ersten ausländischen Direktinvestition führen und würde somit die Wahl des Landes für ein Auslandsengagement beeinflussen.

Eine weitere inhaltliche Einschränkung wurde bei der Spezifikation von Direktinvestitionen vorgenommen. Die Investition wird lediglich anhand der Kapital-

---

[259] Moon/Lee (1990); Bilkey/Tesar (1977); Cavusgil (1982); Barrett/Wilkinson (1986).

beteiligung bemessen. So wurden alle Investitionen mit einer Mindestbeteiligung von 50 Prozent in die Untersuchung einbezogen unabhängig davon, welche Wertschöpfungstiefe das jeweilige Engagement hatte. So wurde nicht unterschieden zwischen Produktionsniederlassung oder Vertriebsniederlassung. Insgesamt waren 73 % der ersten ausländischen Direktinvestitionen der Unternehmen aus wissens- und forschungsintensiven Industrien vertriebsorientiert und 27 % produktionsbezogen ausgerichtet. In der Kategorie arbeits-, kapital- und rohstoffintensive Industrien wurden 48 % der ersten ausländischen Direktinvestitionen aufgrund von produktionsorientierten und 52 % aus vertriebsorientierten Gründen errichtet. Dunning (1980, 1995, 2000) beschreibt das eklektische Paradigma als *„eclectic theory of international production"* und fokussiert die produktionsbezogenen Direktinvestitionen. Allerdings beschreibt er auch den Handel und Vertrieb als Determinanten der internationalen Produktion.[260] Abhängig von den verschieden funktionalen Aufgabenbereichen einer Niederlassung könnte jedoch vermutet werden, dass die Erfahrung eine unterschiedlich gewichtete Rolle spielen wird. Ein Kolmogorov-Smirnov-Test ergibt, dass zwischen den Ergebnissen der erhobenen unabhängigen Variablen keine signifikanten Unterschiede zwischen vertriebs- bzw. produktionsbezogenen Tochtergesellschaften bestehen.

Im Rahmen der Internationalisierung von Emerging Markets ist dennoch davon auszugehen, dass die Internationalisierung von Vertriebsniederlassungen und Produktionsstätten im Vergleich zu MNUs aus Industrieländern anders verlaufen wird. Viele EM-MNUs aus dem Sample verfügen bis heute über keine ausländische Produktionsstätte und haben lediglich den Vertrieb und die Forschung- und Entwicklung ins Ausland verlagert. Dies mag daran liegen, dass eine Verlagerung der Produktion aufgrund der niedrigen Produktionskosten (bspw. geringe Lohnkosten oder staatliche Auflagen) im eigenen Heimatland nicht rentabel erscheint. Die Herausforderung für weitere Studien besteht darin, in separaten Untersuchungen die Internationalisierungspfade von vertriebsorientierten bzw. produktionsorientierten Tochtergesellschaften von EM-MNUs, zu untersuchen.

Der Einfluss der Erfahrung des Einzelnen auf Internationalisierungshandlungen in der Führungsebene wird sicherlich durch die Organisationsstruktur und

---

[260] Dunning (1980), S. 13.

-kultur geprägt. Organisationsstrukturen beziehen sich darauf, wie die Aufgaben und Verantwortlichkeiten in der Organisation verteilt sind. Dadurch wird der Verhaltensrahmen gestaltet, der die Grenzen der Handlungsalternativen der Führungsebene festlegt.[261] Analog zur Organisationsstruktur besitzt die Organisationskultur – geprägt durch Werte und Normen – einen erheblichen, nachhaltigen Einfluss auf die Organisationsmitglieder und damit auch auf das Management.[262]

Die Organisationsstruktur bzw. -kultur der einzelnen EM-MNUs im Sample und der Einfluss auf den Internationalisierungsprozess wurde in dieser Untersuchung nicht mit einbezogen. Im Zusammenhang mit der Untersuchung von Unternehmen aus den Emerging Markets stellt sich jedoch durchaus die Frage, inwieweit sich die Organisationsstrukturen oder auch -kulturen von denen der Unternehmen aus Industrieländern unterscheiden. Dieser Aspekt liefert einen interessanten Ansatzpunkt, welcher in künftigen Studien näher untersucht werden sollte.

4.7.2 Methodisch begründete Grenzen der empirischen Untersuchung

Methodisch begründete Einschränkungen aufgrund des Unternehmenssample

Bei der Unternehmensauswahl sind bestimmte methodisch begründete Einschränkungen zu beachten. So entstammen die Unternehmen aus einer Studie über die „100 New Global Challengers" der Boston Consulting Group. Alle Unternehmen verfügen über positive Wachstumsaussichten in den kommenden Jahren und erfüllen bestimmte Größenanforderungen (vgl. Kapitel 4.1.2). Dadurch ergibt sich ein relativ homogenes Sample, womit eine bessere Vergleichbarkeit der Unternehmen sichergestellt werden kann. Allerdings wird dadurch auch die Generalisierbarkeit der Ergebnisse eingeschränkt. Durch die Erfüllung gewisser Größenrichtwerte war der Zugriff auf Unternehmensdaten aufgrund verschiedener Bilanzierungsvorschriften stärker gewährleistet als bei kleinen und mittleren Unternehmen. Allerdings ist die Übertragbarkeit der Er-

---

[261] Martin (1995), S. 39.
[262] Adler (2002), S. 67ff.

gebnisse auf kleine und mittlere Unternehmen dadurch mit Vorsicht zu behandeln.

Zudem ist es angesichts des geringen Stichprobenumfangs erforderlich, explizit auf die Grenzen dieser empirischen Untersuchung und ihren explorativen Charakter hinzuweisen. Durch den geringen Stichprobenumfang sind einige Emerging Markets nur schwach vertreten, andere Länder hingegen sind überrepräsentiert. So dominieren Unternehmen aus China und Indien. Auch unterscheiden sich die Heimatmärkte wesentlich in ihrer Größe. Internationalisierungsentscheidungen bzw. der Zeitpunkt der ausländischen Marktbearbeitung werden jedoch auch durch die Größe des Heimatlandes beeinflusst. So erwarten Johanson/Wiedersheim-Paul (1975), dass bspw. Unternehmen aus kleinen Heimatmärkten zunächst in ähnliche kleine Märkte eintreten.

Der geringe Stichprobenumfang führt zudem dazu, dass die Branchenverteilung sehr breitgefächert ist. Um die Aussagekraft der Untersuchung zu erhöhen, wurde das Sample in homogenere Gruppen – zum einen in die wissens- und forschungsintensiven Industrien nach Schumpeter und zum anderen in die arbeits-, kapital- und rohstoffintensiven Industrien nach Heckscher-Ohlin und Ricardo – untergliedert. Aufgrund der geringen Stichprobengröße des Samples wurde auf eine feingliedrigere Kategorisierung verzichtet. Allerdings zeigen die Ergebnisse der Analyse von arbeits-, kapital- und rohstoffintensiven Industrien, dass bei der Expansionsgeschwindigkeit ein Einfluss von der Branchenzugehörigkeit ausgeht und somit eine feingliedrigere Unterteilung in Branchen durchaus interessante Aspekte aufzeigen könnte.

Methodisch begründete Einschränkungen aufgrund der Variablen des Analysemodells

Im Zuge der Operationalisierung der Variablen wurde versucht die psychische Distanz in Anlehnung an die Definition des Uppsala-Modells zu berechnen. Allerdings ist eine empirische Umsetzung der psychischen Distanz grundsätzlich sehr komplex, da verschiedene weiche Daten – wie Einstellungen und Werte – herangezogen werden müssten.

Nicht umsonst existiert zur Messung der psychischen Distanz eine Vielzahl an Konzepten (vgl. den Überblick über verschiedene Messansätze in Kornmeier, 2002). Die Operationalisierung der psychischen Distanz wurde in dieser Arbeit mittels einem indirekten Messansatzes umgesetzt. Einige Probleme, die dieser

Weg mit sich bringt, wurden bereits in der vorangegangenen Diskussion angesprochen. Die Problematik war insofern vorab bekannt und wurde aufgrund der praktischen Umsetzbarkeit in Kauf genommen, da direkte Messansätze in dem vorliegenden Untersuchungsumfang nicht zu realisieren gewesen wären.

Ein direkter Messansatz wurde bspw. von der „Mannheimer Schule" konzipiert. So entwickelte Müller (1991) in diesem Zusammenhang unter anderem den Messansatz der konzentrischen Kreise. Der davon ausgeht, dass

„[...] der leibgebundene oder leibnahe Ort des Eigenen zugleich ein bedeutungsvoller Raum der Vertrautheit war. [...] Das vertraute Eigene bildet das Zentrum der Welt; der Grad der Fremdartigkeit war eine Funktion des Abstands von diesem Zentrum." [263]

Dieser Ansatz misst die individuell wahrgenommene Fremdartigkeit eines ausländischen Landes mittels einer „kognitiven Landkarte".[264]

In der hier durchgeführten empirischen Untersuchung hätte dies bedeutet, dass die psychische Distanz ausgehend von 11 im Sample vorkommenden Heimatländern für über 104 Zielländer durch persönliche Befragung ermittelt hätte werden müssen. Zudem wäre fraglich, ob die befragten Entscheidungsträger ihre wahrgenommene Fremdartigkeit zu einem Land, bei welchem der Markteintritt bereits viele Jahre zurückliegt, heute in der Retrospektive richtig bewerten würden.

Methodisch begründete Einschränkungen bei der Bezeichnung als „Born-(again)-Globals

Die vorangegangene Diskussion hat aufgezeigt, dass viele der Unternehmen aus den Emerging Markets zwar nicht als „Born Globals" im klassischen Sinn zu bezeichnen sind, aber durchaus „Born-again Globals" darstellen, die erst einige Zeit nach der Gründung ihre globale Expansion starten, dafür aber dann sehr schnell in verschiedene ausländische Ländermärkte eintreten.[265]

Um jedoch die „Born-again Global" Vermutung stärker zu untermauern, sollte die geografische Reichweite der Internationalisierung berücksichtigt werden. Dabei sind insbesondere die Anzahl der Länder, der kulturellen Cluster aber

---

[263] Münkler/Ladwig (1998), S.13.
[264] Kornmeier (2002), S. 84f.
[265] Bell/McNaughton/Young (2001), S. 174.

auch die Anzahl der geographischen Regionen zu beachten, in denen die Unternehmen vertreten sind.[266] In dieser Arbeit wurde lediglich die Anzahl der bearbeiteten Länder berücksichtigt. Allerdings ist die Berücksichtigung der Länderanzahl noch kein Beleg dafür, dass die Unternehmen auch wirklich global agieren. So können Unternehmen aus Brasilien z.B. in mehreren Auslandsmärkten aktiv sein, es besteht aber ein Unterschied, ob die Auslandsmärkte alle in Südamerika angesiedelt sind oder weltweit verteilt liegen.

---

[266] Holtbrügge/Enßlinger (2006), S. 6.

5 Anwendbarkeit der Internationalisierungsmodelle für MNUs aus Emerging Markets

Dieses Kapitel soll sich explizit mit der Beantwortung der Forschungsfrage und den daraus resultierenden Implikationen befassen. Im ersten Teilabschnitt soll die Anwendbarkeit der klassischen Internationalisierungstheorien auf die Internationalisierung von Unternehmen aus den Emerging Markets überprüft werden. Dazu werden die Ergebnisse der empirischen Untersuchung herangezogen und mit dem aktuellen integrativen „Universalansatz" von Jones/Coviello (2005) in Verbindung gebracht. Der zweite Teilabschnitt zeigt die daraus resultierenden Schlussfolgerungen, sowohl für die Forschung als auch für die Praxis.

5.1 Modifikation der bestehenden Modelle oder Konzeption eines global gültigen Ansatzes?

5.1.1 Vereinbarkeit bestehender Internationalisierungstheorien mit der Internationalisierung von EM-MNUs

Verschiedene ökonomische und politische Triebkräfte haben in den vergangenen Jahren zu einer verstärkten Internationalisierung der Unternehmen aus den Emerging Markets geführt. Diese Antriebsfaktoren können unterschiedlicher Natur sein und entstehen u. a. aufgrund der teilweise relativ kleinen Heimatmärkte oder aus dem zunehmenden Wettbewerbsdruck, der vor allem in den Emerging Markets die Folge verstärkter Liberalisierungsbestrebungen war. Zusätzlich werden die Antriebsfaktoren oftmals durch regierungspolitische Maßnahmen wie etwa Subventionen bestärkt.[267]

Diese Arbeit zielte darauf ab, die Anwendbarkeit der Internationalisierungsmodelle für MNUs aus Emerging Markets zu überprüfen. Zunächst soll die Vereinbarkeit des Uppsala-Modells von Johanson/Vahlne mit der Internationalisierungspraxis von EM-MNUs rekapituliert werden.

---

[267] UNCTAD (2006), S. 142.

Vereinbarkeit des Uppsala-Modells mit der Internationalisierung von EM-MNUs

Die Überprüfung der Vereinbarkeit des Uppsala-Modells mit der Internationalisierung von EM-MNUs gestaltet sich – im Vergleich zum eklektischen Paradigma – weitaus schwieriger und komplexer. Dies liegt vor allem in dem Prozessgedanken, der dem lerntheoretischen Ansatz zugrunde liegt. Das eklektische Paradigma betrachtet lediglich einzelne Investitionsentscheidungen ohne die Berücksichtigung von zeitlichen, prozessbeeinflussenden Gestaltungsfaktoren.

Das Uppsala-Modell von Johanson/Vahlne wurde hinsichtlich der ersten Direktinvestition, des weiteren Verlaufs der Internationalisierung und hinsichtlich des zeitlichen Rahmens untersucht. Die empirische Untersuchung in dieser Arbeit hat aufgezeigt, dass der Grundgedanke des Uppsala-Modells auch für die Internationalisierung von Unternehmen aus den Emerging Markets Gültigkeit besitzt, wenn bestimmte Modifikationen bezüglich der Startposition der Ressource Erfahrung eines Unternehmens und der psychischen Distanz vorgenommen werden. So konnte belegt werden, dass der Ansatz um eine Modifikation bezüglich des zeitlichen Beginns der Erfahrungsakkumulation erweitert werden muss. Zudem konnte gezeigt werden, dass der Erklärungsgehalt der Theorie steigt, wenn Kooperationserfahrungen berücksichtigt werden. Die „Vorab-Erfahrung" ist eine typische Eigenschaft des einzelnen Managers bzw. des kollektiven Top-Managements aus Emerging Markets, die für die Anwendbarkeit des Uppsala-Modells eine entscheidende Rolle spielt, weil dadurch bestimmte Internationalisierungsschritte entlang der Psychic Distance Chain nachvollziehbar werden.

Dennoch ist zu erkennen, dass der Einfluss der psychischen Distanz zwischen Heimatland und Gastland auf die Internationalisierungsentscheidungen von Unternehmen grundsätzlich abnimmt und andere Faktoren an Bedeutung gewinnen. Die abnehmende Bedeutung der psychischen Distanz gilt jedoch nicht nur für die Emerging Markets, sondern ist ein globaler Vorgang. Gründe dafür sind die Globalisierung der Märkte, Homogenisierungstendenzen der Wirtschaftsräume und die verstärkte internationale Zusammenarbeit.[268]

---

[268] Holtbrügge (2005), S. 26.

Allerdings ist nicht davon auszugehen, dass wie Stöttinger/Schlegelmilch (2000) behaupten, das Konzept der psychischen Konstanz bereits heute keinen Stellenwert mehr besitzt. Vielmehr rücken vor allem für EM-MNUs andere Bestimmungsfaktoren in den Vordergrund, wodurch die psychische Distanz zwar an Bedeutung verliert, aber trotzdem noch Internationalisierungsentscheidungen moderiert.

Die Ergebnisse zur Expansionsgeschwindigkeit bestätigen, dass EM-MNUs zwar nicht als Born Globals ab der Unternehmensgründung sehr schnell internationalisieren, aber dennoch als „Born-again Globals" keinen typisch inkrementellen stetigen Internationalisierungsprozess aufweisen. Auch hier konnte gezeigt werden, dass Erfahrung (praktische Berufserfahrung im Ausland) dazu beiträgt, den beschleunigten Markteintritt in Industrieländer zu erklären.

Als Resümee kann festgehalten werden, dass der Internationalisierungsprozess von EM-MNUs anhand des Uppsala-Modells nur unter veränderten Voraussetzungen bedingt erklärt werden kann. Vor allem in Bezug auf die Geschwindigkeit des Internationalisierungsprozesses ist ein Erklärungsdefizit zu erkennen, das sich durch die Erfahrungskomponente teilweise begründen lässt. Dadurch greift aber fast immer die Einschränkung des Geltungsbereiches (vgl. 2.2.3) von Johanson/Vahlne (1977):

"[...] when the firm has considerable experience from markets with similar conditions it may be possible to generalise this experience to the specific market." [269]

Übertragen auf die EM-MNUs bedeutet dies, dass die praktische „Vorab-Erfahrung" im Ausland dazu beiträgt abweichend von einem inkrementellen stetigen Verlauf zu internationalisieren. Da in diesem Sample aber der größte Teil der Unternehmen einen akzelerierten Verlauf aufweist, wird die Internationalisierung von EM-MNUs zu einer permanenten Ausnahme des Uppsala-Modells.

Vereinbarkeit des eklektischen Paradigmas mit der Internationalisierung von EM-MNUs

Eine Vielzahl von EM-MNUs tätigen ihre ersten Auslandsengagements in Ländern, in denen ein großes Absatzpotential zu erwarten ist. Es lassen sich vor

---

[269] Johanson/Vahlne (1990), S.12.

allem Unterschiede in der Motivation der ausländischen Direktinvestition ausmachen. Unternehmen aus den Emerging Markets verfügen oftmals nicht über die „klassischen" Eigentumsvorteile, wie Patente oder Produktinnovationen, welche mit einem Markteintritt in einem Gastland gegenüber den Wettbewerbern optimal ausgeschöpft werden können. Vielmehr versuchen EM-MNUs ihre Eigentumsvorteile durch eine „Assets-Augmenting"-Strategie zu vergrößern, indem die Unternehmen anstreben, durch einen Markteintritt Wettbewerbsvorteile zu erlangen.[270] So können sich EM-MNUs durch Akquisitionen bspw. Patente und Technologiezugang erkaufen und dadurch ihre Wettbewerbsfähigkeit erhöhen. Diese Veränderung der Motive der ausländischen Direktinvestitionen von MNUs ist von Dunning et al. (2008) bereits aufgenommen worden und konnte im Zuge dieser empirischen Studie für die Mehrheit der Unternehmen bestätigt werden. Auf Grund des verspäteten Eintritts der Unternehmen aus den Emerging Markets in den globalen Wettbewerb sind diese gezwungen einen „Catch-up" Prozess zu verfolgen, indem sich die Unternehmen sehr schnell an Märkte mit erfahrungsgemäß hohem Marktpotential heranwagen. Insofern war es nicht verwunderlich, dass die Ergebnisse der Untersuchung belegen, dass viele der Unternehmen sich bereits bei ihrer ersten ausländischen Direktinvestition in Märkte vorwagten, in welchen die größte Konkurrenz beheimatet ist. Dies führt dazu, dass bei EM-MNUs dem Standortvorteil eine stärkere Gewichtung beizumessen ist, da der strategischen Positionierung im „Catch-up" Prozess eine bedeutendere Rolle im globalen Wettbewerb zukommt.

Als Resümee kann festgehalten werden, dass MNUs – speziell aus Emerging Markets – Direktinvestitionen dann vornehmen, wenn das Unternehmen über firmenspezifische Wettbewerbsvorteile verfügt *oder* Zugang zu diesen erhalten will, Internalisierungsvorteile erzielen kann und Standortvorteile gegenüber dem Inland vorliegen.

Die Ausführungen haben gezeigt, dass eine Übertragbarkeit mit verschiedenen Modifikationen und Einschränkungen verbunden ist. Sicherlich wäre für einen globalen Markt auch eine global gültige Theorie erstrebenswert. Das in

---

[270] Dunning/Kim/Park (2008), S. 168.

Kapitel 2 vorgestellte „Allgemeingültige Modell des Entrepreneurship-gestützten Internationalisierungsprozesses" von Jones/Coviello (2005) hat jedoch die Probleme aufgezeigt, die mit einer Konzeption eines global gültigen Ansatzes auftreten können. Sie schlagen ein Modell vor, welches für jedes Unternehmen in jeder Branche und unter allen Umständen kontextfrei Gültigkeit besitzen soll.[271] Anhand dieses Grundmodells ist ein situationsspezifischer Transfer auf bestimmte Teilbereiche des Internationalisierungsprozesses – in vorliegendem Fall auf die Internationalisierung von EM-MNUs – möglich. Im Rahmen dieser Arbeit sind zum einen der Zielmarkt der ersten ausländischen Direktinvestition von EM-MNUs und zum anderen die Expansionsgeschwindigkeit von EM-MNUs in Industrieländer untersucht worden. Das Modell von Jones/Coviello (2005) unterteilt das Internationalisierungsverhalten in den (statischen) „Fingerabdruck" eines Unternehmens und in das (dynamische) Internationalisierungsprofil. Der Zielmarkt der ersten ausländischen Direktinvestition kann als *fingerprint pattern* beschrieben werden. Dieser wird beeinflusst durch die kontextabhängigen Determinanten *Entrepreneur* (bspw. praktische Auslandserfahrung vor Eintritt in das Unternehmen), *Firm* (bspw. Kooperationserfahrung im Heimatmarkt mit Unternehmen aus den Industriestaaten) und *Environment* (Besonderheiten der Emerging Markets). Die Expansionsgeschwindigkeit ist Bestandteil des Internationalisierungsprofils und kann ebenfalls durch die gerade benannten kontextabhängigen Determinanten beschrieben werden. Dadurch können die Emerging-Markets-spezifischen Einflussvariablen des Internationalisierungsprozesses explizit integriert werden.

Dennoch bietet dieser Ansatz keinen adäquaten Ersatz für die bestehenden Theorien. Der Ansatz kann nicht als „Theorie" bezeichnet werden – er lässt keinerlei Handlungsempfehlungen zu, sondern ermöglicht lediglich bestimmte Problemfelder in einem vorgegebnen Rahmen zu untersuchen. Der Nutzen für die Diskussion über die Übertragbarkeit der Internationalisierungstheorien auf EM-MNUs besteht vor allem darin, das Bewusstsein zu fördern, dass eine multitheoretische Problemlösung der Analyse des Internationalisierungsprozesses möglicherweise mehr Erkenntnisse liefern kann als eine „geflickte" und modifizierte Theorie. Die Ergebnisse der empirischen Untersuchung zum Internationalisierungsverhalten von EM-MNUs haben gezeigt, dass eine mono-

---

[271] Jones/Coviello (2005), S. 292.

kausale und damit monotheoretische Erklärung für eine Internationalisierungsentscheidung nicht möglich ist. So haben die rationalen Vorteilskategorien von Dunning, aber auch verhaltensorientierte Variablen, wie die psychische Distanz, Auswirkungen auf die Internationalisierungsentscheidung. Der Ansatz von Jones/Coviello (2005) bietet zwar keine allgemeingültige Internationalisierungstheorie, dennoch zeigt er auf, dass ein elaborierterer Erklärungsgehalt erzielt werden kann, wenn verschiedene Entscheidungsdeterminanten in einem Modell integriert werden. Jones/Coviello lassen sowohl eine Analyse statischer Ereignisse („fingerprint pattern") als auch die Analyse eines Prozesses (Internationalisierungsprofil) zu.

5.2 Anregungen und Implikationen

Bis heute besteht eine asymmetrische Kräfteverteilung auf dem Weltmarkt. Auf der einen Seite stehen die seit Jahrzehnten international agierenden großen MNUs aus den industrialisierten Staaten, auf der anderen Seite befinden sich die – noch in Unterzahl – aufstrebenden MNUs aus den Emerging Markets. In den kommenden Jahren wird es zu einem Abbau dieser Asymmetrie kommen. Man wird sehen wie lange es dauern wird, bis die EM-MNUs den „Catch-up"-Prozess vollzogen haben.[272]

Aufgrund der Globalisierung der Wirtschaft und der zunehmenden Bedeutung der Emerging Markets besteht deshalb ein großes Interesse sowohl für die Wissenschaft als auch für die Unternehmen zu untersuchen, inwieweit die bestehenden Theorien des Internationalen Managements auf alle Unternehmen weltweit anwendbar sind. Mit der vorliegenden Arbeit wurde der Versuch unternommen, auf der Basis von zwei exemplarischen Internationalisierungstheorien den Internationalisierungsprozess von Unternehmen aus den Emerging Markets genauer zu untersuchen.

Dazu wurden beide Theorien vorgestellt und anschließend die Problemfelder aufgezeigt, die bei der Übertragung der auf westliche MNUs zugeschnittenen Theorien auf EM-MNUs entstehen. Innerhalb des theoretischen Bezugsrahmens des Uppsala-Modells wurden im Folgenden unter Berücksichtigung von

---

[272] Der Fall Japan hat gezeigt, dass es diesem Land Mitte der Fünfziger Jahre möglich war innerhalb einer Generation den Sprung zur zweitgrößten Handelsmacht hinter den USA zu schaffen.

ziellandbezogenen Rahmenbedingungen mehrere Forschungshypothesen konzipiert. Die Hypothesen können in zwei Kategorien eingeteilt werden, die jeweils unterschiedliche Fragestellungen behandeln. Die erste Themenkategorie zielte auf die Analyse der Wahl des Zielmarktes der ersten ausländischen Direktinvestition ab, die andere Themenkategorie widmete sich den Faktoren, welche die Geschwindigkeit des Internationalisierungsprozesses beeinflussen.

Die Hypothesen wurden anhand von 55 Unternehmen aus den Emerging Markets getestet, wobei eine Branchenkategorisierung in wissens- und forschungsintensive Industrien und in arbeits-, kapital- und rohstoffintensive Industrien vorgenommen wurde. Die Analyse konnte vor allem für Unternehmen aus wissens- und forschungsintensiven Industrien wichtige Erkenntnisse in Bezug auf die Übertragbarkeit der vorgestellten Theorien und den Modifizierungsbedarf auf Unternehmen aus den Emerging Markets erzielen. Die weiteren Ausführungen und Implikationen beziehen sich daher auf Unternehmen aus diesen Industrien. Die Ergebnisse der Arbeit lassen sich in folgende Punkte zusammenfassen:

(1) Die Ergebnisse der Untersuchung belegen, dass viele der Unternehmen sich bereits bei ihrer ersten ausländischen Direktinvestition in Märkte vorwagen, in welchen die größte Konkurrenz beheimatet ist.

(2) EM-MNUs verfolgen im Zuge der Internationalisierung neben „Asset-Exploiting"-Strategien verstärkt „Asset-Augmenting"-Strategien.[273]

(3) Praktisch erworbene Auslandserfahrung der Führungskräfte vor Eintritt in das Unternehmen führt dazu, dass EM-MNUs verstärkt in Industrieländer eintreten, die naturgemäß über ein hohes Marktpotential verfügen.

(4) Kollektive Erfahrung der Führungsebene durch Kooperationen im Heimatland mit Unternehmen aus Industrieländern führt ebenfalls dazu, dass EM-MNUs verstärkt in Industrieländer eintreten.

(5) Die psychische Distanz muss sowohl individuelle als auch die kollektive Erfahrung, die vor Beginn des Internationalisierungsprozesses erlangt wurde, berücksichtigen. Die unternehmensexogen berechne-

---

[273] Dunning/Kim/Park (2008), S. 167.

ten Indexwerte der psychischen Distanz spiegeln die tatsächlich wahrgenommene Fremdartigkeit nur ungenügend wider.

(6) Mit Hilfe der unternehmensindividualisierten psychischen Distanz konnte gezeigt werden, dass der Grundgedanke des Uppsala-Modells auch für die Internationalisierung von Unternehmen aus den Emerging Markets Gültigkeit besitzt.

Abschließend ergeben sich aus diesen Erkenntnissen sowohl für die Managementpraxis als auch für die empirische Forschung Anregungen und Implikationen. Diese werden in den folgenden Abschnitten diskutiert.

5.2.1 Anregungen für die Unternehmenspraxis

Die Fähigkeit, den Internationalisierungsprozess von Unternehmen aus den Emerging Markets zu verstehen und die damit folgenden Konsequenzen zu erkennen, dürfte gerade in einer Situation des globalen Wandels der Märkte sowohl für die Unternehmen aus den Emerging Markets als auch für Unternehmen aus den Industriestaaten ausschlaggebend für den Erfolg der Unternehmung sein. Denn nur das Verständnis der Internationalisierungsentscheidung als Teil eines Prozesses gestattet es, nachhaltig zu handeln. Ein Verständnis für das Internationalisierungsverhalten anderer ist zudem Voraussetzung für eine strategische Nutzung eigener Ressourcen in ausländischen Kontexten.

Anregungen für Unternehmen aus den Industriestaaten:

Unternehmen aus den Industriestaaten sind zunehmend mit Unternehmen aus den Emerging Markets konfrontiert. Um auch in Zukunft erfolgreich auf dem Weltmarkt agieren zu können, ist es von großer Bedeutung diese aufkommende Konkurrenz zu kennen und deren strategische Vorgehensweisen zu verstehen. Die Ergebnisse dieser Arbeit gewähren einen Einblick in das Internationalisierungsverhalten von EM-MNUs. Es konnte aufgezeigt werden, dass vor allem bereits vorhandene Auslandserfahrung dazu beigetragen hat, in die Heimatländer der etablierten MNUs einzutreten.

Die Erkenntnisse, die aus dieser Arbeit erlangt werden konnten, ermöglichen den Unternehmen aus Industrienationen zudem, den Wandel des Weltmarktes reflexiver (mit-) zu gestalten, die Chancen von Auslandserfahrung wieder verstärkt zu thematisieren und in Bezug auf die aufstrebenden Länder auszuschöpfen sowie die Rückwirkungen von Kooperationen auf das Internationalisierungsverhalten im Inland besser zu analysieren und zu handhaben. Unternehmen aus den Industriestaaten müssen die Konkurrenz aus den aufstrebenden Märkten frühzeitig auf ihrem Radar haben. Die Analyse der aufkommenden EM-MNUs und der entsprechenden Strategien und Maßnahmen ist Voraussetzung für die erfolgreiche Entwicklung und Durchsetzung eigener Strategien. Ein ständiges „Monitoring" der Umwelt ist daher unverzichtbar.[274] Informationen über internationale Akteure aus den Emerging Markets müssen frühzeitig im Rahmen eines internationalen Monitorings verfügbar gemacht und bewertet werden. Die Unternehmen aus den Industrienationen sollten nicht abwarten, bis ihr Heimatmarkt von den EM-MNUs attackiert wird. Vielmehr muss in Erwägung gezogen werden, die Heimatmärkte der Herausforderer verstärkt zu bearbeiten um den EM-MNUs Marktanteile im eigenen Land abzunehmen.[275] Des Weiteren können Abwehrstrategien wie z.B. Akquisitionen von Unternehmen aus den Emerging Markets dazu beitragen, den aufkommenden Konkurrenten entgegenzuwirken.

Anregungen für Unternehmen aus den Emerging Markets:

Die Ergebnisse haben gezeigt, dass das Humankapital der Führungskräfte eine ausschlaggebende Rolle im Rahmen der Internationalisierung von EM-MNUs spielt. Hieraus ergeben sich für die Unternehmen aus den Emerging Markets Anknüpfungspunkte den Internationalisierungsprozess gezielt zu steuern.

Vor allem zu Beginn der Internationalisierung ist „Vorab-Erfahrung" durch individuelle Praxiserfahrung im Ausland oder durch kollektive Erfahrung durch Kooperationen im Heimatland mit MNUs aus Industrieländern von großer Bedeutung für den weiteren Internationalisierungsverlauf. Die Ergebnisse haben gezeigt, dass Unternehmen, die sich bei der ersten ausländischen Direktinvestition für ein Industrieland entscheiden, auch künftig Direktinvestitionen in entwickelte Ländern tätigen und somit von einem inkrementellen und stetigen Internationalisierungsverlauf abweichen. Unternehmen, die über einen hohen Anteil an Managern mit praktischer Auslandserfahrung verfügen, werden einen

---

[274] Welge (2003b), S. 195.
[275] Boston Consulting Group (2007), S.30.

beschleunigten Internationalisierungsprozess umsetzen. Trotz einiger Stimmen, die besagen, dass das Konzept der psychischen Distanz an Einfluss verliert, zeigen die Ergebnisse die immer noch bestehende Bedeutung der wahrgenommenen Fremdartigkeit von Führungskräften zu ausländischen Märkten. Folgende Anregungen und Handlungsanweisungen lassen sich daraus für Unternehmen aus den Emerging Markets ableiten:

(1) Die Rekrutierung von Mitarbeitern mit Auslandserfahrung verringert die psychische Distanz und fördert den Markteintritt in Länder mit einem hohen Marktpotential. Damit ist eine reflektierte Personalauswahl für Unternehmen aus den Emerging Markets, die eine internationale Ausrichtung anstreben, von strategischer Bedeutung.

(2) Durch eine geeignete Personalauswahl kann eine höhere Expansionsgeschwindigkeit in Industrieländer erreicht werden. Die personelle Zusammensetzung der Führungsebene hat demzufolge weitreichende Auswirkungen auf die geographische Reichweite internationaler Aktivitäten.

(3) Kooperationen im Heimatland mit ausländischen Partnern haben einen Einfluss auf den Internationalisierungsverlauf und sind daher eine wichtige Erfahrungsquelle. Einem aktiven Kooperationsmanagement sollte daher verstärkt Beachtung geschenkt werden.

(4) Die Auslandserfahrung des Managements vor dem Internationalisierungsbeginn stellt eine kritische Ressource dar, wodurch Wettbewerbsvorteile geschaffen werden können. Insofern gewinnt nicht nur die Personalauswahl an Bedeutung. Fördermaßnahmen zur Verringerung der psychischen Distanz des Managements tragen ebenso dazu bei, Wettbewerbsvorteile zu generieren und somit das Internationalisierungsverhalten nachhaltig zu beeinflussen.

5.2.2 Implikationen für die Forschung

Die Ergebnisse dieser Arbeit haben bestätigt, dass sich der Internationalisierungsverlauf von Unternehmen aus den Emerging Markets von MNUs aus Industrienationen unterscheidet und dadurch eine Anwendbarkeit der bestehenden Theorien auf den Internationalisierungsprozess von EM-MNUs ohne Modifikationen nicht möglich ist.

Für die Internationalisierungsforschung leitet sich daraus ein Handlungsbedarf ab, der darauf abzielen sollte, die Internationalisierung von Unternehmen aus den Emerging Markets theoretisch zu fundieren. Erste Anknüpfungspunkte hat diese Arbeit bereits aufgezeigt.

Erfahrung, die vor Beginn der ersten ausländischen Direktinvestition gesammelt wurde, beeinflusst sowohl die Wahl der Auslandsmärkte als auch die Geschwindigkeit der Expansion. Zukünftige Studien sollten darüber hinaus das gesamte Spektrum der Markteintrittsformen berücksichtigen. Auch kann eine Analyse des Einflusses der Organisationsstruktur der EM-MNUs auf den Internationalisierungsverlauf weitere Erkenntnisse liefern. Allerdings wird hier die Beschaffung der Daten eine der größten Herausforderungen darstellen, da sie sich nicht mittels Sekundärquellen erheben lassen.

Die Arbeit untersucht 11 Emerging Markets aus Asien, Osteuropa und Südamerika und ist somit geographisch weit aufgespannt. Eine regionale Konzentration wurde nicht vorgenommen, da die Anwendbarkeit der Theorien im Allgemeinen für Emerging Markets untersucht werden sollte. Dennoch könnten Untersuchungen von einzelnen Emerging Markets interessante Unterschiede in der Gewichtung verschiedener Faktoren der Internationalisierung aufzeigen.[276] Bei der Betrachtung aller Emerging Markets wird deutlich, dass diese keineswegs untereinander homogen sind. So unterscheiden sich diese bereits in der Größe oder im Ressourcenbestand. Die unterschiedlichen Ausgangssituationen für Unternehmen werden die Internationalisierungsentscheidungen beeinflussen. Diesbezüglich wurden bereits erste Länderstudien durchgeführt.[277] Dunning et al. listen zudem einige landesspezifische Motive der EM-MNUs von Direktinvestitionen auf.[278]

Diese Arbeit ist im Rahmen des Internationalen Managements entstanden und untersucht die Internationalisierung von Unternehmen. Die dabei erzielten Ergebnisse zeigen den Bedarf andere Teildisziplinen in die Forschung mit einzubeziehen. Vor allem dem Top-Management wird in der Arbeit eine dominierende Rolle zugeschrieben. Die Entrepreneurship-Forschung beschäftigt sich mit unternehmerischem Handeln und könnte in diesem Zusammenhang weite-

---

[276] Eden (2008), S. 334f.
[277] UNCTAD (2006), S. 155ff.
[278] Dunning/Kim/Park (2008), S. 167.

re Erkenntnisse liefern. Jones/Coviello (2005) haben diesen überdisziplinären Nutzen erkannt und ein allgemeingültiges Modell des Entrepreneurship-gestützten Internationalisierungsprozesses konzipiert. Sie haben damit einen Ansatz geschaffen, der weitere Untersuchungen bezüglich EM-MNUs ermöglicht.

Zusammenfassend lassen sich deshalb folgende Implikationen für die Forschung festhalten:

(1) Die gesamte Bandbreite der Markteintritts- und Marktbearbeitungsformen der EM-MNUs sollte in künftigen Studien Beachtung finden.

(2) Künftige Untersuchungen sollten den Einfluss der Organisationsstruktur und -kultur der EM-MNUs auf den Internationalisierungsverlauf analysieren.

(3) Die Integration der landesspezifischen Einflussfaktoren und Motive der Internationalisierung von EM-MNUs erscheint vielversprechend und sollte demnach berücksichtigt werden.

(4) Die Entrepreneurship-Forschung sollte im Zusammenhang mit der Analyse des Internationalisierungsprozesses von EM-MNUs als Erkenntnisquelle angesehen werden und deshalb in künftigen Studien verstärkt Beachtung finden.

Im Endeffekt wird es darauf ankommen auch in der Forschung zum Internationalen Management Internationalisierungsprozesse von EM-MNUs auf verschiedenen Ebenen und – das erscheint besonders wichtig – in ihrem Zusammenspiel zu untersuchen. Dies gilt auch für das Zusammenspiel und die wechselseitige Beeinflussung mit Unternehmen aus den Industriestaaten im Zuge der Globalisierung der Märkte.

Die Ergebnisse der Studie lassen den Handlungsbedarf für die Forschung, aber auch für MNUs sowohl aus Industrienationen als auch aus Emerging Markets erkennen. Die Analyse zeigt Differenzierungsmöglichkeiten der Einflussfaktoren der Internationalisierungsentscheidung auf und liefert konkrete Handlungsempfehlungen, wie ausländische Markteintritte in Abhängigkeit der Unternehmenssituation beeinflusst werden können. Die Ergebnisse zeigen, dass sich die Einflussfaktoren des Internationalisierungsverhaltens zwischen

EM-MNUs und MNUs aus Industriestaaten unterscheiden. Diese Arbeit konnte einige dieser Unterschiede aufdecken, wobei vor allem die Bedeutung der „Vorab-Erfahrung" der Führungskräfte für EM-MNUs aufgezeigt werden konnte. Die Ergebnisse ermöglichen eine Modifikation der untersuchten theoretischen Ansätze. Dennoch muss man sich auf theoretischer Ebene die Frage stellen, ob man in einem Zeitalter des Wandels und der Globalisierung das Internationalisierungsverhalten von Unternehmen vergleichen kann, das durch ein Vierteljahrhundert getrennt ist.

Anhang

A.1 Auszug aus der Datenerhebungsdatei

	Dr. Reddy's	Ranbaxy	Satyam	TCS
Branche	Pharmaceuticals	Pharmaceuticals	IT services	IT services
Heimatland	India	India	India	India
Gründung	1984	1961	1987	1968
Eigentumsstruktur	Public	Public	Public	Public (seit 2004)
Mitarbeiterstruktur				
Mitarbeiter gesamt 2006/07	7.525	8.020	45.000	85.000
MA im Ausland 2006	2.000	-	-	8.000
Mitarbeiter gesamt 2004/05	5.852	7.159	19.164	40.000
MA im Ausland 2004	-	-	-	-
Mitarbeiter gesamt 2002/03	5.500	6.297	8.500	23.000
MA im Ausland 2002	-	-	-	-
Gesamtumsatz in Mio. US-$				
2006 (/07)	1.499	1.392	1.476	4.292
2005 (/06)	546	1.145	1.135	2.979
2004 (/05)	446	1.271	794	2.432
2003 (/04)	457	1.086	566	1.620
2002 (/03)	382	836	459	1.162
2001 (/02)	337	673	415	897
Auslandsumsatz in Mio. US-$				
2006 (/07)	1.297	780	1.425	3.905
2005 (/06)	368	707	1.041	2.606
2004 (/05)	268	909	761	2.066
2003 (/04)	294	701	549	1.407
2002 (/03)	245	462	431	990
2001 (/02)	222	-	383	790
Auslandsanteil Umsatz in %				
2006 (/07)	86,5	56,0	96,5	91,0
2005 (/06)	67,4	61,7	91,7	87,5
2004 (/05)	60,1	71,5	95,8	85,0
2003 (/04)	64,3	64,5	97,0	86,9
2002 (/03)	64,1	55,3	93,9	85,2
2001 (/02)	65,9	-	92,3	88,1
Geographische Verteilung des Umsatzes in Mio US-$				
2006				
Heimatland	204	281	68	387
Amerika	654	425	952	2.412
Asia Pacific	-	105	-	-
Europa	338	250	288	1.224
Afrika	-	-	-	-
ROW	-	305	186	269
2002				
Heimatland	137	203	28	173
Amerika	124	301	336	689
Asia Pacific	-	81	-	-
Europa	30	80	53	232
Afrika	-	-	-	-
ROW	91	-	42	68

– Fortsetzung Anhang 1 –

Geographische Verteilung des Umsatzes in %				
2006				
Heimatland	13,6	20,2	4,6	9,0
Amerika	43,6	30,5	64,5	56,2
Asia Pacific	-	7,5	-	-
Europa	22,5	18,0	19,5	28,5
Afrika	-	-	-	-
ROW	20,3	-	12,6	6,3
2001				
Heimatland	35,9	24,3	6,1	14,9
Amerika	32,5	36,0	73,2	59,3
Asia Pacific	-	9,7	-	-
Europa	7,9	9,6	11,5	20,0
Afrika	-	-	-	-
ROW	23,8	-	9,2	5,9
Gesamtvermögen in Mio. US-$				
2006 (/07)	1.775	1.863	1.588	3.009
2005 (/06)	1.547	1.329	985	1.926
2004 (/05)	670	1.125	884	1.209
2003 (/04)	605	913	714	852
2002 (/03)	486	640	569	670
2001 (/02)	389	-	516	-
Auslandsvermögen in Mio. US-$				
2006 (/07)	1.556	1.028	530	1.615
2005 (/06)	864	501	523	1.000
2004 (/05)	142	456	284	538
2003 (/04)	130	140	206	377
2002 (/03)	132	137	120	475
2001 (/02)	123	-	161	-
Auslandsanteil Vermögen in %				
2006 (/07)	87,7	55,2	33,4	53,7
2005 (/06)	55,9	37,7	53,1	51,9
2004 (/05)	21,2	40,5	32,1	44,5
2003 (/04)	21,5	15,3	28,9	44,2
2002 (/03)	27,2	21,4	21,1	70,9
2001 (/02)	31,6	-	31,2	-
Export in Mio. US-$				
2006 (/07)	656	616	1.373	-
2005 (/06)	269	519	1.010	-
2004 (/05)	209	562	748	-
2003 (/04)	223	543	538	-
2002 (/03)	194	387	414	-
2001 (/02)	190	214	357	-
Exportanteil zu Umsatz				
2006 (/07)	43,8	44,3	93,0	-
2005 (/06)	49,3	45,3	89,0	-
2004 (/05)	46,9	44,2	94,2	-
2003 (/04)	48,8	50,0	95,1	-
2002 (/03)	50,8	46,3	90,2	-
2001 (/02)	56,4	31,8	86,0	-

A.2 Tabellen der Gesamtindizes der psychischen Distanz

TEIL I: Gesamtindex der psychischen Distanz für den Zeitraum 2001-2006

	Ägypten	Brasilien	China	Hongkong	Indien	Indonesien	Malaysia	Mexiko	Russland	Thailand	Türkei
Ägypten		1,414	1,407	1,699	1,244	1,283	1,269	1,305	1,650	1,280	1,257
Algerien	0,274	1,404	1,409	1,970	1,412	1,438	1,573	1,583	1,537	1,527	1,336
Angola	1,779	1,582	1,902	2,474	1,539	1,899	2,037	1,838	1,928	1,996	1,842
Argentinien	1,680	0,493	1,486	1,775	1,672	1,521	1,687	0,500	0,924	1,477	1,411
Armenien	1,401	1,000	1,485	1,323	1,417	1,347	1,338	0,912	1,197	1,206	1,329
Australien	1,862	1,457	1,912	1,285	1,510	1,878	1,847	1,402	1,565	1,736	1,812
Bahrain	0,283	1,227	1,317	1,416	1,528	1,218	1,155	1,036	1,463	1,125	1,256
Bangladesch	1,584	1,480	1,654	2,239	0,656	1,687	1,816	1,628	1,688	1,814	1,668
Belgien	1,601	1,031	1,760	1,628	1,611	1,648	1,605	0,933	1,171	1,491	1,527
Bermuda	1,743	1,355	1,696	1,014	1,404	1,664	1,642	1,259	1,466	1,572	1,717
Brasilien	1,414		1,202	1,505	1,401	1,222	1,344	0,502	0,994	1,208	1,175
Bulgarien	1,394	0,952	1,441	1,502	1,412	1,282	1,332	0,988	0,764	1,159	1,278
BVI	1,729	1,337	1,702	1,018	1,404	1,658	1,641	1,244	1,437	1,556	1,694
Chile	1,550	0,639	1,654	1,346	1,602	1,457	1,479	0,329	1,238	1,292	1,455
China	1,407	1,202		0,596	1,561	1,126	1,199	1,334	1,507	1,281	1,254
China (HK)	1,699	1,505	0,596		1,786	1,552	1,494	1,390	1,824	1,504	1,708
Costa Rica	1,537	0,621	1,642	1,456	1,592	1,418	1,518	0,329	1,380	1,210	1,399
Dänemark	2,014	1,590	2,045	1,635	1,888	1,917	1,945	1,673	1,700	1,723	1,933
Deutschland	1,885	1,273	1,729	1,256	1,628	1,677	1,682	1,183	1,384	1,538	1,618
Dominik. Republik	1,293	0,461	1,101	1,472	1,215	1,062	1,198	0,250	1,284	1,197	1,125
Ecuador	1,466	0,411	1,148	1,588	1,456	1,212	1,328	0,279	1,057	1,258	1,261
El Salvador	1,247	0,735	1,577	1,531	1,313	1,375	1,426	0,313	1,447	1,314	1,299
Elfenbeinküste	1,624	1,663	1,805	2,298	1,385	1,713	1,859	1,777	1,968	1,813	1,688
Finnland	1,810	1,634	1,905	1,509	2,015	1,754	1,783	1,651	1,680	1,558	1,711
Frankreich	1,539	0,890	1,690	1,477	1,544	1,559	1,511	0,822	1,099	1,399	1,469
Gabun	1,333	1,057	1,219	1,778	1,485	1,197	1,334	1,259	1,253	1,283	1,148
Griechenland	1,525	1,107	1,666	1,672	1,603	1,517	1,541	1,036	1,075	1,357	1,421
Guatemala	1,247	0,901	1,723	1,838	1,181	1,503	1,506	0,442	1,535	1,473	1,466
Honduras	1,151	0,588	1,270	1,565	1,276	1,129	1,218	0,350	1,330	1,204	1,186
Indien	1,244	1,401	1,561	1,786		1,488	1,466	1,326	1,689	1,515	1,515
Indonesien	1,283	1,222	1,126	1,552	1,488		0,385	1,257	1,481	1,127	1,136
Irak	0,920	1,727	1,712	2,286	1,500	1,736	1,855	1,891	1,753	1,839	1,660
Iran	1,184	1,021	1,281	1,629	0,884	1,143	1,267	1,059	1,302	1,172	1,110
Irland	1,869	1,468	1,831	1,455	1,496	1,824	1,815	1,396	1,629	1,712	1,833
Israel	1,036	1,502	1,806	1,647	1,944	1,673	1,767	1,471	1,633	1,463	1,570
Italien	1,553	0,902	1,631	1,593	1,511	1,584	1,550	0,824	1,212	1,454	1,498
Jamaika	1,334	1,287	1,348	1,444	0,947	1,332	1,327	1,114	1,703	1,372	1,415
Japan	1,653	1,506	1,687	1,635	1,910	1,668	1,657	1,294	1,615	1,578	1,603
Jemen	0,514	1,928	1,921	1,851	1,360	1,797	1,766	1,733	2,164	1,794	1,771
Kaimaninseln	1,729	1,337	1,702	1,268	1,404	1,658	1,641	1,244	1,437	1,556	1,694
Kambodscha	1,599	1,741	1,621	2,166	1,619	1,641	1,788	1,967	1,908	1,755	1,685
Kamerun	1,329	1,230	1,391	1,977	0,938	1,449	1,561	1,623	1,563	1,584	1,424
Kanada	1,834	1,348	1,878	1,189	1,241	1,819	1,793	1,307	1,521	1,675	1,782
Kasachstan	1,516	1,211	1,546	1,758	1,726	1,378	1,434	1,264	0,858	1,313	0,618
Kenia	1,118	1,440	1,484	1,720	1,119	1,344	1,354	1,345	1,713	1,327	1,363
Kolumbien	1,488	0,375	1,211	1,600	1,496	1,261	1,410	0,271	1,030	1,277	1,253
Kroatien	1,365	0,873	1,346	1,466	1,371	1,196	1,289	0,966	0,780	1,138	1,202
Kuwait	0,353	1,272	1,387	1,346	1,597	1,287	1,224	1,106	1,508	1,195	1,325
Lettland	1,552	1,157	1,667	1,528	1,569	1,576	1,534	1,019	1,143	1,446	1,491
Litauen	1,562	1,160	1,671	1,538	1,569	1,583	1,557	1,034	1,168	1,446	1,495
Luxemburg	1,613	1,113	1,689	1,383	1,582	1,586	1,599	1,053	1,303	1,426	1,531
Malaysia	1,269	1,344	1,199	1,494	1,466	0,385		1,203	1,569	1,170	1,309
Marokko	0,459	1,629	1,642	2,156	1,273	1,624	1,759	1,768	1,888	1,712	1,521
Mauritius	1,298	1,173	1,425	1,342	1,012	1,314	1,272	1,004	1,426	1,302	1,274
Mexiko	1,305	0,502	1,334	1,390	1,326	1,257	1,203		1,246	1,180	1,276
Myanmar	1,639	1,684	1,519	2,112	1,812	1,607	1,720	1,815	1,864	1,771	1,640
Nepal	1,719	1,606	1,776	2,238	1,495	1,799	1,944	1,825	1,767	1,901	1,796
Nicaragua	1,146	0,594	1,276	1,645	1,104	1,169	1,298	0,430	1,336	1,284	1,191
Niederlande	1,878	1,456	2,005	1,440	1,814	1,840	1,841	1,514	1,477	1,630	1,784
Nigeria	1,335	1,403	1,397	1,983	0,902	1,455	1,567	1,547	1,599	1,591	1,431
Norwegen	1,850	1,420	1,962	1,682	1,790	1,778	1,807	1,495	1,451	1,559	1,744
Oman	0,242	1,535	1,528	1,458	1,486	1,404	1,373	1,340	1,771	1,401	1,378
Österreich	1,840	1,406	1,856	1,386	1,791	1,821	1,893	1,299	1,576	1,671	1,747

– Fortsetzung Anhang 2 –

TEIL II: Gesamtindex der psychischen Distanz für den Zeitraum *2001-2006*

	Ägypten	Brasilien	China	Hongkong	Indien	Indonesien	Malaysia	Mexiko	Russland	Thailand	Türkei
Pakistan	1,680	1,543	1,777	2,332	0,689	1,776	1,983	1,723	1,798	1,855	1,714
Panama	1,395	0,541	1,452	1,379	1,458	1,297	1,246	0,128	1,208	1,204	1,355
Paraguay	1,358	0,630	1,297	1,571	1,446	1,176	1,354	0,574	1,140	1,121	1,094
Peru	1,348	0,483	1,419	1,391	1,401	1,254	1,274	0,090	1,212	1,115	1,265
Philippinen	1,361	1,102	1,211	1,449	1,205	0,425	0,410	1,109	1,343	1,209	1,306
Polen	1,459	1,064	1,574	1,585	1,476	1,483	1,441	0,992	0,818	1,353	1,398
Portugal	1,522	0,352	1,676	1,511	1,605	1,466	1,497	0,528	1,141	1,282	1,407
Puerto Rico	1,672	0,797	1,606	1,248	1,364	1,563	1,529	0,666	1,372	1,497	1,659
Rumänien	1,415	0,883	1,364	1,558	1,448	1,225	1,322	0,997	0,972	1,216	1,212
Russland	1,650	0,994	1,507	1,824	1,689	1,481	1,569	1,246		1,456	1,407
Saudi Arabien	0,313	1,464	1,457	1,386	1,557	1,333	1,302	1,269	1,699	1,329	1,307
Schweden	1,902	1,484	1,965	1,578	1,800	1,802	1,812	1,577	1,539	1,601	1,820
Schweiz	1,774	1,200	1,793	1,157	1,700	1,761	1,759	1,188	1,521	1,634	1,718
Senegal	1,729	1,425	1,880	2,287	1,289	1,825	1,974	1,554	1,940	1,927	1,798
Serbien	1,541	0,882	1,355	1,679	1,580	1,344	1,456	1,116	0,653	1,330	1,298
Simbabwe	1,808	1,714	1,767	2,223	1,621	1,853	1,996	1,910	1,934	1,942	1,742
Singapur	1,766	1,587	1,613	1,033	1,571	0,822	0,825	1,494	1,824	1,545	1,800
Slowakei	1,678	1,362	1,580	1,553	1,602	1,667	1,487	1,077	1,280	1,709	1,757
Spanien	1,551	0,640	1,672	1,575	1,570	1,526	1,525	0,319	1,123	1,361	1,463
Sri Lanka	1,441	1,036	1,283	1,808	0,891	1,226	1,350	1,319	1,187	1,292	1,219
Südakfrika	1,233	1,108	1,336	1,604	0,892	1,274	1,293	1,040	1,455	1,256	1,213
Sudan	0,435	1,695	1,680	2,122	1,256	1,572	1,698	1,746	1,936	1,675	1,538
Südkorea	1,561	1,402	1,634	1,603	1,858	1,465	1,492	1,313	1,378	1,317	1,473
Tadschikistan	1,460	0,826	1,328	1,702	1,254	1,276	1,378	1,042	0,936	1,257	1,216
Taiwan	1,303	1,318	0,486	0,612	1,565	1,186	1,209	1,151	1,590	1,128	1,238
Thailand	1,280	1,208	1,281	1,504	1,515	1,127	1,170	1,180	1,456		1,192
Tschechei	1,442	1,044	1,514	1,455	1,423	1,426	1,400	0,960	0,890	1,295	1,384
Tunesien	0,472	1,197	1,294	1,688	1,268	1,239	1,374	1,300	1,456	1,327	1,136
Türkei	1,257	1,175	1,254	1,708	1,515	1,136	1,309	1,276	1,407	1,192	
Turkmenistan	1,477	1,067	0,306	1,706	1,761	1,292	1,401	1,311	1,160	1,271	1,231
UK	1,900	1,505	1,895	1,187	1,513	1,894	1,850	1,444	1,646	1,778	1,872
Ukraine	1,616	0,953	0,465	1,778	1,650	1,449	1,553	1,204	0,274	1,419	1,366
Ungarn	1,753	1,601	1,824	1,674	1,961	1,816	1,784	1,443	1,690	1,699	1,701
Uruguay	1,457	0,507	0,568	1,606	1,499	1,386	1,456	0,295	1,007	1,218	1,319
USA	1,839	1,442	1,875	1,216	1,477	1,851	1,805	1,382	1,549	1,721	1,801
Usbekistan	1,489	1,078	1,308	1,716	1,783	1,297	1,413	1,306	1,165	1,283	0,743
VAE	0,223	1,427	0,420	1,477	1,467	1,296	1,265	1,232	1,663	1,293	1,270
Venezuela	1,664	0,561	1,358	1,763	1,664	1,439	1,547	0,429	1,194	1,492	1,461
Vietnam	1,337	1,245	1,120	1,610	1,501	1,087	1,222	1,401	1,536	1,213	1,147
Weißrussland	1,634	0,978	0,477	1,795	1,663	1,466	1,555	1,225	0,168	1,445	1,395
Zypern	1,459	1,137	1,539	1,335	1,575	1,419	1,423	1,011	1,321	1,285	1,382

– Fortsetzung Anhang 2 –

TEIL I: Gesamtindex der psychischen Distanz für den Zeitraum *1996-2000*

	Ägypten	Brasilien	China	Hongkong	Indien	Indonesien	Malaysia	Mexiko	Russland	Thailand	Türkei
Ägypten		1,535	1,579	1,856	1,208	1,493	1,429	1,496	1,919	1,441	1,460
Algerien	0,589	1,561	1,572	2,192	1,617	1,552	1,799	1,690	1,607	1,779	1,448
Angola	2,045	1,940	2,266	2,897	1,841	2,214	2,464	2,147	2,199	2,449	2,156
Argentinien	1,699	0,694	1,690	1,538	1,676	1,624	1,529	0,390	1,305	1,335	1,566
Armenien	1,823	1,027	1,453	1,869	1,634	1,426	1,675	1,143	0,871	1,440	1,364
Australien	2,144	1,649	2,097	1,347	1,756	2,111	1,968	1,642	1,842	1,831	2,046
Bahrain	0,523	1,308	1,459	1,405	1,731	1,408	1,233	1,233	1,620	1,178	1,447
Bangladesch	1,586	1,574	1,757	2,398	0,694	1,738	1,979	1,673	1,925	2,003	1,718
Belgien	1,909	1,248	1,971	1,721	1,883	1,907	1,752	1,198	1,474	1,611	1,787
Bermuda	1,990	1,511	1,846	1,049	1,615	1,863	1,729	1,464	1,708	1,633	1,917
Brasilien	1,535		1,196	1,571	1,339	1,134	1,364	0,382	1,142	1,204	1,130
Bulgarien	1,834	1,041	1,470	1,893	1,668	1,422	1,671	1,151	0,593	1,438	1,374
BVI	1,976	1,493	1,852	1,054	1,615	1,856	1,728	1,448	1,679	1,616	1,894
Chile	1,732	0,730	1,739	1,467	1,748	1,590	1,500	0,468	1,336	1,287	1,589
China	1,579	1,196		0,655	1,549	1,089	1,262	1,279	1,604	1,370	1,223
China (HK)	1,856	1,571	0,655		1,907	1,660	1,491	1,540	2,044	1,510	1,817
Costa Rica	1,743	0,710	1,750	1,514	1,761	1,574	1,563	0,492	1,510	1,228	1,557
Dänemark	2,228	1,712	2,161	1,730	2,065	2,082	1,998	1,844	1,909	1,749	2,098
Deutschland	1,951	1,448	1,898	1,405	1,858	1,894	1,787	1,407	1,634	1,617	1,837
Dominik. Republik	1,402	0,473	1,164	1,433	1,235	1,170	1,163	0,171	1,444	1,189	1,273
Ecuador	1,697	0,432	1,207	1,674	1,503	1,233	1,458	0,215	1,095	1,328	1,289
El Salvador	1,388	0,710	1,603	1,547	1,418	1,438	1,382	0,444	1,570	1,329	1,357
Elfenbeinküste	1,535	1,597	1,735	2,365	1,331	1,672	1,930	1,729	1,991	1,910	1,646
Finnland	2,039	1,772	2,037	1,624	2,208	1,934	1,851	1,838	1,903	1,600	1,892
Frankreich	1,759	1,018	1,813	1,735	1,727	1,730	1,570	0,962	1,314	1,432	1,641
Gabun	1,550	1,110	1,278	1,896	1,517	1,207	1,456	1,264	1,306	1,431	1,158
Griechenland	1,680	1,171	1,724	1,692	1,722	1,623	1,535	1,084	1,225	1,325	1,529
Guatemala	1,155	0,837	1,711	2,012	1,127	1,528	1,591	0,535	1,619	1,542	1,484
Honduras	1,234	0,627	1,360	1,658	1,232	1,256	1,314	0,365	1,517	1,327	1,307
Indien	1,208	1,339	1,549	1,907		1,514	1,590	1,333	1,774	1,661	1,534
Indonesien	1,493	1,134	1,089	1,660	1,514		0,496	1,250	1,541	1,265	1,137
Irak	0,976	1,875	1,865	2,499	1,408	1,841	2,072	1,991	1,815	2,083	1,764
Iran	1,471	0,968	1,226	1,823	0,988	1,187	1,465	1,138	1,284	1,395	1,103
Irland	2,114	1,622	1,979	1,446	1,705	2,020	1,900	1,599	1,869	1,770	2,030
Israel	1,104	1,422	1,720	1,862	1,919	1,635	1,750	1,439	1,640	1,344	1,533
Italien	1,779	1,037	1,760	1,657	1,701	1,761	1,616	0,971	1,433	1,493	1,676
Jamaika	1,551	1,232	1,343	1,384	1,128	1,364	1,252	1,214	1,796	1,356	1,513
Japan	1,858	1,620	1,794	1,727	2,079	1,824	1,702	1,456	1,779	1,596	1,760
Jemen	0,344	1,879	1,923	2,013	1,373	1,836	1,697	1,840	2,262	1,784	1,804
Kaimaninseln	1,976	1,493	1,852	1,304	1,615	1,856	1,728	1,448	1,679	1,616	1,894
Kambodscha	1,699	1,790	1,675	2,280	1,681	1,647	1,905	1,967	1,871	1,899	1,690
Kamerun	1,302	1,187	1,354	2,000	0,983	1,364	1,587	1,532	1,603	1,637	1,338
Kanada	2,093	1,515	2,039	1,246	1,463	2,028	1,891	1,523	1,775	1,747	1,993
Kasachstan	1,727	1,115	1,416	1,920	1,753	1,333	1,543	1,198	0,856	1,363	0,538
Kenia	1,243	1,267	1,364	1,674	1,286	1,261	1,298	1,273	1,690	1,254	1,274
Kolumbien	1,705	0,421	1,257	1,712	1,530	1,269	1,525	0,211	1,082	1,333	1,267
Kroatien	1,649	0,862	1,299	1,701	1,471	1,236	1,470	0,972	0,766	1,260	1,205
Kuwait	0,223	1,329	1,373	1,634	1,431	1,287	1,207	1,290	1,713	1,235	1,254
Lettland	1,626	1,114	1,618	1,723	1,581	1,575	1,523	1,025	1,186	1,332	1,492
Litauen	1,696	1,058	1,564	1,778	1,522	1,524	1,606	0,981	1,152	1,393	1,436
Luxemburg	1,805	1,214	1,784	1,395	1,738	1,729	1,630	1,203	1,511	1,431	1,675
Malaysia	1,429	1,364	1,262	1,491	1,590	0,496		1,309	1,736	1,230	1,421
Marokko	0,348	1,621	1,685	2,201	1,198	1,604	1,808	1,699	2,028	1,788	1,545
Mauritius	1,402	1,150	1,453	1,395	1,079	1,380	1,230	1,137	1,551	1,319	1,330
Mexiko	1,496	0,382	1,279	1,540	1,333	1,250	1,309		1,238	1,183	1,271
Myanmar	1,824	1,610	1,451	2,104	1,813	1,490	1,715	1,692	1,704	1,792	1,522
Nepal	1,475	1,453	1,639	2,151	1,287	1,604	1,861	1,623	1,844	1,844	1,599
Nicaragua	1,131	0,730	1,463	1,733	0,990	1,359	1,389	0,468	1,620	1,402	1,410
Niederlande	2,187	1,673	2,216	1,493	2,087	2,099	1,988	1,780	1,780	1,751	2,044
Nigeria	1,345	1,505	1,505	2,151	0,884	1,515	1,738	1,599	1,702	1,788	1,489
Norwegen	2,029	1,508	2,044	1,818	1,934	1,909	1,827	1,632	1,625	1,551	1,875
Oman	0,183	1,540	1,584	1,673	1,391	1,497	1,358	1,500	1,923	1,445	1,465
Österreich	2,047	1,522	1,966	1,512	1,962	1,979	1,939	1,463	1,778	1,692	1,907

– Fortsetzung Anhang 2 –

TEIL II: Gesamtindex der psychischen Distanz für den Zeitraum *1996-2000*

	Ägypten	Brasilien	China	Hongkong	Indien	Indonesien	Malaysia	Mexiko	Russland	Thailand	Türkei
Pakistan	1,647	1,602	1,842	2,456	0,693	1,793	2,111	1,733	1,867	2,009	1,730
Panama	1,579	0,616	1,538	1,459	1,606	1,432	1,269	0,269	1,323	1,201	1,491
Paraguay	1,509	0,601	1,368	1,559	1,434	1,263	1,403	0,448	1,259	1,140	1,215
Peru	1,552	0,556	1,525	1,487	1,568	1,409	1,317	0,251	1,290	1,131	1,421
Philippinen	1,646	1,381	1,485	1,511	1,475	0,746	0,517	1,265	1,502	1,334	1,629
Polen	1,703	1,072	1,577	1,800	1,540	1,534	1,600	0,983	0,895	1,409	1,450
Portugal	1,798	0,537	1,855	1,642	1,846	1,694	1,613	0,762	1,302	1,372	1,636
Puerto Rico	1,989	1,023	1,826	1,175	1,645	1,831	1,686	0,940	1,684	1,627	1,928
Rumänien	1,843	1,068	1,489	1,937	1,691	1,443	1,648	1,148	0,844	1,482	1,404
Russland	1,919	1,142	1,604	2,044	1,774	1,541	1,736	1,238		1,564	1,473
Saudi Arabien	0,254	1,468	1,512	1,602	1,463	1,426	1,287	1,429	1,852	1,374	1,393
Schweden	2,161	1,651	2,127	1,717	2,023	2,012	1,911	1,793	1,792	1,673	2,031
Schweiz	2,073	1,408	1,995	1,190	1,963	2,011	1,897	1,445	1,780	1,746	1,970
Senegal	1,619	1,346	1,852	2,334	1,215	1,764	2,025	1,487	2,009	2,004	1,772
Serbien	1,898	1,118	1,540	1,987	1,753	1,491	1,711	1,196	0,688	1,526	1,452
Simbabwe	1,921	1,375	1,470	1,951	1,551	1,543	1,763	1,523	1,509	1,699	1,503
Singapur	1,950	1,679	1,700	1,066	1,719	0,957	0,848	1,635	2,011	1,542	1,936
Slowakei	1,853	1,306	1,519	1,832	1,602	1,654	1,577	1,070	1,222	1,696	1,745
Spanien	1,810	0,807	1,834	1,610	1,793	1,736	1,624	0,535	1,377	1,433	1,675
Sri Lanka	1,639	0,949	1,362	1,705	0,906	1,229	1,358	1,066	1,257	1,183	1,331
Südafrika	1,584	1,104	1,490	1,578	1,217	1,501	1,378	1,061	1,420	1,256	1,505
Sudan	0,215	1,750	1,785	2,059	1,242	1,696	1,639	1,717	2,139	1,643	1,675
Südkorea	1,652	1,390	1,617	1,771	1,902	1,495	1,498	1,350	1,453	1,221	1,505
Tadschikistan	1,673	0,894	1,363	1,866	1,283	1,279	1,489	0,978	0,993	1,309	1,234
Taiwan	1,470	1,337	0,556	0,602	1,696	1,304	1,208	1,325	1,757	1,187	1,357
Thailand	1,441	1,204	1,370	1,510	1,661	1,265	1,230	1,183	1,564		1,331
Tschechei	1,533	1,044	1,508	1,553	1,478	1,468	1,393	0,992	1,012	1,199	1,427
Tunesien	0,630	1,160	1,308	1,710	1,242	1,226	1,400	1,208	1,567	1,380	1,167
Türkei	1,460	1,130	1,223	1,817	1,534	1,137	1,421	1,271	1,473	1,331	
Turkmenistan	1,746	1,214	0,402	1,926	1,846	1,352	1,568	1,303	1,161	1,379	1,297
UK	2,218	1,733	2,117	1,378	1,796	2,164	2,008	1,720	1,959	1,910	2,143
Ukraine	1,956	1,172	0,634	2,070	1,807	1,580	1,792	1,267	0,305	1,599	1,503
Ungarn	1,786	1,543	1,760	1,894	1,959	1,801	1,709	1,434	1,719	1,545	1,687
Uruguay	1,610	0,587	0,643	1,709	1,623	1,509	1,507	0,305	1,123	1,209	1,443
USA	2,227	1,739	2,167	1,214	1,829	2,191	2,032	1,728	1,932	1,923	2,142
Usbekistan	1,734	1,203	1,381	1,913	1,844	1,333	1,558	1,275	1,188	1,367	0,785
VAE	0,355	1,462	0,506	1,501	1,563	1,419	1,280	1,422	1,845	1,367	1,387
Venezuela	1,656	0,392	1,179	1,660	1,472	1,222	1,437	0,180	1,163	1,359	1,249
Vietnam	1,639	1,128	1,133	1,614	1,619	1,126	1,337	1,255	1,504	1,211	1,254
Weißrussland	1,903	1,126	0,574	2,015	1,748	1,525	1,722	1,217	0,168	1,553	1,460
Zypern	1,585	1,007	1,403	1,642	1,500	1,331	1,465	0,946	1,234	1,223	1,296

– Fortsetzung Anhang 2 –

TEIL I: Gesamtindex der psychischen Distanz für den Zeitraum 1991-1995

	Ägypten	Brasilien	China	Hongkong	Indien	Indonesien	Malaysia	Mexiko	Russland	Thailand	Türkei
Ägypten		1,613	1,380	2,017	1,223	1,403	1,630	1,438	1,882	1,610	1,256
Algerien	0,422	1,436	1,524	2,357	1,548	1,762	2,003	1,785	1,587	1,953	1,537
Angola	1,910	1,675	2,078	2,922	1,691	2,284	2,529	2,102	2,040	2,484	2,105
Argentinien	1,699	0,823	1,742	1,640	1,690	1,419	1,601	0,299	1,357	1,351	1,481
Armenien	1,353	1,029	1,358	1,683	1,314	1,307	1,497	0,924	1,304	1,300	1,115
Australien	2,158	1,791	2,163	1,373	1,784	1,920	1,782	1,564	1,879	1,675	1,975
Bahrain	0,546	1,460	1,535	1,471	1,769	1,226	1,235	1,166	1,725	1,122	1,386
Bangladesch	1,491	1,681	1,637	2,463	0,585	1,848	2,085	1,668	1,967	2,078	1,708
Belgien	1,919	1,387	2,033	1,741	1,908	1,712	1,641	1,118	1,508	1,451	1,712
Bermuda	2,068	1,718	1,975	1,114	1,707	1,735	1,606	1,451	1,810	1,540	1,909
Brasilien	1,613		1,420	1,860	1,514	1,563	1,734	0,648	1,026	1,559	1,376
Bulgarien	1,721	0,854	1,556	1,971	1,652	1,660	1,849	1,260	0,670	1,636	1,465
BVI	2,054	1,700	1,982	1,118	1,707	1,728	1,605	1,435	1,780	1,523	1,886
Chile	1,772	0,899	1,831	1,432	1,802	1,425	1,340	0,418	1,526	1,157	1,544
China	1,380	1,420		0,868	1,447	1,310	1,515	1,422	1,766	1,593	1,252
China (HK)	2,017	1,860	0,868		2,082	1,615	1,451	1,574	2,198	1,464	1,893
Costa Rica	1,722	0,819	1,782	1,609	1,755	1,349	1,587	0,381	1,568	1,196	1,452
Dänemark	2,256	1,870	2,242	1,757	2,108	1,905	1,826	1,782	1,961	1,607	2,042
Deutschland	1,965	1,591	1,964	1,383	1,887	1,703	1,601	1,330	1,672	1,460	1,766
Dominik. Republik	1,297	0,690	1,185	1,624	1,218	1,164	1,394	0,219	1,545	1,390	1,157
Ecuador	1,387	0,609	1,306	1,594	1,377	1,239	1,404	0,101	1,404	1,294	1,233
El Salvador	1,429	0,929	1,544	1,667	1,473	1,227	1,386	0,361	1,673	1,228	1,292
Elfenbeinküste	1,417	1,704	1,618	2,407	1,199	1,759	2,012	1,702	2,041	1,962	1,613
Finnland	2,056	1,918	2,106	1,623	2,239	1,746	1,668	1,764	1,944	1,446	1,825
Frankreich	1,807	1,195	1,912	1,764	1,789	1,572	1,648	0,918	1,385	1,453	1,603
Gabun	1,449	1,042	1,233	2,006	1,514	1,362	1,606	1,304	1,370	1,551	1,225
Griechenland	1,680	1,301	1,776	1,840	1,737	1,530	1,753	1,008	1,249	1,486	1,444
Guatemala	1,279	1,132	1,728	1,997	1,318	1,393	1,616	0,528	1,799	1,536	1,497
Honduras	1,240	0,806	1,261	1,701	1,364	1,161	1,397	0,302	1,580	1,380	1,202
Indien	1,223	1,514	1,447	2,082		1,608	1,805	1,437	1,834	1,845	1,464
Indonesien	1,403	1,563	1,310	1,615	1,608		0,492	1,233	1,855	1,231	1,258
Irak	0,962	1,731	1,798	2,645	1,307	2,032	2,258	2,066	1,776	2,238	1,834
Iran	1,430	0,975	1,280	2,090	1,044	1,499	1,771	1,335	1,288	1,672	1,294
Irland	2,172	1,809	2,089	1,414	1,777	1,873	1,757	1,566	1,950	1,658	2,003
Israel	1,048	1,531	1,752	1,996	1,913	1,693	1,986	1,514	1,659	1,599	1,428
Italien	1,759	1,146	1,792	1,762	1,695	1,570	1,735	0,860	1,436	1,556	1,571
Jamaika	1,535	1,372	1,344	1,560	1,127	1,231	1,415	1,053	1,820	1,413	1,413
Japan	1,887	1,778	1,876	1,804	2,122	1,648	1,697	1,395	1,832	1,535	1,704
Jemen	0,494	2,108	1,875	2,099	1,427	1,636	1,712	1,768	2,376	1,693	1,750
Kaimaninseln	2,054	1,700	1,982	1,368	1,707	1,728	1,605	1,435	1,780	1,523	1,886
Kambodscha	1,438	1,542	1,505	2,322	1,482	1,734	1,987	1,939	1,729	1,951	1,657
Kamerun	1,125	1,276	1,223	2,081	0,904	1,490	1,709	1,543	1,743	1,728	1,344
Kanada	2,105	1,656	2,103	1,313	1,490	1,835	1,703	1,444	1,811	1,589	1,921
Kasachstan	1,517	1,288	1,540	1,901	1,677	1,475	1,625	1,212	1,020	1,466	0,525
Kenia	1,210	1,377	1,197	1,841	1,294	1,238	1,506	1,282	1,685	1,431	1,102
Kolumbien	1,468	0,478	1,276	1,700	1,391	1,384	1,581	0,198	1,281	1,409	1,235
Kroatien	1,675	0,809	1,501	1,917	1,594	1,614	1,788	1,221	0,703	1,598	1,429
Kuwait	0,410	1,408	1,398	1,607	1,632	1,148	1,284	1,068	1,676	1,200	1,250
Lettland	1,659	0,927	1,519	1,948	1,568	1,691	1,848	1,158	1,080	1,677	1,415
Litauen	1,704	0,964	1,558	1,977	1,603	1,734	1,906	1,208	1,071	1,713	1,454
Luxemburg	1,918	1,457	1,950	1,455	1,866	1,638	1,544	1,226	1,605	1,374	1,704
Malaysia	1,630	1,734	1,515	1,451	1,805	0,492		1,378	1,991	1,210	1,537
Marokko	0,269	1,873	1,660	2,272	1,191	1,676	1,918	1,700	2,164	1,868	1,514
Mauritius	1,491	1,409	1,487	1,466	1,183	1,208	1,180	1,094	1,694	1,187	1,334
Mexiko	1,438	0,648	1,422	1,574	1,437	1,233	1,378		1,424	1,273	1,377
Myanmar	1,400	1,521	1,439	2,304	1,455	1,736	1,956	1,823	1,720	2,002	1,647
Nepal	1,458	1,637	1,590	2,295	1,256	1,792	2,044	1,698	1,957	1,998	1,668
Nicaragua	1,194	0,746	1,201	1,935	1,065	1,395	1,631	0,536	1,520	1,614	1,280
Niederlande	2,207	1,823	2,288	1,527	2,121	1,914	1,808	1,709	1,824	1,601	1,980
Nigeria	1,430	1,460	1,538	2,396	1,074	1,805	2,024	1,775	1,621	2,043	1,659
Norwegen	2,155	1,763	2,222	1,754	2,074	1,830	1,752	1,667	1,775	1,507	1,917
Oman	0,319	1,707	1,474	1,698	1,541	1,235	1,311	1,367	1,975	1,292	1,349
Österreich	2,027	1,631	1,997	1,578	1,956	1,753	1,859	1,352	1,781	1,555	1,802

– Fortsetzung Anhang 2 –

TEIL II: Gesamtindex der psychischen Distanz für den Zeitraum 1991-1995

	Ägypten	Brasilien	China	Hongkong	Indien	Indonesien	Malaysia	Mexiko	Russland	Thailand	Türkei
Pakistan	1,479	1,721	1,737	2,448	0,510	1,830	2,143	1,655	2,040	2,011	1,646
Panama	1,651	0,817	1,662	1,444	1,692	1,299	1,245	0,250	1,492	1,120	1,478
Paraguay	1,530	0,900	1,589	1,550	1,618	1,254	1,480	0,491	1,436	1,201	1,300
Peru	1,485	0,618	1,510	1,571	1,516	1,234	1,453	0,094	1,379	1,211	1,269
Philippinen	1,671	1,535	1,562	1,411	1,514	0,566	0,420	1,200	1,755	1,188	1,569
Polen	1,633	1,066	1,493	1,922	1,542	1,665	1,822	1,132	0,856	1,651	1,389
Portugal	1,843	0,711	1,953	1,633	1,905	1,533	1,517	0,717	1,393	1,247	1,596
Puerto Rico	2,060	1,222	1,948	1,275	1,730	1,697	1,556	0,920	1,778	1,527	1,914
Rumänien	1,779	0,926	1,625	2,064	1,725	1,731	1,876	1,308	0,886	1,731	1,545
Russland	1,882	1,026	1,766	2,198	1,834	1,855	1,991	1,424		1,839	1,640
Saudi Arabien	0,399	1,627	1,394	1,618	1,621	1,155	1,231	1,287	1,895	1,212	1,269
Schweden	2,168	1,787	2,185	1,723	2,044	1,813	1,807	1,709	1,822	1,513	1,953
Schweiz	2,057	1,521	2,031	1,258	1,961	1,790	1,681	1,338	1,794	1,560	1,869
Senegal	1,714	1,426	1,841	2,589	1,295	2,064	2,320	1,673	1,974	2,269	1,915
Serbien	1,679	0,821	1,520	1,959	1,632	1,624	1,785	1,200	0,701	1,620	1,437
Simbabwe	1,688	1,335	1,477	1,837	1,414	1,661	1,821	1,405	1,402	1,670	1,473
Singapur	2,066	1,924	1,868	1,021	1,849	0,868	0,764	1,661	2,210	1,487	1,967
Slowakei	1,806	1,396	1,532	1,976	1,622	1,803	1,822	1,236	1,232	1,961	1,702
Spanien	1,822	0,949	1,899	1,661	1,819	1,543	1,582	0,457	1,413	1,334	1,602
Sri Lanka	1,451	1,258	1,448	1,795	0,901	1,243	1,384	1,123	1,487	1,320	1,280
Südafrika	1,638	1,286	1,595	1,698	1,284	1,440	1,600	1,023	1,453	1,449	1,474
Sudan	0,296	1,908	1,667	2,300	1,225	1,687	1,919	1,740	2,182	1,893	1,551
Südkorea	1,657	1,536	1,685	1,768	1,932	1,370	1,596	1,276	1,503	1,338	1,436
Tadschikistan	1,450	1,054	1,473	1,834	1,193	1,408	1,559	0,978	1,178	1,399	1,208
Taiwan	1,503	1,699	0,641	0,729	1,743	1,201	1,243	1,387	2,004	1,159	1,329
Thailand	1,610	1,559	1,593	1,464	1,845	1,231	1,210	1,273	1,839		1,416
Tschechei	1,522	1,139	1,526	1,747	1,458	1,514	1,687	1,055	0,973	1,499	1,309
Tunesien	0,450	1,448	1,318	1,829	1,246	1,317	1,558	1,257	1,739	1,508	1,172
Türkei	1,256	1,376	1,252	1,893	1,464	1,258	1,537	1,277	1,640	1,416	
Turkmenistan	1,425	1,238	0,281	1,939	1,622	1,382	1,539	1,282	1,444	1,437	1,181
UK	2,224	1,868	2,175	1,288	1,816	1,965	1,813	1,636	1,989	1,745	2,065
Ukraine	1,890	1,028	0,767	2,195	1,838	1,866	2,019	1,424	0,310	1,845	1,642
Ungarn	1,773	1,659	1,799	1,919	1,960	1,668	1,835	1,330	1,812	1,666	1,588
Uruguay	1,563	0,684	0,663	1,832	1,605	1,511	1,730	0,324	1,155	1,452	1,326
USA	2,227	1,867	2,218	1,242	1,842	1,985	1,831	1,636	1,955	1,752	2,056
Usbekistan	1,582	1,273	1,428	1,951	1,789	1,532	1,697	1,345	1,303	1,527	0,837
VAE	0,439	1,634	0,427	1,578	1,661	1,162	1,191	1,294	1,902	1,171	1,279
Venzuela	1,733	0,391	1,455	1,928	1,647	1,651	1,807	0,445	1,048	1,713	1,531
Vietnam	1,307	1,475	1,134	1,790	1,420	1,205	1,446	1,397	1,799	1,433	1,132
Weißrussland	1,828	0,973	0,698	2,131	1,770	1,802	1,939	1,365	0,206	1,790	1,590
Zypern	1,510	1,227	1,546	1,654	1,606	1,375	1,578	0,990	1,376	1,356	1,302

– Fortsetzung Anhang 2 –

TEIL I: Gesamtindex der psychischen Distanz für den Zeitraum *1986-1990*

	Ägypten	Brasilien	China	Hongkong	Indien	Indonesien	Malaysia	Mexiko	Russland	Thailand	Türkei
Ägypten		1,431	1,284	2,073	1,117	1,528	1,767	1,553	1,946	1,701	1,238
Algerien	0,342	1,357	1,384	2,200	1,437	1,673	1,928	1,687	1,632	1,831	1,357
Angola	1,648	1,548	1,891	2,717	1,536	2,147	2,405	1,956	1,996	2,314	1,876
Argentinien	1,560	0,500	1,489	1,861	1,434	1,677	1,910	0,391	1,265	1,581	1,311
Armenien	1,634	1,137	1,600	1,689	1,523	1,478	1,685	0,998	1,333	1,392	1,398
Australien	2,229	1,728	2,161	1,303	1,750	1,867	1,715	1,521	1,918	1,655	2,014
Bahrain	0,684	1,464	1,598	1,420	1,800	1,240	1,289	1,189	1,888	1,099	1,491
Bangladesch	1,412	1,450	1,600	2,440	0,611	1,893	2,143	1,703	1,983	2,090	1,661
Belgien	2,102	1,435	2,142	1,607	1,984	1,771	1,607	1,186	1,620	1,543	1,863
Bermuda	2,115	1,631	1,949	1,055	1,648	1,658	1,515	1,383	1,878	1,496	1,924
Brasilien	1,431		1,333	1,782	1,301	1,515	1,704	0,582	1,273	1,461	1,214
Bulgarien	1,692	1,003	1,623	2,006	1,592	1,766	1,973	1,297	0,763	1,682	1,456
BVI	2,101	1,613	1,955	1,060	1,648	1,651	1,515	1,368	1,848	1,479	1,901
Chile	1,815	0,808	1,800	1,461	1,739	1,344	1,441	0,347	1,625	1,109	1,555
China	1,284	1,333		0,850	1,321	1,361	1,579	1,462	1,926	1,610	1,211
China (HK)	2,073	1,782	0,850		2,032	1,547	1,369	1,515	2,326	1,429	1,917
Costa Rica	1,866	0,828	1,852	1,572	1,793	1,369	1,638	0,411	1,734	1,169	1,563
Dänemark	2,366	1,846	2,278	1,707	2,112	1,891	1,852	1,778	2,000	1,626	2,120
Deutschland	2,140	1,632	2,066	1,300	1,956	1,755	1,639	1,391	1,843	1,545	1,909
Dominik. Republik	1,405	0,371	1,179	1,771	1,210	1,440	1,622	0,423	1,469	1,571	1,235
Ecuador	1,459	0,492	1,304	1,610	1,343	1,400	1,582	0,184	1,442	1,394	1,273
El Salvador	1,276	0,488	1,238	1,964	1,203	1,444	1,766	0,471	1,479	1,560	1,105
Elfenbeinküste	1,272	1,533	1,534	2,149	1,172	1,569	1,836	1,502	2,117	1,739	1,499
Finnland	2,171	1,899	2,147	1,600	2,249	1,737	1,687	1,765	1,960	1,470	1,908
Frankreich	1,992	1,246	2,024	1,643	1,868	1,633	1,615	0,989	1,510	1,403	1,756
Gabun	1,314	0,994	1,194	1,876	1,349	1,351	1,557	1,232	1,569	1,456	1,111
Griechenland	1,785	1,271	1,807	1,821	1,735	1,582	1,823	0,991	1,379	1,478	1,516
Guatemala	1,214	0,879	1,562	2,077	1,187	1,504	1,778	0,533	1,793	1,652	1,406
Honduras	1,294	0,631	1,174	1,702	1,313	1,231	1,480	0,361	1,653	1,416	1,191
Indien	1,117	1,301	1,321	2,032		1,627	1,837	1,446	1,868	1,830	1,390
Indonesien	1,528	1,515	1,361	1,547	1,627		0,505	1,302	2,054	1,197	1,350
Irak	0,811	1,715	1,722	2,551	1,263	2,006	2,245	2,031	1,843	2,179	1,716
Iran	1,268	0,953	1,164	1,956	0,852	1,433	1,719	1,259	1,514	1,573	1,136
Irland	2,140	1,643	1,983	1,496	1,639	1,717	1,650	1,420	1,959	1,535	1,939
Israel	1,119	1,302	1,730	2,131	1,888	1,898	2,210	1,651	1,652	1,744	1,490
Italien	1,917	1,169	1,877	1,674	1,747	1,570	1,736	0,904	1,626	1,478	1,697
Jamaika	1,552	1,137	1,286	1,600	1,037	1,418	1,598	1,141	1,833	1,488	1,397
Japan	2,105	1,862	2,020	1,672	2,234	1,742	1,655	1,498	2,080	1,581	1,890
Jemen	0,449	1,879	1,733	2,080	1,412	1,534	1,774	1,656	2,395	1,708	1,685
Kaimaninseln	2,101	1,613	1,955	1,310	1,648	1,651	1,515	1,368	1,848	1,479	1,901
Kambodscha	1,413	1,568	1,470	2,269	1,461	1,749	2,016	1,945	1,777	1,934	1,580
Kamerun	1,271	1,193	1,223	1,777	1,031	1,253	1,486	1,297	1,907	1,459	1,260
Kanada	2,287	1,704	2,212	1,234	1,566	1,893	1,747	1,512	1,855	1,680	2,071
Kasachstan	1,674	1,360	1,673	2,029	1,778	1,674	1,842	1,341	1,029	1,603	0,699
Kenia	1,379	1,161	1,253	1,694	1,391	1,264	1,459	1,193	1,715	1,319	1,175
Kolumbien	1,425	0,408	1,281	1,686	1,316	1,475	1,690	0,220	1,389	1,439	1,212
Kroatien	1,741	1,059	1,663	2,048	1,630	1,815	2,007	1,353	0,701	1,739	1,515
Kuwait	0,289	1,170	1,204	1,784	1,406	1,338	1,492	1,264	1,685	1,412	1,097
Lettland	1,801	1,115	1,756	2,153	1,679	1,967	2,142	1,365	1,003	1,893	1,577
Litauen	1,849	1,157	1,800	2,187	1,717	2,014	2,204	1,419	0,991	1,932	1,619
Luxemburg	2,056	1,460	2,014	1,344	1,898	1,651	1,544	1,249	1,844	1,421	1,810
Malaysia	1,767	1,704	1,579	1,369	1,837	0,505		1,465	2,208	1,288	1,642
Marokko	0,179	1,600	1,473	2,248	1,131	1,721	1,976	1,735	2,138	1,879	1,405
Mauritius	1,454	1,144	1,377	1,560	1,039	1,166	1,355	0,946	1,676	1,292	1,265
Mexiko	1,553	0,582	1,462	1,515	1,446	1,302	1,465		1,554	1,281	1,359
Myanmar	1,350	1,575	1,432	2,280	1,406	1,779	2,013	1,857	1,797	2,013	1,599
Nepal	1,351	1,528	1,568	2,125	1,266	1,691	1,956	1,586	2,095	1,863	1,591
Nicaragua	1,455	0,798	1,494	2,232	1,295	1,760	2,009	0,891	1,446	1,945	1,553
Niederlande	2,332	1,813	2,340	1,462	2,140	1,915	1,796	1,720	1,844	1,635	2,073
Nigeria	1,262	1,426	1,443	2,284	0,959	1,760	1,993	1,721	1,721	1,966	1,523
Norwegen	2,241	1,714	2,234	1,703	2,054	1,791	1,784	1,638	1,808	1,501	1,970
Oman	0,313	1,559	1,413	1,760	1,430	1,214	1,454	1,336	2,075	1,388	1,365
Österreich	2,197	1,667	2,094	1,480	2,020	1,799	1,850	1,408	1,949	1,580	1,939

– Fortsetzung Anhang 2 –

TEIL II: Gesamtindex der psychischen Distanz für den Zeitraum *1986-1990*

	Ägypten	Brasilien	China	Hongkong	Indien	Indonesien	Malaysia	Mexiko	Russland	Thailand	Türkei
Pakistan	1,342	1,473	1,576	2,368	0,480	1,817	2,144	1,633	2,039	1,966	1,542
Panama	1,657	0,689	1,595	1,531	1,592	1,254	1,420	0,142	1,534	1,217	1,452
Paraguay	1,531	0,766	1,516	1,619	1,512	1,408	1,652	0,506	1,481	1,295	1,268
Peru	1,568	0,374	1,480	1,865	1,482	1,617	1,854	0,408	1,195	1,533	1,323
Philippinen	1,559	1,288	1,376	1,679	1,296	0,677	0,776	1,145	1,616	1,458	1,424
Polen	1,728	1,042	1,683	2,080	1,606	1,894	2,069	1,292	0,826	1,820	1,504
Portugal	1,815	0,548	1,851	1,714	1,771	1,438	1,687	0,574	1,440	1,310	1,536
Puerto Rico	2,195	1,223	2,009	1,189	1,759	1,707	1,553	0,941	1,880	1,570	2,016
Rumänien	1,554	0,964	1,495	1,903	1,469	1,641	1,804	1,148	1,129	1,580	1,340
Russland	1,946	1,273	1,926	2,326	1,868	2,054	2,208	1,554		1,977	1,724
Saudi Arabien	0,392	1,481	1,335	1,681	1,509	1,136	1,375	1,257	1,996	1,309	1,286
Schweden	2,248	1,733	2,193	1,685	2,018	1,770	1,857	1,675	1,856	1,499	2,001
Schweiz	2,253	1,583	2,153	1,168	2,051	1,862	1,739	1,420	2,013	1,665	2,033
Senegal	1,443	1,368	1,684	2,243	1,142	1,786	2,055	1,385	2,163	1,958	1,674
Serbien	1,692	1,017	1,629	2,036	1,614	1,772	1,950	1,279	0,752	1,707	1,471
Simbabwe	1,787	1,356	1,630	2,000	1,483	1,895	2,073	1,570	1,411	1,844	1,593
Singapur	2,158	1,882	1,887	0,964	1,835	0,836	0,719	1,639	2,395	1,488	2,027
Slowakei	1,834	1,280	1,577	2,068	1,619	1,966	2,003	1,330	1,268	2,064	1,750
Spanien	1,861	0,853	1,863	1,685	1,752	1,478	1,695	0,381	1,405	1,369	1,608
Sri Lanka	1,479	0,995	1,392	1,834	0,813	1,484	1,642	1,219	1,445	1,409	1,278
Südafrika	1,670	1,184	1,553	1,817	1,210	1,629	1,806	1,137	1,463	1,578	1,473
Sudan	0,205	1,635	1,481	2,265	1,165	1,720	1,967	1,764	2,156	1,894	1,442
Südkorea	1,722	1,467	1,677	1,721	1,892	1,394	1,638	1,227	1,678	1,302	1,469
Tadschikistan	1,680	1,199	1,679	2,035	1,367	1,679	1,847	1,180	1,106	1,609	1,455
Taiwan	1,623	1,658	0,687	0,665	1,757	1,208	1,261	1,462	2,210	1,227	1,451
Thailand	1,701	1,461	1,610	1,429	1,830	1,197	1,288	1,281	1,977		1,475
Tschechei	1,572	1,078	1,525	1,759	1,425	1,598	1,788	1,070	1,088	1,522	1,349
Tunesien	0,525	1,289	1,246	1,810	1,215	1,366	1,621	1,297	1,828	1,525	1,176
Türkei	1,238	1,214	1,211	1,917	1,390	1,350	1,642	1,359	1,724	1,475	
Turkmenistan	1,369	1,111	0,321	1,881	1,536	1,461	1,636	1,283	1,564	1,415	1,145
UK	2,301	1,810	2,178	1,258	1,787	1,917	1,752	1,598	2,028	1,731	2,109
Ukraine	2,018	1,339	0,991	2,387	1,936	2,128	2,299	1,618	0,340	2,047	1,790
Ungarn	1,778	1,530	1,730	2,051	1,859	1,870	2,055	1,452	1,808	1,808	1,561
Uruguay	1,718	0,704	0,744	1,749	1,653	1,500	1,736	0,244	1,366	1,380	1,448
USA	2,391	1,898	2,309	1,186	1,901	2,025	1,858	1,687	2,028	1,825	2,188
Usbekistan	1,597	1,323	1,538	2,030	1,774	1,682	1,865	1,426	1,353	1,616	0,872
VAE	0,622	1,546	0,537	1,451	1,739	1,178	1,145	1,322	2,061	1,170	1,429
Venezuela	1,515	0,550	1,373	1,662	1,410	1,455	1,629	0,180	1,443	1,456	1,331
Vietnam	1,347	1,345	1,151	1,756	1,405	1,238	1,493	1,420	1,916	1,433	1,176
Weißrussland	1,886	1,214	0,852	2,254	1,798	1,995	2,150	1,490	0,212	1,923	1,668
Zypern	1,632	1,215	1,594	1,609	1,622	1,401	1,622	0,947	1,549	1,322	1,391

– Fortsetzung Anhang 2 –

TEIL I: Gesamtindex der psychischen Distanz für den Zeitraum *1981-1985*

	Ägypten	Brasilien	China	Hongkong	Indien	Indonesien	Malaysia	Mexiko	Russland	Thailand	Türkei
Ägypten		1,603	1,295	1,985	1,145	1,394	1,638	1,525	2,009	1,533	1,309
Algerien	0,293	1,316	1,316	2,043	1,336	1,470	1,730	1,422	1,744	1,594	1,256
Angola	1,605	1,407	1,848	2,586	1,464	1,969	2,233	1,716	1,990	2,102	1,802
Argentinien	1,821	0,492	1,739	1,981	1,644	1,805	1,986	0,335	1,067	1,636	1,500
Armenien	1,558	1,087	1,473	1,718	1,404	1,514	1,670	0,946	1,226	1,354	1,282
Australien	2,154	1,751	2,085	1,358	1,703	1,925	1,769	1,642	1,786	1,748	1,970
Bahrain	0,642	1,519	1,556	1,397	1,787	1,332	1,223	1,348	1,832	1,203	1,480
Bangladesch	1,529	1,471	1,718	2,469	0,699	1,876	2,131	1,624	1,894	2,039	1,747
Belgien	2,008	1,440	2,048	1,662	1,920	1,811	1,642	1,288	1,487	1,617	1,800
Bermuda	1,996	1,610	1,830	1,133	1,559	1,673	1,526	1,461	1,722	1,545	1,837
Brasilien	1,603		1,495	1,792	1,422	1,554	1,691	0,484	1,164	1,416	1,313
Bulgarien	1,621	1,193	1,561	1,794	1,531	1,561	1,717	1,046	0,897	1,404	1,383
BVI	1,983	1,592	1,836	1,138	1,558	1,667	1,525	1,445	1,692	1,529	1,814
Chile	1,647	0,738	1,632	1,556	1,600	1,310	1,491	0,375	1,452	1,121	1,419
China	1,295	1,495		0,762	1,321	1,226	1,449	1,384	1,978	1,442	1,231
China (HK)	1,985	1,792	0,762		1,973	1,593	1,410	1,683	2,249	1,509	1,860
Costa Rica	1,634	0,681	1,607	1,768	1,577	1,524	1,789	0,361	1,461	1,298	1,350
Dänemark	2,237	1,814	2,148	1,837	2,012	1,896	1,937	1,844	1,792	1,665	2,022
Deutschland	2,050	1,640	1,975	1,353	1,895	1,798	1,678	1,497	1,713	1,623	1,850
Dominik. Republik	1,403	0,540	1,167	1,575	1,158	1,305	1,424	0,199	1,533	1,296	1,173
Ecuador	1,583	0,486	1,378	1,675	1,405	1,472	1,604	0,072	1,299	1,393	1,326
El Salvador	1,351	0,586	1,307	1,945	1,226	1,379	1,705	0,344	1,467	1,461	1,142
Elfenbeinküste	1,193	1,626	1,466	2,005	1,144	1,379	1,651	1,565	2,101	1,515	1,492
Finnland	2,073	1,898	2,048	1,653	2,179	1,772	1,696	1,863	1,829	1,540	1,841
Frankreich	1,800	1,151	1,831	1,786	1,705	1,597	1,714	0,993	1,289	1,419	1,595
Gabun	1,423	1,057	1,293	1,811	1,406	1,327	1,452	1,059	1,522	1,311	1,147
Griechenland	1,694	1,278	1,716	1,909	1,674	1,678	1,867	1,089	1,213	1,500	1,457
Guatemala	1,171	0,890	1,424	2,096	1,109	1,477	1,756	0,548	1,694	1,590	1,317
Honduras	1,306	0,750	1,165	1,602	1,354	1,085	1,339	0,449	1,662	1,236	1,209
Indien	1,145	1,422	1,321	1,973		1,522	1,737	1,356	1,879	1,691	1,398
Indonesien	1,394	1,554	1,226	1,593	1,522		0,510	1,486	1,984	1,163	1,267
Irak	0,904	1,709	1,815	2,555	1,327	1,964	2,209	1,927	1,973	2,104	1,777
Iran	1,383	1,011	1,260	1,963	0,915	1,395	1,686	1,159	1,462	1,501	1,201
Irland	2,000	1,601	1,843	1,581	1,528	1,711	1,690	1,476	1,796	1,563	1,830
Israel	1,230	1,390	1,830	2,101	1,947	1,876	2,135	1,444	1,605	1,648	1,527
Italien	1,750	1,100	1,709	1,791	1,609	1,678	1,809	0,932	1,432	1,529	1,561
Jamaika	1,606	1,116	1,290	1,632	1,029	1,478	1,607	1,065	1,702	1,440	1,381
Japan	2,002	1,856	1,916	1,746	2,160	1,772	1,685	1,590	1,928	1,646	1,817
Jemen	0,441	2,044	1,736	1,993	1,456	1,580	1,646	1,966	2,450	1,702	1,750
Kaimaninseln	1,983	1,592	1,836	1,388	1,558	1,667	1,525	1,445	1,692	1,529	1,814
Kambodscha	1,275	1,515	1,304	2,015	1,271	1,449	1,721	1,583	1,978	1,599	1,383
Kamerun	1,272	1,247	1,123	1,688	1,060	1,119	1,356	1,398	1,852	1,290	1,215
Kanada	2,175	1,689	2,098	1,310	1,482	1,914	1,763	1,595	1,701	1,735	1,989
Kasachstan	1,697	1,374	1,645	2,005	1,739	1,657	1,773	1,201	0,975	1,513	0,652
Kenia	1,356	1,253	1,229	1,629	1,396	1,211	1,354	1,221	1,698	1,175	1,183
Kolumbien	1,470	0,547	1,321	1,591	1,366	1,387	1,550	0,099	1,407	1,277	1,250
Kroatien	1,930	1,075	1,842	2,096	1,767	1,871	2,012	1,225	0,831	1,721	1,632
Kuwait	0,599	1,549	1,514	1,385	1,745	1,289	1,101	1,471	1,955	1,208	1,438
Lettland	1,925	1,067	1,870	2,137	1,751	1,958	2,082	1,172	0,942	1,810	1,628
Litauen	1,902	1,038	1,842	2,099	1,718	1,933	2,072	1,154	1,001	1,778	1,599
Luxemburg	1,996	1,498	1,953	1,341	1,866	1,725	1,612	1,385	1,769	1,528	1,781
Malaysia	1,638	1,691	1,449	1,410	1,737	0,510		1,598	2,086	1,310	1,545
Marokko	0,193	1,717	1,448	2,175	1,128	1,602	1,862	1,652	2,145	1,726	1,421
Mauritius	1,428	1,255	1,350	1,498	1,042	1,139	1,252	1,203	1,678	1,177	1,270
Mexiko	1,525	0,484	1,384	1,683	1,356	1,486	1,598		1,299	1,392	1,261
Myanmar	1,213	1,582	1,327	2,086	1,155	1,540	1,778	1,555	2,059	1,739	1,462
Nepal	1,304	1,653	1,531	2,107	1,271	1,627	1,897	1,630	2,111	1,765	1,616
Nicaragua	1,633	0,769	1,563	2,212	1,422	1,695	1,948	0,763	1,563	1,846	1,590
Niederlande	2,232	1,811	2,239	1,540	2,069	1,949	1,824	1,815	1,687	1,703	2,004
Nigeria	1,214	1,346	1,395	2,148	0,907	1,579	1,816	1,477	1,784	1,750	1,443
Norwegen	2,113	1,684	2,106	1,816	1,954	1,797	1,853	1,706	1,618	1,541	1,873
Oman	0,299	1,738	1,429	1,686	1,444	1,274	1,340	1,659	2,143	1,396	1,443
Österreich	2,063	1,631	1,960	1,565	1,915	1,800	1,890	1,470	1,787	1,614	1,837

– Fortsetzung Anhang 2 –

TEIL II: Gesamtindex der psychischen Distanz für den Zeitraum *1981-1985*

	Ägypten	Brasilien	China	Hongkong	Indien	Indonesien	Malaysia	Mexiko	Russland	Thailand	Türkei
Pakistan	1,353	1,622	1,570	2,291	0,496	1,694	2,026	1,559	2,078	1,809	1,566
Panama	1,622	0,752	1,559	1,578	1,586	1,309	1,423	0,303	1,409	1,198	1,448
Paraguay	1,497	0,797	1,449	1,661	1,474	1,458	1,651	0,506	1,361	1,272	1,232
Peru	1,798	0,431	1,699	1,954	1,660	1,714	1,899	0,320	1,092	1,556	1,480
Philippinen	1,513	1,309	1,298	1,667	1,248	0,672	0,720	1,092	1,550	1,379	1,379
Polen	1,859	1,070	1,804	2,071	1,686	1,892	2,016	1,106	0,757	1,745	1,563
Portugal	1,675	0,506	1,710	1,791	1,659	1,523	1,720	0,630	1,285	1,321	1,427
Puerto Rico	2,086	1,212	1,900	1,275	1,679	1,732	1,573	1,028	1,716	1,630	1,938
Rumänien	1,705	1,126	1,635	1,913	1,568	1,658	1,769	0,981	1,042	1,523	1,417
Russland	2,009	1,164	1,978	2,249	1,879	1,984	2,086	1,299		1,833	1,714
Saudi Arabien	0,410	1,626	1,324	1,575	1,556	1,163	1,228	1,548	2,032	1,284	1,332
Schweden	2,182	1,765	2,126	1,741	1,981	1,838	1,869	1,805	1,722	1,601	1,966
Schweiz	2,193	1,620	2,093	1,211	2,020	1,936	1,808	1,555	1,892	1,773	2,004
Senegal	1,389	1,417	1,590	2,233	1,069	1,730	2,004	1,365	2,102	1,867	1,623
Serbien	1,890	1,043	1,817	2,094	1,761	1,837	1,964	1,159	0,882	1,698	1,596
Simbabwe	1,916	1,453	1,749	1,988	1,560	1,891	2,017	1,382	1,361	1,766	1,649
Singapur	1,979	1,801	1,707	1,041	1,685	0,790	0,668	1,697	2,241	1,477	1,879
Slowakei	2,053	1,292	1,785	2,146	1,787	2,051	2,037	1,232	1,112	2,076	1,896
Spanien	1,793	0,883	1,795	1,717	1,712	1,523	1,682	0,508	1,296	1,334	1,571
Sri Lanka	1,521	1,145	1,443	1,694	0,894	1,385	1,492	1,147	1,473	1,237	1,349
Südafrika	1,642	1,253	1,525	1,744	1,211	1,563	1,689	1,109	1,459	1,438	1,476
Sudan	0,191	1,793	1,476	2,163	1,202	1,572	1,823	1,721	2,204	1,711	1,499
Südkorea	1,607	1,449	1,561	1,723	1,805	1,403	1,596	1,307	1,598	1,237	1,385
Tadschikistan	1,775	1,285	1,723	2,082	1,400	1,735	1,851	1,112	1,003	1,591	1,480
Taiwan	1,508	1,705	0,572	0,692	1,671	1,215	1,248	1,654	2,147	1,307	1,398
Thailand	1,533	1,416	1,442	1,509	1,691	1,163	1,310	1,392	1,833		1,338
Tschechei	1,652	1,095	1,554	1,800	1,442	1,646	1,785	0,942	0,970	1,497	1,358
Tunesien	0,526	1,332	1,178	1,822	1,153	1,332	1,592	1,268	1,761	1,456	1,120
Türkei	1,309	1,313	1,231	1,860	1,398	1,267	1,545	1,261	1,714	1,338	
Turkmenistan	1,363	1,290	0,304	1,810	1,519	1,322	1,445	1,221	1,634	1,263	1,117
UK	2,183	1,790	2,059	1,336	1,697	1,932	1,763	1,675	1,872	1,780	2,021
Ukraine	2,180	1,328	1,142	2,408	2,045	2,157	2,276	1,462	0,439	2,002	1,879
Ungarn	1,810	1,645	1,747	2,056	1,905	1,883	2,017	1,434	1,725	1,748	1,609
Uruguay	1,671	0,755	0,696	1,752	1,635	1,510	1,695	0,371	1,285	1,317	1,432
USA	2,283	1,887	2,200	1,273	1,822	2,051	1,879	1,774	1,863	1,885	2,111
Usbekistan	1,665	1,479	1,596	1,958	1,831	1,617	1,748	1,294	1,348	1,477	0,919
VAE	0,509	1,530	0,423	1,476	1,654	1,199	1,130	1,452	1,936	1,188	1,347
Venzuela	1,608	0,741	1,466	1,520	1,532	1,321	1,443	0,237	1,507	1,248	1,455
Vietnam	1,373	1,398	1,126	1,749	1,369	1,214	1,445	1,367	1,859	1,346	1,132
Weißrussland	2,023	1,178	0,978	2,250	1,883	1,999	2,102	1,309	0,322	1,853	1,732
Zypern	1,536	1,216	1,497	1,652	1,554	1,451	1,620	1,036	1,429	1,298	1,326

– Fortsetzung Anhang 2 –

TEIL I: Gesamtindex der psychischen Distanz für den Zeitraum 1976-1980

	Ägypten	Brasilien	China	Hongkong	Indien	Indonesien	Malaysia	Mexiko	Russland	Thailand	Türkei
Ägypten		1,450	1,330	2,059	1,151	1,295	1,673	1,559	1,970	1,588	1,372
Algerien	0,200	1,292	1,201	2,051	1,341	1,305	1,698	1,557	1,798	1,582	1,176
Angola	1,479	1,449	1,674	2,534	1,485	1,745	2,142	1,793	2,014	2,031	1,597
Argentinien	1,672	0,470	1,568	1,921	1,593	1,635	1,896	0,393	1,176	1,556	1,412
Armenien	1,542	0,973	1,554	1,731	1,407	1,418	1,653	0,982	1,262	1,348	1,416
Australien	2,150	1,578	2,128	1,421	1,552	2,020	1,730	1,436	1,771	1,689	2,045
Bahrain	0,744	1,453	1,706	1,332	1,742	1,532	1,211	1,294	1,946	1,251	1,662
Bangladesch	1,410	1,474	1,552	2,425	0,728	1,659	2,047	1,708	1,833	1,975	1,549
Belgien	2,043	1,306	2,130	1,678	1,807	1,944	1,642	1,121	1,520	1,598	1,915
Bermuda	1,919	1,364	1,800	1,284	1,334	1,695	1,552	1,181	1,621	1,414	1,839
Brasilien	1,450		1,306	1,698	1,366	1,380	1,596	0,518	1,278	1,331	1,199
Bulgarien	1,689	0,981	1,574	1,951	1,636	1,609	1,844	1,184	0,789	1,541	1,341
BVI	1,906	1,346	1,807	1,288	1,334	1,688	1,552	1,166	1,591	1,397	1,816
Chile	1,628	0,550	1,660	1,652	1,434	1,390	1,557	0,162	1,405	1,198	1,479
China	1,330	1,306		0,884	1,413	1,176	1,532	1,516	1,904	1,544	1,258
China (HK)	2,059	1,698	0,884		1,900	1,766	1,449	1,563	2,298	1,529	2,014
Costa Rica	1,759	0,650	1,792	1,757	1,567	1,493	1,749	0,315	1,521	1,268	1,567
Dänemark	2,271	1,680	2,230	1,870	1,898	2,028	1,940	1,676	1,808	1,644	2,135
Deutschland	2,098	1,519	2,071	1,381	1,795	1,945	1,691	1,343	1,733	1,616	1,977
Dominik. Republik	1,443	0,517	1,305	1,520	1,140	1,189	1,352	0,193	1,624	1,221	1,382
Ecuador	1,541	0,503	1,434	1,558	1,307	1,275	1,456	0,074	1,466	1,256	1,466
El Salvador	1,260	0,523	1,275	1,889	1,233	1,169	1,610	0,416	1,519	1,385	1,166
Elfenbeinküste	1,118	1,398	1,426	2,011	1,035	1,218	1,617	1,384	1,987	1,501	1,480
Finnland	2,084	1,740	2,107	1,679	2,042	1,881	1,691	1,671	1,852	1,496	1,931
Frankreich	1,854	1,037	1,933	1,792	1,611	1,727	1,690	0,844	1,332	1,406	1,728
Gabun	1,437	0,966	1,271	1,880	1,518	1,319	1,519	1,256	1,469	1,360	1,124
Griechenland	1,823	1,239	1,893	1,841	1,655	1,670	1,768	1,016	1,330	1,412	1,666
Guatemala	1,376	0,916	1,626	1,902	1,231	1,360	1,522	0,520	1,834	1,376	1,560
Honduras	1,399	0,694	1,305	1,584	1,299	1,114	1,281	0,339	1,721	1,198	1,370
Indien	1,151	1,366	1,413	1,900		1,295	1,624	1,334	1,937	1,598	1,558
Indonesien	1,295	1,380	1,176	1,766	1,295		0,643	1,365	1,923	1,316	1,309
Irak	0,831	1,806	1,695	2,557	1,402	1,794	2,172	2,057	2,050	2,086	1,626
Iran	1,335	1,017	1,173	1,998	0,964	1,257	1,681	1,322	1,472	1,516	1,082
Irland	2,041	1,474	1,932	1,599	1,422	1,851	1,678	1,315	1,827	1,550	1,951
Israel	1,204	1,361	1,769	2,164	2,019	1,829	2,168	1,626	1,591	1,691	1,439
Italien	1,781	0,963	1,787	1,842	1,493	1,666	1,829	0,821	1,430	1,560	1,671
Jamaika	1,611	0,958	1,272	1,648	1,132	1,462	1,670	1,209	1,658	1,485	1,446
Japan	2,044	1,730	2,006	1,770	2,054	1,913	1,678	1,430	1,954	1,634	1,939
Jemen	0,369	1,819	1,699	2,054	1,286	1,530	1,669	1,686	2,339	1,583	1,741
Kaimaninseln	1,906	1,346	1,807	1,638	1,334	1,688	1,552	1,166	1,591	1,397	1,816
Kambodscha	1,178	1,487	1,262	1,933	1,243	1,195	1,600	1,629	2,065	1,498	1,420
Kamerun	1,267	1,184	1,241	1,767	0,908	1,106	1,396	1,308	1,903	1,350	1,368
Kanada	2,184	1,530	2,155	1,318	1,344	2,022	1,738	1,402	1,741	1,690	2,078
Kasachstan	1,687	1,303	1,733	1,976	1,720	1,518	1,714	1,231	1,053	1,465	0,823
Kenia	1,379	1,126	1,300	1,680	1,344	1,163	1,386	1,199	1,685	1,206	1,286
Kolumbien	1,461	0,405	1,395	1,658	1,386	1,344	1,587	0,142	1,389	1,325	1,356
Kroatien	1,825	1,124	1,701	2,079	1,760	1,744	1,965	1,327	0,778	1,685	1,464
Kuwait	0,417	1,158	1,378	1,643	1,444	1,215	1,396	1,142	1,678	1,194	1,335
Lettland	1,814	1,109	1,723	2,113	1,738	1,825	2,028	1,268	1,014	1,768	1,454
Litauen	1,793	1,082	1,697	2,078	1,707	1,803	2,020	1,253	1,071	1,738	1,427
Luxemburg	1,990	1,324	1,995	1,428	1,713	1,818	1,572	1,177	1,732	1,468	1,854
Malaysia	1,673	1,596	1,532	1,449	1,624	0,643		1,448	2,105	1,300	1,659
Marokko	0,143	1,526	1,426	2,199	1,203	1,454	1,847	1,706	2,069	1,731	1,446
Mauritius	1,338	1,015	1,308	1,662	0,837	1,160	1,377	1,028	1,552	1,294	1,260
Mexiko	1,559	0,518	1,516	1,563	1,334	1,365	1,448		1,468	1,253	1,476
Myanmar	1,130	1,599	1,330	2,049	1,122	1,329	1,701	1,646	2,189	1,682	1,544
Nepal	1,397	1,594	1,660	2,008	1,266	1,489	1,759	1,516	2,166	1,646	1,773
Nicaragua	1,294	0,510	1,088	1,859	1,181	1,169	1,556	0,538	1,508	1,473	1,158
Niederlande	2,243	1,654	2,298	1,574	1,933	2,059	1,801	1,625	1,703	1,660	2,095
Nigeria	1,198	1,346	1,245	2,119	0,992	1,377	1,748	1,576	1,758	1,701	1,261
Norwegen	2,097	1,500	2,137	1,892	1,791	1,879	1,898	1,488	1,591	1,477	1,936
Oman	0,211	1,613	1,494	1,849	1,209	1,325	1,463	1,481	2,133	1,377	1,535
Österreich	2,114	1,513	2,058	1,574	1,819	1,949	1,870	1,319	1,826	1,610	1,968

– Fortsetzung Anhang 2 –

TEIL II: Gesamtindex der psychischen Distanz für den Zeitraum *1976-1980*									
	Ägypten	Brasilien	China	Hongkong	Indien	Indonesien	Malaysia	Mexiko	Russland	Thailand	Türkei
Pakistan	1,282	1,419	1,549	2,294	0,538	1,525	1,990	1,579	1,990	1,792	1,579
Panama	1,620	0,581	1,604	1,667	1,436	1,375	1,482	0,119	1,368	1,268	1,525
Paraguay	1,636	0,801	1,669	1,606	1,500	1,441	1,565	0,476	1,465	1,197	1,485
Peru	1,557	0,343	1,422	1,801	1,517	1,451	1,715	0,287	1,230	1,384	1,231
Philippinen	1,598	1,257	1,462	1,666	1,216	0,601	0,689	1,074	1,600	1,359	1,574
Polen	1,745	1,041	1,655	2,045	1,669	1,757	1,960	1,200	0,832	1,700	1,386
Portugal	1,761	0,423	1,843	1,754	1,598	1,559	1,652	0,513	1,372	1,265	1,592
Puerto Rico	2,097	1,055	1,959	1,319	1,543	1,842	1,550	0,837	1,722	1,586	2,029
Rumänien	1,727	1,037	1,622	2,023	1,688	1,659	1,849	1,211	0,981	1,614	1,377
Russland	1,970	1,278	1,904	2,298	1,937	1,923	2,105	1,468		1,863	1,612
Saudi Arabien	0,405	1,419	1,367	1,654	1,403	1,193	1,268	1,286	1,939	1,183	1,340
Schweden	2,152	1,566	2,143	1,831	1,803	1,906	1,929	1,572	1,681	1,545	2,015
Schweiz	2,219	1,478	2,166	1,267	1,899	2,060	1,799	1,379	1,886	1,744	2,109
Senegal	1,287	1,230	1,572	2,205	1,093	1,529	1,937	1,366	2,029	1,820	1,652
Serbien	1,775	1,081	1,666	2,067	1,743	1,700	1,906	1,252	0,830	1,652	1,418
Simbabwe	1,674	1,236	1,556	1,834	1,416	1,627	1,833	1,347	1,501	1,592	1,540
Singapur	1,968	1,621	1,743	1,120	1,526	0,878	0,622	1,498	2,211	1,412	1,948
Slowakei	2,075	1,449	1,772	2,256	1,906	2,052	2,117	1,461	1,052	2,166	1,855
Spanien	1,827	0,748	1,877	1,736	1,599	1,656	1,671	0,340	1,326	1,334	1,685
Sri Lanka	1,564	1,026	1,535	1,724	0,820	1,290	1,477	1,130	1,507	1,233	1,472
Südafrika	1,736	1,180	1,667	1,664	1,158	1,556	1,580	1,001	1,587	1,340	1,650
Sudan	0,128	1,576	1,449	2,174	1,195	1,411	1,795	1,692	2,102	1,702	1,498
Südkorea	1,633	1,307	1,634	1,704	1,684	1,391	1,546	1,131	1,666	1,199	1,491
Tadschikistan	1,781	1,229	1,827	2,069	1,396	1,612	1,808	1,157	1,073	1,558	1,666
Taiwan	1,528	1,584	0,640	0,746	1,544	1,269	1,261	1,479	2,141	1,271	1,493
Thailand	1,588	1,331	1,544	1,529	1,598	1,316	1,300	1,253	1,863		1,472
Tschechei	1,642	0,934	1,508	1,878	1,529	1,614	1,832	1,131	0,942	1,554	1,371
Tunesien	0,521	1,305	1,289	1,800	1,125	1,138	1,531	1,307	1,848	1,415	1,308
Türkei	1,372	1,199	1,258	2,014	1,558	1,309	1,659	1,476	1,612	1,472	
Turkmenistan	1,363	1,137	0,268	1,967	1,575	1,300	1,543	1,388	1,595	1,401	1,114
UK	2,102	1,541	2,026	1,484	1,469	1,950	1,786	1,392	1,774	1,645	2,020
Ukraine	2,112	1,414	1,038	2,428	2,075	2,067	2,266	1,602	0,410	2,002	1,748
Ungarn	1,805	1,457	1,775	2,139	1,921	1,857	2,070	1,483	1,691	1,811	1,670
Uruguay	1,738	0,654	0,811	1,780	1,555	1,554	1,693	0,236	1,306	1,326	1,579
USA	2,291	1,726	2,255	1,313	1,682	2,156	1,851	1,579	1,872	1,838	2,198
Usbekistan	1,711	1,273	1,606	2,092	1,933	1,641	1,851	1,430	1,263	1,591	0,961
VAE	0,460	1,305	0,422	1,599	1,458	1,248	1,249	1,172	1,825	1,128	1,378
Venezuela	1,736	0,700	1,641	1,505	1,512	1,499	1,398	0,162	1,571	1,256	1,662
Vietnam	1,356	1,369	1,206	1,733	1,342	1,068	1,391	1,418	1,945	1,312	1,305
Weißrussland	1,979	1,288	0,899	2,294	1,937	1,933	2,116	1,473	0,335	1,878	1,626
Zypern	1,614	1,125	1,622	1,646	1,484	1,428	1,585	0,927	1,483	1,273	1,483

– Fortsetzung Anhang 2 –

TEIL I: Gesamtindex der psychischen Distanz für den Zeitraum *1971-1975*

	Ägypten	Brasilien	China	Hongkong	Indien	Indonesien	Malaysia	Mexiko	Russland	Thailand	Türkei
Ägypten		1,417	1,278	2,114	1,109	1,366	1,668	1,639	1,923	1,618	1,270
Algerien	0,167	1,398	1,279	2,102	1,265	1,372	1,689	1,634	1,785	1,608	1,249
Angola	1,349	1,429	1,626	2,459	1,363	1,686	2,007	1,743	1,909	1,931	1,609
Argentinien	1,698	0,648	1,665	2,062	1,576	1,832	1,973	0,591	1,104	1,679	1,445
Armenien	1,520	0,983	1,483	1,884	1,401	1,627	1,741	1,191	1,178	1,482	1,281
Australien	2,126	1,445	2,023	1,497	1,520	1,925	1,720	1,332	1,764	1,635	1,879
Bahrain	0,813	1,412	1,693	1,374	1,802	1,530	1,285	1,232	1,973	1,290	1,588
Bangladesch	1,281	1,454	1,504	2,350	0,607	1,601	1,912	1,659	1,782	1,875	1,562
Belgien	2,084	1,238	2,090	1,688	1,840	1,914	1,688	1,082	1,579	1,609	1,813
Bermuda	1,966	1,302	1,766	1,321	1,373	1,671	1,526	1,149	1,651	1,431	1,744
Brasilien	1,417		1,325	1,643	1,378	1,474	0,488	1,255	1,166		
Bulgarien	1,639	1,104	1,608	2,016	1,543	1,730	1,845	1,306	0,793	1,588	1,398
BVI	1,953	1,284	1,772	1,326	1,373	1,664	1,526	1,133	1,622	1,414	1,721
Chile	1,490	0,443	1,473	1,862	1,406	1,558	1,703	0,429	1,264	1,390	1,227
China	1,278	1,325		0,857	1,286	1,259	1,445	1,514	1,941	1,492	1,212
China (HK)	2,114	1,643	0,857		1,947	1,750	1,510	1,507	2,366	1,554	1,926
Costa Rica	1,933	0,714	1,884	1,645	1,733	1,596	1,573	0,391	1,701	1,240	1,598
Dänemark	2,326	1,625	2,203	1,882	1,945	2,012	1,889	1,651	1,864	1,670	2,047
Deutschland	2,143	1,454	2,034	1,388	1,832	1,918	1,741	1,307	1,795	1,631	1,879
Dominik. Republik	1,408	0,349	1,189	1,610	1,097	1,321	1,400	0,308	1,581	1,286	1,204
Ecuador	1,545	0,398	1,356	1,573	1,302	1,318	1,408	0,147	1,518	1,254	1,327
El Salvador	1,374	0,529	1,350	1,971	1,304	1,455	1,632	0,523	1,359	1,442	1,115
Elfenbeinküste	1,208	1,299	1,417	1,944	1,135	1,161	1,490	1,343	2,015	1,409	1,424
Finnland	2,064	1,612	2,006	1,739	2,015	1,791	1,688	1,572	1,860	1,447	1,769
Frankreich	1,891	0,964	1,888	1,809	1,640	1,693	1,644	0,802	1,383	1,405	1,623
Gabun	1,363	1,003	1,282	1,862	1,401	1,417	1,496	1,263	1,497	1,317	1,155
Griechenland	1,905	1,211	1,893	1,820	1,729	1,681	1,684	1,018	1,419	1,374	1,605
Guatemala	1,565	0,917	1,716	1,768	1,411	1,363	1,392	0,522	1,962	1,443	1,603
Honduras	1,412	0,597	1,256	1,626	1,303	1,057	1,263	0,330	1,750	1,215	1,316
Indien	1,109	1,172	1,286	1,947		1,338	1,610	1,405	1,848	1,620	1,385
Indonesien	1,366	1,378	1,259	1,750	1,338		0,567	1,374	2,049	1,275	1,350
Irak	0,809	1,893	1,754	2,590	1,388	1,842	2,143	2,114	2,053	2,093	1,746
Iran	1,478	1,070	1,354	1,657	0,946	1,177	1,280	1,006	1,761	1,150	1,279
Irland	2,074	1,397	1,883	1,644	1,446	1,812	1,659	1,268	1,851	1,553	1,841
Israel	1,069	1,323	1,686	2,068	1,766	1,790	2,009	1,588	1,755	1,578	1,406
Italien	1,845	0,917	1,770	1,841	1,548	1,675	1,765	0,877	1,499	1,542	1,593
Jamaika	1,620	1,113	1,352	1,756	1,098	1,642	1,729	1,306	1,603	1,591	1,462
Japan	2,042	1,619	1,922	1,813	2,044	1,840	1,658	1,349	1,979	1,602	1,795
Jemen	0,396	1,673	1,642	2,014	1,356	1,385	1,568	1,541	2,319	1,517	1,637
Kaimaninseln	1,953	1,284	1,772	1,576	1,373	1,664	1,526	1,133	1,622	1,414	1,721
Kambodscha	1,251	1,370	1,235	1,915	1,183	1,192	1,521	1,636	2,074	1,454	1,346
Kamerun	1,358	1,159	1,305	1,731	0,991	1,082	1,300	1,297	2,005	1,289	1,386
Kanada	2,202	1,439	2,092	1,351	1,354	1,970	1,762	1,341	1,777	1,679	1,954
Kasachstan	1,642	1,229	1,607	2,093	1,679	1,692	1,768	1,405	1,004	1,564	0,636
Kenia	1,398	1,085	1,238	1,716	1,283	1,203	1,322	1,260	1,771	1,216	1,162
Kolumbien	1,564	0,398	1,416	1,610	1,340	1,353	1,475	0,143	1,505	1,259	1,316
Kroatien	1,723	1,194	1,682	2,092	1,615	1,813	1,913	1,397	0,725	1,679	1,492
Kuwait	0,520	1,119	1,400	1,609	1,510	1,279	1,340	1,119	1,738	1,184	1,295
Lettland	1,745	1,213	1,738	2,160	1,626	1,928	2,011	1,371	1,036	1,796	1,516
Litauen	1,732	1,194	1,720	2,132	1,603	1,914	2,011	1,364	1,085	1,774	1,497
Luxemburg	2,099	1,324	2,023	1,401	1,815	1,856	1,687	1,206	1,827	1,548	1,821
Malaysia	1,668	1,474	1,445	1,510	1,610	0,567		1,328	2,110	1,254	1,511
Marokko	0,248	1,515	1,505	2,048	1,198	1,318	1,635	1,579	2,185	1,554	1,478
Mauritius	1,417	0,926	1,305	1,638	0,876	1,247	1,297	1,028	1,590	1,244	1,196
Mexiko	1,639	0,488	1,514	1,507	1,405	1,374	1,328		1,593	1,178	1,413
Myanmar	1,246	1,541	1,361	2,036	1,156	1,333	1,628	1,658	2,258	1,644	1,529
Nepal	1,451	1,474	1,629	1,931	1,362	1,371	1,622	1,438	2,172	1,544	1,695
Nicaragua	1,532	0,804	1,389	2,099	1,376	1,554	1,735	0,803	1,383	1,687	1,411
Niederlande	2,261	1,563	2,235	1,614	1,943	2,006	1,825	1,563	1,731	1,648	1,970
Nigeria	1,053	1,392	1,263	2,111	0,805	1,385	1,679	1,593	1,856	1,568	1,341
Norwegen	2,123	1,417	2,082	1,910	1,809	1,835	1,853	1,434	1,642	1,477	1,820
Oman	0,261	1,512	1,482	1,854	1,251	1,225	1,407	1,381	2,159	1,357	1,477
Österreich	2,128	1,418	1,991	1,627	1,825	1,893	1,858	1,253	1,842	1,595	1,839

– Fortsetzung Anhang 2 –

TEIL II: Gesamtindex der psychischen Distanz für den Zeitraum 1971-1975

	Ägypten	Brasilien	China	Hongkong	Indien	Indonesien	Malaysia	Mexiko	Russland	Thailand	Türkei
Pakistan	1,240	1,380	1,491	2,307	0,504	1,554	1,943	1,617	1,874	1,780	1,472
Panama	1,880	0,731	1,783	1,485	1,688	1,565	1,331	0,279	1,619	1,324	1,643
Paraguay	1,633	0,688	1,584	1,648	1,488	1,392	1,544	0,535	1,491	1,221	1,338
Peru	1,437	0,389	1,379	1,789	1,347	1,496	1,640	0,332	1,310	1,354	1,179
Philippinen	1,649	1,199	1,432	1,643	1,260	0,595	0,602	1,108	1,691	1,318	1,483
Polen	1,670	1,138	1,663	2,085	1,551	1,853	1,936	1,296	0,861	1,721	1,441
Portugal	1,596	0,267	1,607	1,999	1,522	1,678	1,834	0,740	1,195	1,492	1,292
Puerto Rico	2,141	0,990	1,922	1,320	1,579	1,816	1,600	0,801	1,788	1,601	1,931
Rumänien	1,665	1,148	1,644	2,076	1,583	1,768	1,838	1,320	0,996	1,649	1,445
Russland	1,923	1,404	1,941	2,366	1,848	2,049	2,110	1,593		1,913	1,696
Saudi Arabien	0,435	1,338	1,316	1,679	1,425	1,153	1,232	1,206	1,984	1,182	1,302
Schweden	2,172	1,477	2,082	1,878	1,815	1,855	1,912	1,552	1,703	1,574	1,893
Schweiz	2,254	1,404	2,120	1,301	1,926	2,025	1,841	1,335	1,919	1,750	-6,998
Senegal	1,279	1,074	1,482	2,136	0,977	1,476	1,807	1,322	1,976	1,725	1,516
Serbien	1,669	1,148	1,644	2,076	1,594	1,766	1,852	1,318	0,781	1,643	1,442
Simbabwe	1,659	1,164	1,508	1,799	1,239	1,648	1,733	1,368	1,605	1,539	1,430
Singapur	2,017	1,560	1,711	1,137	1,567	0,856	0,676	1,425	2,262	1,431	1,854
Slowakei	2,025	1,572	1,805	2,321	1,813	2,173	2,117	1,582	1,055	2,213	1,935
Spanien	1,877	0,689	1,846	1,738	1,642	1,636	1,610	0,311	1,392	1,323	1,593
Sri Lanka	1,595	0,954	1,484	1,748	0,813	1,362	1,428	1,179	1,561	1,229	1,360
Südafrika	1,826	1,160	1,675	1,637	1,240	1,574	1,488	1,011	1,683	1,320	1,597
Sudan	0,088	1,504	1,357	2,189	1,164	1,442	1,750	1,732	2,016	1,692	1,357
Südkorea	1,655	1,220	1,576	1,721	1,698	1,348	1,499	1,196	1,718	1,198	1,371
Tadschikistan	1,759	1,179	1,724	2,210	1,379	1,809	1,885	1,355	1,032	1,681	1,502
Taiwan	1,518	1,403	0,548	0,812	1,525	1,184	1,266	1,299	2,086	1,166	1,355
Thailand	1,618	1,255	1,492	1,554	1,620	1,275	1,254	1,178	1,913		1,359
Tschechei	1,609	1,075	1,560	1,961	1,454	1,753	1,851	1,270	0,927	1,619	1,383
Tunesien	0,547	1,204	1,277	1,829	1,111	1,182	1,499	1,360	1,873	1,418	1,250
Türkei	1,270	1,166	1,212	1,926	1,385	1,350	1,511	1,413	1,696	1,359	
Turkmenistan	1,272	1,195	0,229	1,980	1,410	1,349	1,495	1,426	1,671	1,388	1,031
UK	2,146	1,475	1,988	1,518	1,505	1,923	1,757	1,357	1,808	1,660	1,922
Ukraine	2,016	1,490	1,026	2,447	1,936	2,143	2,221	1,678	0,360	2,003	1,782
Ungarn	1,775	1,486	1,724	2,224	1,848	1,998	2,090	1,625	1,675	1,878	1,555
Uruguay	1,763	0,570	0,755	1,809	1,572	1,514	1,658	0,303	1,345	1,337	1,462
USA	2,331	1,657	2,214	1,311	1,715	2,127	1,898	1,540	1,942	1,849	2,096
Usbekistan	1,649	1,344	1,597	2,113	1,797	1,719	1,809	1,508	1,310	1,595	0,890
VAE	0,563	1,264	0,443	1,551	1,553	1,281	1,168	1,133	1,911	1,083	1,339
Venezuela	1,758	0,612	1,581	1,574	1,526	1,450	1,403	0,104	1,571	1,265	1,542
Vietnam	1,312	1,274	1,081	1,832	1,303	1,243	1,429	1,542	1,895	1,385	1,171
Weißrussland	1,902	1,384	0,906	2,332	1,817	2,028	2,090	1,567	0,316	1,898	1,679
Zypern	1,712	1,114	1,640	1,629	1,575	1,456	1,504	0,967	1,569	1,238	1,439

A.3 SPSS-Ergebnisse des Regressionsmodells zum Zielmarkt der ersten ausländischen Direktinvestition (wissens- und forschungsintensive Industrien)

Koeffizienten

Modell 6:

	Unstandardized Coefficients		Standardized Coefficients		
	B	Std. Error	Beta	t	Sig.
(Constant)	-0.789	0.339		-2.326	0.030
Branche	-0.001	0.002	-0.042	-0.242	0.811
Größe	0.106	0.042	0.374	2.512	0.020
Kapitalstruktur	-0.005	0.022	-0.037	-0.225	0.824
Akquisition	-0.041	0.081	-0.078	-0.506	0.618
Psychische Distanz der 1. FDI	0.200	0.073	0.415	2.728	0.013
Auslandsstudiumsquote	-0.002	0.001	-0.217	-1.326	0.199
Auslandsarbeitsquote	0.008	0.002	0.601	3.794	0.001
Kooperationsquote	0.020	0.010	0.342	2.014	0.057

Abhängige Variable: Gewähltes Marktpotential für die 1. FDI

Modell 7:

	Unstandardized Coefficients		Standardized Coefficients		
	B	Std. Error	Beta	t	Sig.
(Constant)	-0.780	0.316		-2.470	0.021
Größe	0.098	0.036	0.347	2.758	0.011
Psychische Distanz der 1. FDI	0.211	0.066	0.437	3.209	0.004
Auslandsstudiumsquote	-0.002	0.001	-0.225	-1.561	0.132
Auslandsarbeitsquote	0.008	0.002	0.607	4.156	0.000
Kooperationsquote	0.018	0.008	0.317	2.305	0.030

Abhängige Variable: Gewähltes Marktpotential für die 1. FDI

– Fortsetzung Anhang 3 –

Grafischer Test auf Normalverteilung

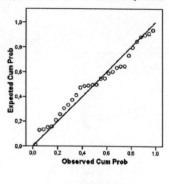

Modell 6

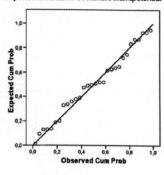

Modell 7

Test auf Heteroskedastizität

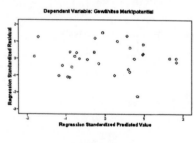

Modell 6

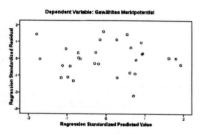

Modell 7

– Fortsetzung Anhang 3 –
Test auf Multikollinearität

	Toleranz	VIF		Toleranz	VIF
Branche	0.510	1.962	Größe	0.873	1.145
Größe	0.704	1.421	Psychische Distanz der 1. FDI	0.745	1.342
Kapitalstruktur	0.573	1.746	Auslandsstudiumsquote	0.666	1.501
Akquisition	0.650	1.540	Auslandsarbeitsquote	0.646	1.547
Psychische Distanz der 1. FDI	0.674	1.483	Kooperationsquote	0.729	1.372
Auslandsstudiumsquote	0.584	1.713			
Auslandsarbeitsquote	0.621	1.610			
Kooperationsquote	0.541	1.849			

          Modell 6   Modell 7

A.4 SPSS-Ergebnisse des Regressionsmodells zum Zielmarkt der ersten ausländischen Direktinvestition (arbeits-, kapital- und rohstoffintensive Industrien)

Koeffizienten

Modell 6:

	Unstandardized Coefficients		Standardized Coefficients		
	B	Std. Error	Beta	t	Sig.
(Constant)	0.302	0.368		0.0821	0.424
Branche	0.013	0.007	0.362	1.808	0.089
Größe	-0.041	0.034	-0.233	-1.202	0.247
Kapitalstruktur	0.036	0.053	0.122	0.693	0.498
Akquisition	0.047	0.091	0.098	0.517	0.612
Psychische Distanz der 1. FDI	0.209	0.064	0.567	3.272	0.005
Auslandsstudiumsquote	-0.002	0.002	-0.245	-1.229	0.237
Auslandsarbeitsquote	-0.002	0.003	-0.113	-0.626	0.540
Kooperationsquote	0.013	0.030	0.083	0.433	0.671

Abhängige Variable: Gewähltes Marktpotential für die 1. FDI

Modell 7:

	Unstandardized Coefficients		Standardized Coefficients		
	B	Std. Error	Beta	t	Sig.
(Constant)	-0.085	0.134		-0.633	0.534
Branche	0.015	0.006	0.442	2.419	0.026
Psychische Distanz der 1. FDI	0.217	0.059	0.587	3.661	0.002
Auslandsstudiumsquote	-0.002	0.002	-0.200	-1.075	0.296
Auslandsarbeitsquote	-0.002	0.003	-0.118	-0.705	0.489
Kooperationsquote	0.005	0.023	0.035	0.210	0.836

Abhängige Variable: Gewähltes Marktpotential für die 1. FDI

– Fortsetzung Anhang 4 –

Grafischer Test auf Normalverteilung

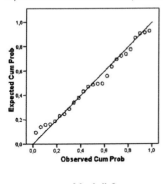

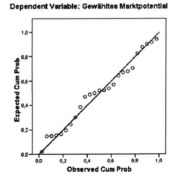

Modell 6 Modell 7

Test auf Heteroskedastizität

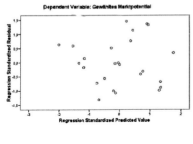

Modell 6 Modell 7

– Fortsetzung Anhang 4 –
Test auf Multikollinearität

	Toleranz	VIF		Toleranz	VIF
Branche	0.634	1.578	Branche	0.714	1.401
Größe	0.679	1.472	Psychische Distanz 1.FDI	0.929	1.076
Kapitalstruktur	0.821	1.218	Auslandsstudium	0.692	1.445
Akquisition	0.706	1.417	Auslandsarbeit	0.849	1.178
Psychische Distanz 1.FDI	0.848	1.180	Kooperationen	0.884	1.131
Auslandsstudium	0.639	1.565			
Auslandsarbeit	0.777	1.287			
Kooperationen	0.699	1.430			

Modell 6   Modell 7

A.5 SPSS-Ergebnisse des Regressionsmodells zur Expansionsgeschwindigkeit (wissens- und forschungsintensive Industrien)

Koeffizienten

Modell 6:

	Unstandardized Coefficients		Standardized Coefficients		
	B	Std. Error	Beta	t	Sig.
(Constant)	-1.069	1.197		-0.893	0.382
Branche	0.011	0.008	0.298	1.352	0.191
Größe	0.090	0.148	0.114	0.610	0.548
Kapitalstruktur	0.038	0.079	0.101	0.485	0.632
Akquisition	0.422	0.286	0.288	1.475	0.155
Auslandsstudiumsquote	-0.014	0.004	-0.618	-3.005	0.007
Auslandsarbeitsquote	0.022	0.008	0.581	2.912	0.008
Kooperationsquote	-0.064	0.034	-0.400	-1.872	0.075
Psychische Distanz der 1. FDI	0.553	0.259	0.409	2.137	0.044

Abhängige Variable: Expansionsgeschwindigkeit

Modell 7:

	Unstandardized Coefficients		Standardized Coefficients		
	B	Std. Error	Beta	t	Sig.
(Constant)	0.440	0.367		1.200	0.241
Auslandsstudiumsquote	-0.014	0.004	-0.625	-3.218	0.004
Auslandsarbeitsquote	0.020	0.007	0.519	2.741	0.011
Kooperationsquote	-0.038	0.029	-0.236	-1.297	0.206
Psychische Distanz der 1. FDI	0.425	0.248	0.314	1.715	0.099

Abhängige Variable: Expansionsgeschwindigkeit

– Fortsetzung Anhang 5 –

Grafischer Test auf Normalverteilung

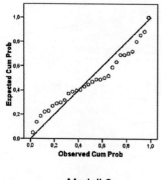
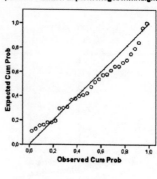

Modell 6   Modell 7

Test auf Heteroskedastizität

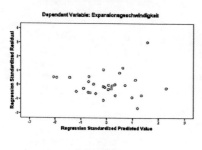
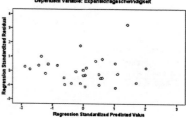

Modell 6   Modell 7

– Fortsetzung Anhang 5 –
Test auf Multikollinearität

	Toleranz	VIF		Toleranz	VIF
Branche	0.510	1.962	Auslandsstudiumsquote	0.667	1.499
Größe	0.704	1.421	Auslandsarbeitsquote	0.702	1.425
Kapitalstruktur	0.573	1.746	Kooperationsquote	0.763	1.311
Akquisition	0.650	1.540	Psychische Distanz der 1. FDI	0.748	1.336
Auslandsstudiumsquote	0.584	1.713			
Auslandsarbeitsquote	0.621	1.610			
Kooperationsquote	0.541	1.849			
Psychische Distanz der 1. FDI	0.674	1.483			

Modell 6　　　　　　　　　　　Modell 7

Literaturverzeichnis

Aaby, N./Slater, S. (1989): Management Influences on Export Performance: A Review of the Empirical Literature 1978–88. In: International Marketing Review, Vol. 6 (4), 1989, S. 7–26.

Adler, N. (2002): International Dimensions of Organizational Behaviour. South-Western College Publishing, Cincinnati, 2005.

Agarwal, S./Ramaswami, S. (1992): Choice of Foreign Market Entry Mode: Impact of Ownership, Location and Internationalization Factors. In: Journal of International Business Studies, Vol. 23 (1), 1992, S. 1–27.

Aharoni, Y. (1966): The Foreign Investment Decision Process. Boston: Division of Research. Graduate School of Business Administration, Harvard University, 1966.

Alexander, N./Myers, H. (2000): The Retail Internationalisation Process. In: International Marketing Review, Vol. 17 (4/5), 2000, S. 334–353.

Anderson, E./Gatignon, H. (1986): Modes of Entry: A Transaction Cost Analysis and Propositions. In: Journal of International Business Studies, Vol. 17 (3), 1986, S. 1–26.

Andersson, U./Johanson, J./Vahlne, J.-E. (1997): Organic Acquisitions in the Internationalization Process of the Business Firm. In: Management International Review, Vol. 37, Special Issue 2, 1997, S. 67–84.

Angelmar, R./Pras, B. (1984): Product Acceptance by Middlemen in Export Channels. In: American Journal of Small Business, Vol. 3 (1), 1984, S. 25–34.

Anwar, S. A. (1999): Reassessing Determinants of FDI in some Emerging Economies. In: Foreign Trade Review, Vol. 34 (2), 1999, S. 1–12.

Athanassiou, N./Nigh, D. (2000): Internationalization, Tacit Knowledge and the Top Management Teams of MNCs. In: Journal of International Business Studies, Vol. 31 (3), 2000, S. 471–487.

ATKearney (2006): Schwellenländer greifen nach etablierten Unternehmen. Pressemitteilung, Düsseldorf, 20. September 2006.

Autio, E./Sapienza, H. J./Almeida, J. G. (2000): Effects of Age at Entry, Knowledge Intensity, and Imitability on International Growth. In: Academy of Management Journal, Vol. 43 (5), 2000, S. 909–924.

Backhaus, K./Erichson, B./Plinke, W./Weiber, R. (2006): Multivariate Analysemethoden. Eine anwendungsorientierte Einführung. Springer, 11. Aufl., Berlin et al., 2006.

Ballwieser, W. (1997): Die Lageberichte der DAX-Gesellschaften im Lichte der Grundsätze ordnungsmäßiger Lageberichterstattung. In: Fischer, T./Hömberg, R. (Hrsg.): Jahresabschluß und Jahresabschlußprüfung. Düsseldorf, 1997, S. 153–187.

Barkema, H. G./Drogendijk, R. (2007): Internationalising in Small, Incremental or Larger Steps? In: Journal of International Business Studies, Vol. 38 (2), 2007, S. 1132–1148.

Barrett, N. J./Wilkinson, I. F. (1986): Internationalization Behaviour: Management Characteristics of Australian Manufacturing Firms by Level of International Development. In: Turnbull, P. W./Paliwoda, S. J. (Hrsg.): Research in International Marketing. London, 1986, S. 213–233.

Bartlett, C. A./Ghoshal, S. (1989): Managing Across Borders: The Transnational Solution. Harvard Business School Press, Boston, 1989.

Bartlett, C. A./Ghoshal, S. (1990): Internationale Unternehmensführung: Innovation, globale Effizienz, differenziertes Marketing. Frankfurt/Main et al., 1990.

Bäurle, I. (1996): Internationalisierung als Prozeßphänomen. Konzepte – Besonderheiten – Handhabung. Gabler, Wiesbaden, 1996 (mir-edition), zugl. Dissertation, Eichstätt.

Beamish, P. W. (1985): The Characteristics of Joint-Ventures in Developing and Developed Countries. In: Columbia Journal of World Business, Vol. 20, 1985, S. 13–20.

Beamish, P. W. (1987): Joint Ventures in Less Developed Countries: Partner Selection and Performance. In: Management International Review, Vol. 27 (1), 1987, S. 23–37.

Becherer, R./Maurer, J. (1997): The Moderating Effect of Environmental Variables on the Entrepreneurial and Marketing Orientation of Entrepreneur-led Firms. In: Entrepreneurship Theory and Practice, Vol. 22 (1), 1997, S. 47–58.

Bell, J./McNaughton, R./Young, S. (2001): 'Born-again Global' Firms – An Extension to the 'Born Global' Phenomenon. In: Journal of International Management, Vol. 7, 2001, S. 173–189.

Bell, J./McNaughton, R./Young, S./Crick, D. (2003): Towards an Integrative Model of Small Firm Internationalisation. In: Journal of International Entrepreneurship, Vol. 1 (4), 2003, S. 339–362.

Bilkey, W./Tesar, G. (1977): The Export Behavior of Smaller Wisconsin Manufacturing Firms. In: Journal of International Business Studies, Vol. 8 (1), 1977, S. 93–98.

Birley, S. (1985): The Role of Networks in the Entrepreneurial Process. In: Journal of Business Venturing, Vol. 1, 1985, S. 107–117.

Bloodgood, J./Sapienza, H. J./Almeida, J. G. (1996): The Internationalization of New High-potential U.S. Ventures: Antecedents and Outcomes. In: Entrepreneurship Theory and Practice, Vol. 20 (4), 1996, S. 61–76.

Boston Consulting Group (2006): The New Global Challengers. How 100 Top Companies from Rapidly Developing Economies Are Changing the World. BCG Report, Boston, 2006.

Boston Consulting Group (2007): The 2008 BCG 100 New Global Challengers. How 100 Top Companies from Rapidly Developing Economies Are Changing the World. BCG Report, Boston, 2007.

Brooks, M. R./Rosson, P. J. (1982): A Study of Export Behavior of Small- and Medium-sized Manufacturing Firms in Three Canadian Provinces. In:

Czinkota, M. R./Tesar, G. (Hrsg.): Export Management: An International Context. Praeger Publishers, New York, 1982, S. 39–54.

Brosius, F. (1998): SPSS 8. International Thomson Publishing, 1998.

Brush, C. G./Vanderwerf, P. A. (1992): A Comparison of Methods and Sources for Obtaining Estimates of New Venture Performance. In: Journal of Business Venturing, Vol. 7, 1992, S. 157–170.

Buckley, P. (1982): The Role of Exporting in the Market Servicing Policies of Multinational Manufacturing Enterprises. Theoretical and Empirical Perspectives. In: Czinkota, M./Tesar, G. (Hrsg.): Export Management – An International Context. New York, 1982, S. 174–199.

Buckley, P. (2004): Asian Network Firms: An Analytical Framework. In: Asia Pacific Business Review, Vol. 10 (3/4), 2004, S. 254–271.

Buckley, P. J./Casson, M. C. (1976): The Future of the Multinational Enterprise. Mac-Millan, London, 1976.

Busch, A. (2007): Cemex – Cyberzement. In: Dorfs, J. (Hrsg.): Die Herausforderer: 25 neue Weltkonzerne, mit denen wir rechnen müssen. Carl Hanser Verlag, München, 2007, S. 68–74.

Calof, J./Beamish, P. (1995): Adapting to Foreign Markets: Explaining Internationalisation. In: International Business Review, Vol. 4 (2), 1995, S. 115–131.

Caves, R. E. (1974): Causes of Direct Investment: Foreign Firms' Shares in Canadian and United Kingdom Manufacturing Industries. In: Review of Economics and Statistics, Vol. 56, 1974, S. 273–293.

Cavusgil, S. T. (1982): Some Observations on the Relevance of Critical Variables for Internationalization Stages. In: Czinkota, M. R./Tesar, G. (Hrsg.): Export Management. An International Context. New York, 1982, S. 276–285.

Cavusgil, S. T. (1984): Difference among Exporting Firms Based on Their Degree of Internationalization: In: Journal of Business Research, Vol. 12, 1984, S. 195–208.

Chandler, G. N./Hanks, S. (1994): Founder Competence, the Environment and Venture Performance. In: Entrepreneurship Theory and Practice, Vol. 18 (3), 1994, S. 77–89.

Chang, J. (2007): International Expansion Path, Speed, Product Diversification and Performance Among Emerging-Market MNEs: Evidence from Asia-Pacific Multinational Companies. In: Asian Business & Management, Vol. 6, 2007, S. 331–353.

Clark T./Pugh D. S./Mallory, G. (1997): The Process of Internationalization in the Operating Firm. In: International Business Review, Vol. 6 (6), 1997, S. 605–623.

Cooper, A. C./Gimeno-Gascon, F. J./Woo, C. Y. (1994): Initial Human and Financial Capital as Predictors of New Venture Performance. In: Journal of Business Venturing, Vol. 9, 1994, S. 371–395.

Coviello, N./Martin, K. (1999): Internationalization of Service SMEs: An Integrated Perspective from the Engineering Consulting Sector. In: Journal of International Marketing, Vol. 7 (4), 1999, S. 42–66.

Coviello, N./McAuley, A. (1999): Internationalisation Processes and the Smaller Firm: A Review of Contemporary Empirical Research. In: Management International Review, Vol. 39 (3), 1999, S. 223–256.

Coviello, N./Munro, H. (1995): Growing the Entrepreneurial Firm: Networking for International Market Development. In: European Journal of Marketing, Vol. 29 (7), 1995, S. 49–61.

Coviello, N./Munro, H. (1997): Network Relationships and the Internationalisation Process of Small Software Firms. In: International Business Review, Vol. 6 (6), 1997, S. 361–386.

Covin, J. G./Slevin, D. P. (1989): Strategic Management in Small Firms in Hostile and Benign Environments. In: Journal of Strategic Management, Vol. 10 (1), 1989, S. 75–87.

Covin, J. G./Slevin, D. P. (1990): New Venture Strategic Posture, Structure, and Performance: An Industry Life Cycle Analysis. In: Journal of Business Venturing, Vol. 5, 1990, S. 123–135.

Covin, J. G./Slevin, D. P. (1991): A Conceptual Model of Entrepreneurship as Firm Behavior. In: Entrepreneurship Theory and Practice, Vol. 16 (1), 1991, S. 7–25.

Cuervo-Cazurra, A. (2008): The Multinationalization of Developing Country MNEs: The Case of Multilatinas. In: Journal of International Management, Vol. 14 (2), 2008, S. 138–154.

Cyert, R./March, J. G. (1963): A Behavioral Theory of the Firm. New Jersey, 1963.

Davidson, W. H. (1980): The Location of Foreign Direct Investment Activity: Country Characteristics and Experience Effects. In: Journal of International Business Studies, Vol. 11 (2), 1980, S. 9–22.

Davidson, W. H. (1982): Global Strategic Management. New York, 1982.

Davidson, W. H./McFetridge, D. G. (1985): Key Characteristics in the Choice of International Technology Transfer Mode. In: Journal of International Business Studies, Vol. 16 (2), 1985, S. 5–21.

De Clercq, D./Sapienza, H. J./Crijns, H. (2005): The Internationalization of Small and Medium-Sized Firms. In: Small Business Economics, Vol. 24, 2005, S. 409–419.

Düfler, E. (2001): Internationales Management in unterschiedlichen Kulturbereichen. 6. erg. Auflage, München et al., 2001.

Dunning, J. H. (1973): The Determinants of International Production. In: Oxford Economic Papers, Vol. 25 (3), 1973, S. 289–336.

Dunning, J. H. (1974): The Distinctive Nature of the Multinational Enterprise. In: Dunning, J. H. (Hrsg.): Economic Analysis and the Multinational Enterprise. George Allen Unwin, London, 1974, S. 13–30.

Dunning, J. H. (1977): Trade, Location of Economic Activity and the MNE: A Search for an Eclectic Approach. In: Ohlin, B./Hesselborn, P./Wijkman, M. (Hrsg.): The International Allocation of Economic Activity. The Nobel Symposium, Macmillan, London et al., 1977, S. 395–418.

Dunning, J. H. (1979): Explaining the Changing Patterns of Production: In Defence of the Eclectic Theory. In: Oxford Bulletin of Economics and Statistics, Vol. 41, 1979, S. 269–295.

Dunning, J. H. (1980): Towards an Eclectic Theory of International Production: Some Empirical Tests. In: Journal of International Business Studies, Vol. 11 (1), 1980, S. 9–31.

Dunning, J. H. (1981): Explaining the International Direct Investment Position of Countries: Towards a Dynamic or Developmental Approach. In: Weltwirtschaftliches Archiv, Vol. 117, 1981, S. 30–64.

Dunning, J. H. (1988a): Explaining International Production. Unwin Hyman, London, 1988.

Dunning, J. H. (1988b): The Eclectic Paradigm of International Production: A Restatement and Some Possible Extensions. In: Journal of International Business Studies, Vol. 19 (1), 1988, S. 1–31.

Dunning, J. H. (1992): MNE and the Global Economy. International Business Series, Addison-Wesley Wokingham, England, 1992.

Dunning, J. H. (1993): The Globalization of Business. Routledge, London et al., 1993.

Dunning, J. H. (1995): Reappraising the Eclectic Paradigm in an Age of Alliance Capitalism. In: Journal of International Business Studies, Vol. 26 (3), 1995, S. 461–491.

Dunning, J. H. (1999): Forty Years on: American Investment in British Manufacturing Industry Revisited. In: Transnational Corporations, Vol. 28 (3), 1999, S. 1–34.

Dunning, J. H. (2000): The Eclectic Paradigm as an Envelope for Economic and Business Theories of MNE Activity. In: International Business Review, Vol. 9 (2), 2000, S. 163–190.

Dunning, J. H./Kim, C./Park, D. (2008): Old Wine in New Bottles: a Comparison of Emerging Market TNCs Today and Developed Country TNCs Thirty Years Ago. In: Sauvant, K. P. (Hrsg.): The Rise of Transnational Corporations from Emerging Markets: Threat or Opportunity? Edward Elgar Publishing Ltd, 2008, S. 158–182.

Dunning, J. H./Narula, R. (1996): The Investment Development Path Revisited – Some Emerging Issues. In: Dunning, J. H./Narula, R. (Hrsg.): Foreign Direct Investment and Governments. Routledge, London et al., 1996, S. 1–41.

Dunning, J. H./Narula, R./van Hoesel, R. (1998): Third World Multinationals Revisited: New Developments and Theoretical Implications. In: Dunning, J. H. (Hrsg.): Globalisation, Trade and Foreign Direct Investment, Oxford, Elsevier, 1998, S. 255–286.

Eden, L. (2008): The Rise of TNCs from Emerging Markets: Threat or Opportunity? In: Sauvant, K. P. (Hrsg.): The Rise of Transnational Corporations from Emerging Markets: Threat or Opportunity? Edward Elgar Publishing Ltd, 2008, S. 333–338.

Eisenhardt, K. M. (1989): Building Theories from Case Study Research. In: Academy of Management Review, Vol. 14, 1989, S. 532–560.

Eisenhardt, K. M./Martin, J. A. (2000): Dynamic Capabilities: What are They? In: Strategic Management Journal, Vol. 21, 2000, S. 1105–1121.

Ekeledo, I./Sivakumar, K. (1998): Foreign Market Entry Mode Choice of Service Firms: A Contingency Perspective. In: Journal of the Academy of Marketing Science, Vol. 26 (4), 1998, S. 274–292.

Elango B./Pattnaik, C. (2007): Building Capabilities for International Operations through Networks: a Study of Indian Firms. In: Journal of International Business Studies, Vol. 38 (4), 2007, S. 541–555.

Ellis, P. (2000): Social Ties and Foreign Market Entry. In: Journal of International Business Studies, Vol. 31 (3), 2000, S. 443–469.

EMFIS (2006): Kampf der Giganten. Die Herausforderer aus den Emerging Markets. EMFIS-Studie zu 30 Top-Unternehmen aus den Schwellenländern, www.emfis.com, 2006.

Engelhard, J./Eckert, S. (1993): Markteintrittsverhalten deutscher Unternehmen in Osteuropa. In: Engelhard, J. (Hrsg.): Ungarn im neuen Europa: Integration, Transformation, Markteintrittsstrategien, Wiesbaden, 1993, S. 249–268.

Engwall, L./Wallenstal, M. (1988): Tit for Tat in Small Steps. The Internationalization of Swedish Banks. In: Scandinavian Journal of Management, Vol. 4 (3), 1988, S. 147–155.

Erramilli, M. K. (1989): Entry Mode Choice in Service Industries. In: International Marketing Review, Vol. 7 (5), 1989, S. 50–62.

Forsgren, M. (2002): The Concept of Learning in the Uppsala Internationalization Process Model: A Critical Review. In: International Business Review, Vol. 11 (3), 2002, S. 257–277.

Ganier, G. (1982): Comparative Export Behavior of Small Canadian Firms in the Printing and Electrical Industries. In: Czinkota, M. R./Tesar, G. (Hrsg.): Export Management: An International Context. Praeger Publishers, New York, 1982, S. 113–131.

Greene, P. G./Brown, T. E. (1997): Resource Needs and the Dynamic Capitalism Typology. In: Journal of Business Venturing, Vol. 12, 1997, S. 161–173.

Hambrick, D./Mason, P. (1984): Upper-Echelons: The Organization as a Reflection of its Top Managers. In: Academy of Management Review, Vol. 9 (2), 1984, S. 193–206.

Hartmann, M. (2000): Wie international sind Topmanager? Karrierestationen von Spitzenkräften. In: Forschung und Lehre, o. Jg., Nr. 7, 2000, S. 356–358.

Hassel, A./Höpner, M./Kurdelbusch, A./Rehder, B./Zugehör, R. (2000): Zwei Dimensionen der Internationalisierung: Eine empirische Analyse deutscher Großunternehmen. In: Kölner Zeitschrift für Soziologie und Sozialpsychologie, Vol. 52 (3), 2000, S. 500–519.

Hastings, D. F. (1999): Lincoln Electric's Harsh Lessons from International Expansion. In: Harvard Business Review, Reprint 99305, 1999, S. 1–11 (auch: Vol. 77 (3), S. 162–178).

Heenan, D. A./Perlmutter, H. V. (1979): Multinational Organization Development. Reading et al., 1979.

Hoffbauer, A. (2007a): Techtronic Indsutries – Weltfabrik der Bohrmaschinen. In: Dorfs, J. (Hrsg.): Die Herausforderer: 25 neue Weltkonzerne, mit denen wir rechnen müssen. Hanser Fachbuch, 2007, S. 186–192.

Hoffbauer, A. (2007b): Lenovo – Neue Welt, neues Denken. In: Dorfs, J. (Hrsg.): Die Herausforderer: 25 neue Weltkonzerne, mit denen wir rechnen müssen. Hanser Fachbuch, 2007, S. 223–230.

Hofstede, G. (1980): Culture's Consequences: International Differences in Work-Related Values. Sage, London et al., 1980.

Hofstede, G. (1991). Cultures and Organizations: Software of the Mind. McGraw-Hill, New York, 1991.

Hofstede, G. (1997): Lokales Denken, globales Handeln. Kulturen, Zusammenarbeit und Management. Deutscher Taschenbuchverlag, München, 1997.

Holtbrügge, D. (2005): Die Lerntheorie der Internationalisierung von Johanson/Vahlne: Grundzüge, empirische Relevanz und Kritik. Working Paper 3/2005.

Holtbrügge, D./Enßlinger, B. (2006): Initiating Forces and Success Factors of Born Global Firms. Conference Proceedings des IFSAM VIIIth World Congress, Berlin, 28.–30. September 2006, S. 1–36 und zugleich Holtbrügge, D./Wessely, B. (i.E.): Initiating Forces and Success Factors of

Born Global Firms. In: European Journal of International Management, Vol. 3, 2009.

Hook, R. K./Czinkota, M. R. (1988): Export Activities and Prospects of Hawaiian Firms. In: International Marketing Review, Vol. 5 (4), 1988, S. 51–57.

Hörnell, E./Vahlne, J.-E.,/Wiedersheim-Paul, F. (1973): Export and Foreign Establishment. Almqvist & Wicksell, Stockholm, 1973.

Hoskisson, R. E./Eden, L./Lau, C. M./Wright, M. (2000): Strategy in Emerging Economies. In: The Academy of Management Journal, Vol. 43 (3), 2000, S. 249–267.

Hutzschenreuter, T./Voll, J. C. (2008): Performance Effects of "Added Cultural Distance" in the Path of International Expansion: the Case of German Multinational Enterprises. In: Journal of International Business Studies, Vol. 39 (1), 2008, S. 53–70.

Hymer S. (1976): The International Operations of National Firms: A Study of Direct Investment. MIT Press, Cambridge et al., 1976.

Ibeh, K. (2003): Toward a Contingency Framework of Export Entrepreneurship: Conceptualizations and Empirical Evidence. In: Small Business Economics, Vol. 20 (1), 2003, S. 49–68.

Itaki, M. (1991): A Critical Assessment of the Eclectic Theory of the Multinational Enterprise. In: Journal of International Business Studies, Vol. 22 (3), 1991, S. 445–460.

Jarillo, J. C. (1989): Entrepreneurship and Growth: The Strategic Use of External Resources. In: Journal of Business Venturing, Vol. 4, 1989, S. 133–147.

Jiaojiao, R. (2007): The Turning Tide of Overseas Chinese. In: China Daily, 30.05.2007.

Johanson, J./Mattsson, L. (1986): International Marketing and Internationalisation Processes – a Network Approach. In: Turnbull, P. W./Paliwoda,

S. J. (Hrsg.): Research in International Marketing. London, 1986, S. 234–265.

Johanson, J./Mattsson, L. (1988): Internationalization in Industrial Systems – a Network Approach. In: Hood, H./Vahlne, J.-E. (Hrsg.): Strategies in Global Competition, New York, S. 287–314.

Johanson, J./Vahlne, J.-E. (1977): The Internationalization Process of the Firm – a Model of Knowledge Development and Increasing Foreign Market Commitments. In: Journal of International Business Studies, Vol. 8 (1), 1977, S. 23–32.

Johanson, J./Vahlne, J.-E. (1990): The Mechanism of Internationalisation. In: International Marketing Review, Vol. 7 (4), 1990, S. 11–24.

Johanson, J./Vahlne, J.-E. (1993): Management of Internationalization. In: Zan, L./Zambon, S./Pettigrew, A. M. (Hrsg.): Perspectives on Strategic Change. Kluwer, Boston et al., 1993, S. 43–71.

Johanson, J./Vahlne, J.-E. (2003a): Building a Model of Firm Internationalisation. In: Blomstermo, A./Sharma, D.D. (Hrsg.): Learning in the Internationalisation Process of Firms. Edward Elgar, Cheltenham, 2003, S. 3–15.

Johanson, J./Vahlne, J.-E. (2003b): Business Relationship Learning and Commitment in the Internationalization Process. In. Journal of International Entrepreneurship, Vol. 1 (1), 2003, S. 83–101.

Johanson, J./Vahlne, J.-E. (2006): Commitment and Opportunity Development in the Internationalization Process: A Note on the Uppsala Internationalization Process Model. In: Management International Review, Vol. 46 (2), 2006, S. 1–14.

Johanson, J./Wiedersheim-Paul, F. (1975): The Internationalization of the Firm. Four Swedish Cases. In: Journal of Management Studies, Vol. 12 (3), 1975, S. 305–322.

Johansson, J. U./Nonaka, I. (1983): Japanese Export Marketing: Structures, Strategies, Counterstrategies. In: International Marketing Review, Vol. 1(2), 1983, S. 12–25.

Jolly, V./Alahuhta, M./Jeannet, J.-P. (1992): Challenging the Incumbents: How High-technology Start-ups Compete Globally. In: Journal of Strategic Change, Vol. 1, 1992, S. 71–82.

Jones, M./Coviello, N. (2005): Internationalisation: Conceptualising an Entrepreneurial Process of Behaviour in Time. In: Journal of International Business Studies, 36 (1), 2005, S. 1–20.

Juul, M./Walters, P. G. P. (1987): The Internationalisation of Norwegian Firms. A Study of the UK Experience. In: Management International Review, Vol. 27 (1), 1987, S. 58–66.

Kindleberger, C. P. (1969): American Business Abroad. Six Lectures on Direct Investment. Yale University Press, New Haven et al., 1969.

Klodt, H./Boss, A./Busch, A./Rosenschon, A./Schmidt, K.-D./Suhr, W. (1989): Weltwirtschaftlicher Strukturwandel und Standortwettbewerb. Die deutsche Wirtschaft auf dem Prüfstand. Kieler Studien 228., Tübingen, 1989.

Knight, G./Cavusgil, S. T. (1996): The Born Global Firm: A Challenge to Traditional Internationalization Theory. In: Advances in International Marketing, Vol. 8, 1996, S. 11–26.

Knight, G./Cavusgil, S. T. (2004): Innovation, Organizational Capabilities, and the Born-Global Firm. In: Journal of International Business Studies, Vol. 35 (2), 2004, S. 124–141.

Kogut, B./Singh, H. (1988): The Effect of National Culture on the Choice of Entry Mode. In: Journal of International Business Studies, Vol. 19 (3), 1988, S. 411–432.

Kornmeier, M. (2002): Kulturelle Offenheit gegenüber Auslandsmärkten. Auswirkungen psychischer Distanz im interkulturellen Marketing. Wiesbaden, 2002.

Kuemmerle, W. (2002): Home Base and Knowledge Management in International Ventures. In: Journal of Business Venturing, Vol. 17, 2002, S. 99 –122.

Kumar, K./McLeod, M. G. (1981, Hrsg.). Multinationals from Developing Countries. Lexington, MA, 1981.

Kumar, K./Kim, K. Y. (1984): The Korean Manufacturing Multinationals. In: Journal of International Business Studies, Vol. 15 (1), 1984, S. 45–61.

Kutschker, M. (1996): Evolution, Episoden und Epochen: Die Führung von Internationalisierungsprozessen. In: Engelhard, J. (Hrsg.): Strategische Führung internationaler Unternehmen. Gabler, Wiesbaden, 1996.

Kutschker, M. (1997): Internationalisierung der Unternehmensentwicklung. In: Macharzina, K./Oesterle, M.-J. (Hrsg.): Handbuch Internationales Management. Grundlagen – Instrumente – Perspektiven, Wiesbaden, 1997, S. 45–67.

Kutschker, M./Bäurle, I./Schmid, S. (1997): International Evolution, International Episodes, and International Epochs: Implications for Managing Internationalization. In: Management International Review, Vol. 37, Special issue 2, 1997, S. 101–124.

Kutschker, M./Schmid, S. (2002): Internationales Management. Oldenburg, München et al., 2002.

Lall, S. (1983): The New Multinationals: The Spread of Third World Enterprises. Wiley, Chichester, 1983.

Lecraw, D. J. (1977): Direct Investment by Firms from Less Developed Countries. In: Oxford Economic Papers, November 1977, S. 442–457.

Lecraw, D. J. (1993): Outward Direct Investment by Indonesian Firms: Motivation and Effects. Journal of International Business Studies, Vol. 24 (3), 1993, S. 589–600.

Lele, R. D. (2005): Impact of India's New Patents Law 2005: A Physician's Perspective. In: Journal of the Association of Physicians of India, Vol. 53, 2005, S. 670–675.

Leonidou, L. C./Katsikeas, C. S./Piercy, N. F. (1998): Identifying Managerial Influences on Exporting: Past Research and Future Directions. In: Journal of International Management, Vol. 6 (2), 1998, S. 74–102.

Leontief, W. (1954): Domestic Production and Foreign Trade: The American Capital Position Re-examined. In: Economia Internazionale, Vol. 7, 1954, S. 3–32.

Li, J. T. (1995): Foreign Entry and Survival: Effects of Strategic Choices on Performance in International Markets. In: Strategic Management Journal, Vol. 16, 1995, S. 333–351.

Lindqvist, M. (1991): Infant Multinationals: The Internationlisation of Young, Technologybased Swedish Firms. Dissertation, Stockholm School of Economics, Institute of International Business, 1991.

Lumpkin, G. T./Dess, G. (1996): Clarifying the Entrepreneurial Orientation Construct and Linking it to Performance. In: Academy of Management Review, Vol. 21 (1), 1996, S. 135–172.

Luo, Y./Peng, M. W. (1999): Learning to Compete in a Transition Economy: Experience, Environment, and Performance. In: Journal of International Business Studies, Vol. 30 (2), 1999, S. 278–307.

Luo, Y./Tung, R. L. (2007): International Expansion of Emerging Market Enterprises. In: Journal of International Business Studies, Vol. 38 (4), 2007, S. 481–498.

Macharzina, K./Engelhard, J. (1991): Paradigm Shift in International Business Research. From Partist and Eclectic Approaches to the GAINS Paradigm. In: Management International Review, Vol. 31, Special Issue, 1991, S. 24–43.

Maddison, A. (2003): The World Economy: Historical Statistics. Development Centre Studies, OECD, Paris, 2003.

Maddison, A. (2006): The World Economy: Historical Statistics. Development Centre Studies, OECD, Paris, 2006.

Madsen, T. K./Servais, P. (1997): The Internationalization of Born Globals: an Evolutionary Process? In: International Business Review, Vol. 6 (6), 1997, S. 561–583.

Malnight, T. W. (1995): Globalization of an Ethnocentric Firm: An Evolutionary Perspective. In: Strategic Management Journal, Vol. 16 (2), 1995, S. 119–141.

Mangold, H.-P. (1996): Internationalisierung in Emerging Markets: Strategische Optionen und ihre Implementierung am Beispiel der Aluminiumindustrie. St. Gallen, 1996 (zugl. Diss. Hochschule für Wirtschafts-, Rechts- und Sozialwissenschaften von St. Gallen, 1996).

Martin, A. (1995): Führungsstrukturen und Entscheidungsprozesse. Schriften aus dem Institut für Mittelstandsforschung, Universität Lüneburg, Heft 1, 1995.

Mathews, J. A. (2002): Dragon Multinationals: A New Model for Global Growth. Oxford, 2002.

Mathews, J. A. (2006): Dragon Multinationals: New Players in 21st Century Globalization. In: Asia Pacific Journal of Management, Vol. 23, 2006, S. 5–27.

Mathews, J. A./Zander, I. (2007): The International Entrepreneurial Dynamics of Accelerated Internationalisation. In: Journal of International Business Studies, Vol. 38 (3), S. 1–17.

Mayer, C./Flynn, J. E. (1973): Canadian Small Businesses Abroad: Opportunities, Aids and Experiences. In: Business Quarterly, Vol. 38, 1973, S. 33–47.

McDougall, P. P. (1989): International versus Domestic Entrepreneurship: New Venture Strategic Behavior and Industry Structure. In: Journal of Business Venturing, Vol. 4, 1989, S. 387–399.

McDougall, P. P./Shane, S./Oviatt, B. M. (1994): Explaining the Formation of International New Ventures: The Limits of Theories from International

Business Research. In: Journal of Business Venturing, Vol. 9 (6), 1994, S. 469–487.

Meyer, K. E. (1996): Business Operations of British and German Companies with the Economies in Transition. In: Discussion Paper, Series No. 19, London Business School, Middle Europe Centre, 1996.

Meyer, K. E./Estrin, S. (2001): Brownfield Entry in Emerging Economies. In: Journal of International Business Studies, Vol. 32 (3), 2001, S. 575–584.

Meyer, M. (2000): Emerging Markets – Markteintrittstrategien für den Mittelstand: das Beispiel Lateinamerika. Lohmar, 2000 (zugl. Diss. Universität Erlangen-Nürnberg, 2000).

Miesenböck, K. J. (1988): Small Business and Exporting: A Literature Review. In: International Small Business Journal, Vol. 6 (2), 1988, S. 42–61.

Millar, C. C. J. M./Grant, R. M./Choi, C. J. (1999): International Business: Emerging Issues and Emerging Markets. Hampshire, 1999.

Miller, D. (1983): The Correlates of Entrepreneurship in Three Types of Firms. In: Management Science, Vol. 29 (7), 1983, S. 770–791.

Moon, H.-C./Roehl, T. W. (2001): Unconventional Foreign Direct Investment and Imbalance Theory. In: International Business Review, Vol. 10, 2001, S. 197–215.

Moon, J./Lee, H. (1990): On the Internal Correlates of Export Stage Development: An Empirical Investigation in the Korean Electronics Industry. In: International Marketing Review, Vol. 7 (5/6), 1990, S. 16–26.

Müller, S. (1991): Die Psyche des Managers als Determinante des Exporterfolges: Eine kulturvergleichende Studie zur Auslandsorientierung von Managern aus sechs Ländern, Stuttgart, 1991.

Münkler, H./Ladwig, B. (1998): Einleitung: Das Verschwinden des Fremden und die Pluralisierung der Fremdheit. In: Münkler, H. (Hrsg.): Die Herausforderung durch das Fremde. Akademie Verlag, Berlin, 1989, S. 11–25.

Nordström, K. A. (1991): The Internationalization Process of the Firm: Searching for New Patterns and Explanations. Dissertation, Stockholm School of Economics, 1991.

Nordström, K. A./Vahlne, J.-E. (1994): Is the Globe Shrinking? Psychic Distance and the Establishment of Swedish Sales Subsidiaries During the Last 100 Years. In: Landeck, M. (Hrsg.): International Trade. Regional and Global Issues, St. Martin's Press, Basingstoke et al., 1994, S. 41–56.

OECD (2007): International Migration Outlook – SOPEMI 2007. Paris, 2007.

O'Farrel, P. N./Wood, P. A./Zheng, J. (1996): Internationalization of Business Services: An Interregional Analysis, Regional Studies, Vol. 30 (2), 1996, S. 101–118.

Oviatt, B. M./McDougall, P. P. (1994): Towards a Theory of International New Ventures. In: Journal of International Business Studies, Vol. 25 (1), 1994, S. 45–64.

Oviatt, B. M./McDougall, P. P. (1997): Challenges for Internationalisation Process Theory: The Case of International New Ventures. In: Management International Review, Vol. 37 (2), 1997, S. 85–99.

Penrose, E. (1959): The Theory of the Growth of the Firm. Basil Blackwell, Oxford, 1959.

Penrose, E. (1966): The Theory of the Growth of the Firm. Basil Blackwell, Oxford, 1966.

Perlmutter, H. V. (1969): The Tortuous Evolution of the Multinational Corporation. In: Columbia Journal of World Business, Vol. 4, 1969, S. 9–18.

Preece, S. B./Miles, G./Baetz, M. C. (1998): Explaining the International Intensity and Global Diversity of Early-Stage Technology Based Firms. In: Journal of Business Venturing, Vol. 14, 1998, S. 259–281.

Ramamurti, R. (2004): Developing Countries and MNEs: Extending and Enriching the Research Agenda. In: Journal of International Business Studies, Vol. 35 (4), 2004, S. 277–283.

Reid, S. D. (1981): The Decision-Maker and Export Entry and Expansion. In: Journal of International Business Studies, Vol. 12 (2), 1981, S. 101–112.

Rennie, M. W. (1993): Global Competitiveness. Born Global. In: The McKinsey Quarterly, 3. Jg., 1993, S. 45–52.

Reuber, A. R./Fischer, E. (1997): The Influence of the Management Team's International Experience on the Internationalization Behaviors of SMEs. In: Journal of International Business Studies, Vol. 28 (4), 1997, S. 807–825.

Rugman, A. (1981): Inside the Multinationals – The Economics of Internal Markets. Columbia University Press, New York, 1981.

Salomon, R./Shaver, J. M. (2005): Export and Domestic Sales: Their Interrelationship and Determinants. In: Strategic Management Journal, Vol. 26 (9), 2005, S. 855–871.

Scheiter, S./Wehmeyer, M. (2006): Konzerne suchen ihr (M&A-)Glück auch wieder in der Ferne. In: M&A Review, Vol. 8–9, 2006, S. 373–377.

Schumpeter, Joseph A. (1912): Theorie der wirtschaftlichen Entwicklung. Duncker & Humblot, Leipzig, 1912.

Shackleton V./Newell, S. (1997): International Assessment and Selection. In: Anderson N./Herriot, P. (Hrsg.): International Handbook of Assessment and Selection. Chichester, 1997, S. 81–95.

Simmonds, K./Smith, H. (1968): The First Export Order: A Marketing Innovation. In: British Journal of Marketing, Vol. 2, 1982, S. 93–100.

Simon, M. C. (2006): Der Internationalisierungsprozess von Unternehmen – Ressourcenorientierter Theorierahmen als Alternative zu bestehenden Ansätzen. Gabler, Wiesbaden, 2007.

Stehn, J. (1992): Ausländische Direktinvestitionen in Industrieländern. Theoretische Erklärungsansätze und empirische Evidenz. Kieler Studien, Tübingen, 1992.

Stöttinger, B./Schlegelmilch, B. B. (2000): Psychic Distance. A Concept past its Due Date? In: International Marketing Review, Vol. 17 (2), 2000, S. 169–173.

Stray, S./Bridgewater, S./Murray, G. (2001): The Internationalization Process of Small, Technology-based Firms: Market Selection, Mode Choice and Degree of Internationalization. In: Journal of Global Marketing, Vol. 25 (1), 2001, S. 7–29.

Sullivan, D./Bauerschmidt, A. (1990): Incremental Internationalization. A Test of Johanson and Vahlne's Thesis. In: Management International Review, Vol. 30 (1), 1990, S. 19–30.

Teece, D. J. (1981): The Multinational Enterprise: Market Failure and Market Power Considerations. In: Sloan Management Review, Vol. 22, Frühjahr 1981, S. 3–17.

Teece, D. J. (1986): Transaction Cost Economics and the Multinational Enterprise. In: Journal of Economic Behavior and Organization, Vol. 7 (1), 1986, S. 21–45.

Teplensky, J. D./Kimberly, J. R./Hillman, A. L./Schwartz, J. S. (1993): Scope, Timing and Strategic Adjustments in Emerging Markets: Manufacturer Strategies and the Case of MRI. In: Strategic Management Journal, Vol. 14 (7), 1993, S. 505–527.

Turnbull, P. W. (1987): A Challenge to the Stages Theory of the Internationalization Process. In: Rosson, P. J./Reid, S. D. (Hrsg.): Managing Export Entry and Expansion. New York, 1987, S. 21–40.

UNCTAD (1993): World Investment Report 1993. Transnational Corporations and Integrated International Production. New York et al., 1993.

UNCTAD (1997): World Investment Report 1997. Transnational Corporations, Market Structure and Competition Policy. New York et al., 1997.

UNCTAD (2002): World Investment Report 2002. Transnational Corporations and Export Competitiveness. New York et al., 2002.

UNCTAD (2005): World Investment Report 2005. Internationalization of Developing-country Enterprises through Outward Foreign Direct Investment. New York et al., 2005.

UNCTAD (2006): World Investment Report 2006. FDI from Developing and Transition Economies: Implications for Development. New York et al., 2006.

UNCTAD (2007): World Investment Report 2007. Transnational Corporations, Extractive Industries and Development. New York et al., 2007.

UNCTAD (2008): Handbook of Statistics 2008. New York et al., 2008.

Vahlne, J.-E./Nordström, K. A. (1992): Is the Globe Shrinking? Psychic Distance and the Establishment of Swedish Sales Subsidiaries During the Last 100 Years. Research Paper No. 3/1992, Institute of International Business, Stockholm School of Economics, Stockholm, 1992.

Vahlne, J.-E./Wiedersheim-Paul, F. (1973): Economic Distance: Model and Empirical Investigation. In: Hörnell, E./Vahlne, J.-E./Wiedersheim-Paul, F. (Hrsg.): Export and Foreign Establishment. Almqvist & Wicksell, Stockholm, 1973, S. 81–159.

Vermeulen, F./Barkema, H. (2002): Pace, Rhythm, and Scope: Process Dependence in Building a Profitable Multinational Corporation. In: Strategic Management Journal, Vol. 23, 2002, S. 637–653.

Vernon, R. (1966): International Investment and International Trade in the Product Cycle. In: Quarterly Journal of Economics, Vol. 80, 1966, S. 190–207.

Voll, J. C. (2007): Internationalisierung in der Unternehmensentwicklung. Deutscher Universitäts-Verlag, Wiesbaden, 2007.

Waldhauser, T. (2007): Business Development in Emerging Markets: Das Beispiel der Versicherungsbranche in der Volksrepublik China. Deutscher Universitäts-Verlag, Wiesbaden, 2007.

Welch, L. S./Luostarinen, R. (1988): Internationalization: Evolution of a Concept. In: Journal of General Management, Vol. 14, 1988, S. 34–55.

Welge, M./Holtbrügge, D. (2003a): Internationales Management. Theorien, Funktionen, Fallstudien. Schäffer-Poeschel Verlag, Stuttgart; 2003.

Welge, M. K./Al-Laham, A. (2003b): Strategisches Management, Grundlagen-Prozess-Implementierung. Gabler, 4.Auflage, Wiesbaden, 2003.

Wells, L. T. (1977): The Internationalization of Firms from the Developing Countries. In: Agmon, T./Kindleberger, C. P. (Hrsg.): Multinationals from Small Countries. M.I.T. Press, Cambridge, 1977.

Wells, L. T. (1981): Foreign Investors from the Third World. In: Kumar, K./McLeod, M. (Hrsg.): Multinationals From Developing Countries. Lexington Books, Lexington, 1981, S. 23–36.

Wells, L. T. (1983): Third World Multinationals: The Rise of Foreign Investment from Developing Countries. MIT Press, Cambridge, 1983.

Westhead, P./Wright, M./Ucbasaran, D. (2001): The Internationalization of New and Small Firms: A Resource–based View: In: Journal of Business Venturing, Vol. 16, 2001, S. 333–358.

Wiklund J. (1999): The Sustainability of the Entrepreneurial Orientation-Performance Relationship. In: Entrepreneurship Theory and Practice, Vol. 24 (1), 1999, S. 37–48.

Wirtl, H. (2006): Schlüsselpersonen in internationalen Gründungsepisoden. Der Andere Verlag, Tönning et al., 2006.

Yeoh, P.-L./Jeong, I. (1995): Contingency Relationships between Entrepreneurship, Export Channel Structure and Environment: a Proposed Conceptual Model of Export Performance. In: European Journal of Marketing, 29 (8), 1995, S. 95–115.

Yli-Renko, H./Autio, E./Sapienza, H. J. (2001): Social Capital, Knowledge Acquisition, and Knowledge Exploitation in Young Technology-Based Firms. In: Strategic Management Journal, Vol. 22 (6/7), 2001, S. 587–613.

Yli-Renko, H./Autio, E./Tontti, V. (2002): Social Capital, Knowledge, and the International Growth of Technology-Based Firms. In: International Business Review, Vol. 11, 2002, S. 279–304.

Zahra, S. A./Ireland, R. D./Hitt, M. (2000): International Expansion by New Venture Firms: International Diversity, Mode of Entry, Technological Learning and Performance. In: Academy of Management Journal, Vol. 43 (5), 2000, S. 925–950.

Zahra, S. A./Neubaum, D. O./Huse, M. (1997): The Effect of the Environment on Export Performance among Telecommunication New Ventures. In: Entrepreneurship Theory and Practice, Vol. 22 (1), 1997, S. 25–46.

Zahra, S. A./Nielsen, A. P./Bogner, W. C. (1999): Corporate Entrepreneurship, Knowledge, and Competence Development. In: Entrepreneurship Theory and Practice, Vol. 23 (3), 1999, S. 169–189.

Aus unserem Verlagsprogramm:

Daniela Berndt
Konstituierende Merkmale dynamischer Fähigkeiten
Eine explorative Untersuchung in der Spezialchemie
Hamburg 2010 / 314 Seiten / ISBN 978-3-8300-5140-4

Christina Stötzel
Corporate Social Responsibility – Adipositas als Herausforderung für Nahrungsmittelhersteller
Marketingmaßnahmen zwischen Gewinn und Gewissen
Hamburg 2010 / 338 Seiten / ISBN 978-3-8300-4904-3

Ekkehard Musold
Experimentelle Vorphase einer strategischen Neupositionierung
Hamburg 2010 / 352 Seiten / ISBN 978-3-8300-4935-7

Roksana Sopinka-Bujak
Kulturwandel in Organisationen
*Eine theoretisch-empirische Analyse
am Beispiel der polnischen Unternehmen*
Hamburg 2010 / 508 Seiten / ISBN 978-3-8300-4909-8

Christian Stratmann
Born Globals als historisches Phänomen
*Ein Beitrag zur betriebswirtschaftlichen Analyse
des Internationalisierungsprozesses von Unternehmen*
Hamburg 2010 / 422 Seiten / ISBN 978-3-8300-4673-8

Jens Höfling
Die *Balanced Scorecard* als Managementinstrument in der Bundeswehr
Dargestellt am Beispiel des Luftwaffenausbildungskommandos
Hamburg 2010 / 310 Seiten / ISBN 978-3-8300-4298-3

Alexander Uffinger
Konfiguration von Beschaffungsnetzwerken für Sekundärrohstoffe
Konzept, Lösungsverfahren und Umsetzung
Hamburg 2010 / 190 Seiten / ISBN 978-3-8300-4830-5

VERLAG DR. KOVAČ
FACHVERLAG FÜR WISSENSCHAFTLICHE LITERATUR

Postfach 57 01 42 · 22770 Hamburg · www.verlagdrkovac.de · info@verlagdrkovac.de